スクラッチで算数マスター！

小学校算数 全学年用 教材プログラム

Scratch 3.0 ファイル
ダウンロード付き

T・大塚 著　北海道公立小学校元校長

合同出版

読者のみなさまへ

私は、公立小学校の教諭から校長まで務め、長年教育に携わってきました。

小さいころから物作りが大好きで、本立てや物入れなどを工夫して制作しては家族に見てもらい得意げにしていたものです。「三つ子の魂百まで」と言うように、相変わらず作ることは大好きです。

私が大学生から社会人になったころ、世の中にパソコンが登場しました。2次元の世界ではありますが、材料や道具を気にせず、頭に描いたことが実現できることに喜びを感じたものです。言語「ベーシック」のプログラムを1コマンドずつ組み立てていき、修正を重ね、最後に目標としていた成績処理などの表現ができたときには感激しました。

令和の時代を迎え、2020年、小学校で新学習指導要領が全面実施されました。道徳や外国語学習などが教科に加わり、新しい評価の観点も示されました。知識や技能だけではなく、思考・判断・表現力、さらに、学びに向かう力や人間性までもが評価の対象となってきました。

これからの高度な情報化社会を担う子どもたちには、論理的に思考する力が求められます。小学校時代からプログラミング教育を受けることでその素地を整える必要があります。また、パソコンを操作する技術を身につけることも必要不可欠です。幼い頃からプログラミングに親しんでいれば、その技能を活かした職業に就く可能性も高まるかもしれません。

私は、幸い平成元年ごろからコンピュータを活用した算数科の授業に取り組んでおり、少しずつですが「スクラッチ」などのビジュアルプログラミング言語にも慣れ、プログラミング教育が必修化された2年前には、自分なりの指導の形態が整ってきていました。前作の『これで安心！小学校プログラミング教育必修化に向けた【学年別】実践集』（秀麗出版、2019年）では、全国の実践事例をご紹介し、即時実践に活かせるようにと図鑑の形で出版する運びとなりました。

本書では、プログラミング言語を小学生から使うことができる「スクラッチ」にしぼり、教科も「算数科」に焦点を当てて、小学校の算数全単元に適したプログラミング教育をめざしました。1〜3年生では、入力したり答えのブロックをはめ込んだりする方式で評価する形としました。また、4年生以上の高学年では、どこまで子どもの力でプログラミング的思考を働かせプログラムできるかを考え、実際にプログラムを組み立てる実践も加えました。「スクラッチ」を活用した小学生向けのプログラミング入門書は、素晴らしい本がたくさん刊行されていますが、本書は、プログラミングと相性のよい「算数」という教科を融合させ、学校の授業はもとより、家庭学習にも活用できる、実践的なプログラミング教育を提案した1冊です。

現場の教育関係者や保護者のみなさま、そして子どものみなさんにも体験していただき、プログラミング教育は身近で面白いものだと感じていただければ幸いです。

この本の特長

本書は、小学校の算数科の学習・指導を通してプログラミング教育を実践するためのテキストです。

多くの小学校で導入されているプログラミング言語「スクラッチ」を用いて私が開発した「小学校算数全学年用教材プログラム」と活用法が収録されています。「小学校算数全学年用教材プログラム」はダウンロードしてお使いいただけます。ダウンロード方法については、p.183をご覧ください。

このプログラムは私の歴任した小学校の授業で実践し、また地域の他の小学校にも配布するなど、長年活用してきました。

新学習指導要領に則ったプログラムで、全学年の単元に対応していますので、子どもの学年や授業の進行状況にかかわらず、いつでも活用することができます（ただしプログラミング教育の良さを生かせる要素が薄い単元については省略しています）。

この本の使い方

本書は、大きく「教材編」と「指導編」の2つのセクションに分かれています。

● **教材編** ……学習者（子ども）用のマニュアルです。

プログラムの操作方法や工夫点・仕組み、各単元で理解したいポイントなどをまとめています。

子どもたちに見せながら指導をする、または、取り組んでいる単元のページをコピーして配布し、自学自習を促すこともできます。なお、「★チャレンジ」のマークがある単元は、子どもたちが自分でプログラムを作成し学習する内容が含まれています。

● **指導編** ……教員や保護者など、指導者に向けた解説です。

「プログラミング的思考」「プロセス」「児童の学び」「教師の目線」の4つの項目から構成されています。単元の目標、指導に当たって押さえておきたいこと、プログラミングの仕組みなどについてまとめています。

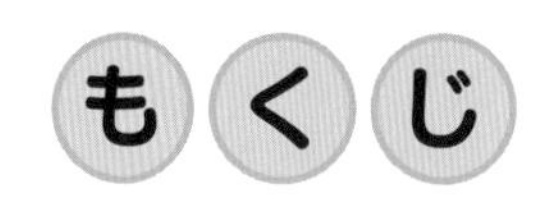

教材編

第1学年

第2学年

第3学年

なお、以下の単元はプログラミング教育を生かせる要素が薄いため、省略しています。
第１学年「どんなしきかな」
第２学年「九九をつくろう」「九九の表」「はこのかたち」
第３学年「10000より大きな数」「三角形」
第４学年「整理の仕方」「変わり方」「くらべ方」「そろばん」
第５学年「円柱と角柱」
第６学年「文字の式」「データの見方」

指導編

第4学年

第5学年

第6学年

スクラッチの使い方

スクラッチ（Scratch）は、アメリカの有名な大学、マサチューセッツ工科大学の研究室で開発された、小学生でも簡単にできるビジュアルプログラミング言語です。

ブロックを「ドラッグ・アンド・ドロップ」でつなげていくだけで簡単にプログラムを作ることができます。自分で描いた絵や作曲した音を利用したり、それらを自在につくったりすることが可能です。

ブロックの色はそれぞれの機能が指示する種類によって色分けされています。ブロックの順序を変えたり、新しいものを足したりできるので、作ったプログラムがうまくいかなくても、簡単にやり直せるのが特長です。

スクラッチは、導入しやすいという特長もあります。使い勝手の良さもありますが、無料で導入できるということが大きいでしょう。

スクラッチ公式サイト

◈ スクラッチのはじめ方

スクラッチはインターネットブラウザ（ChromeやEdge、Safariなど）とネット環境があればOSの区別なく誰でも無料で使うことができます（http://scratch.mit.edu）。

アカウント登録をしなくても、サイト画面左上の「作る」ボタンから入って、プログラムの作成ができますが、サイト画面右上の「scratchに参加しよう」ボタンから入って、ユーザー名（仮名で問題ありません）とパスワードを入力してアカウントを持っておくと、作成したプログラムの保存が簡単にできて便利です。

◈ アカウントの登録方法

1.「scratchに参加しよう」または「参加する」ボタンをクリック

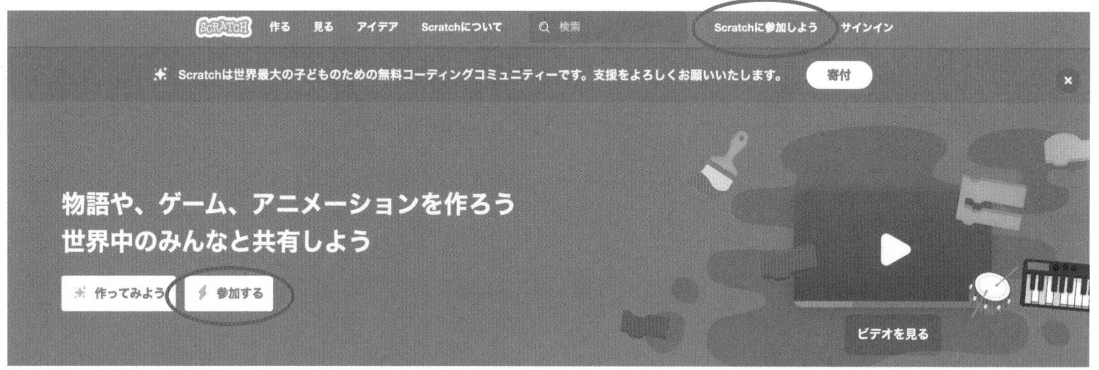

2.「ユーザー名」と「パスワード」を入力し、「次へ」をクリック

3. 居住地、生年月等の情報を入力してから、メールアドレスを入力

4. 指定のメールアドレスに届いたメールを開き、「アカウントを認証する」をクリック

◈ 基本操作

① プログラムを開く

1. トップページ左上の「作る」をクリックします。

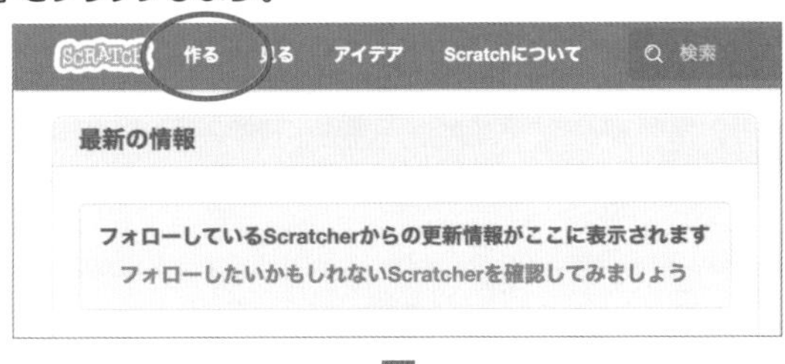

2. メニューバーから「ファイル」ボタンをクリックし、「コンピューターから読み込む」を選択します。

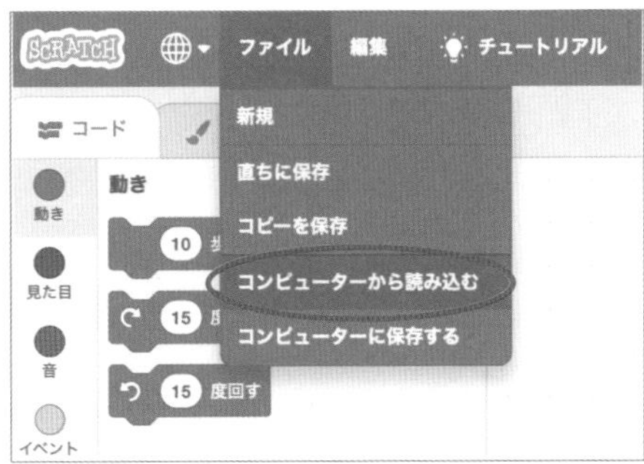

3. コンピューター内を表した選択ウインドウがでます。そこでアップロードしたい「.sb3」の拡張子がついたファイルをダブルクリックするか、クリックして「開く」のボタンをクリックします。

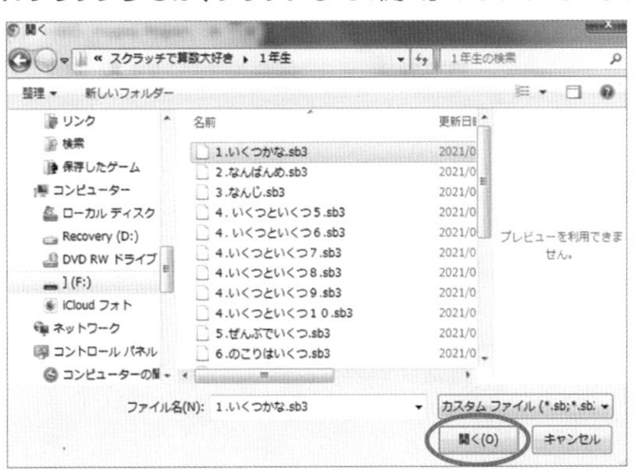

● Macの場合

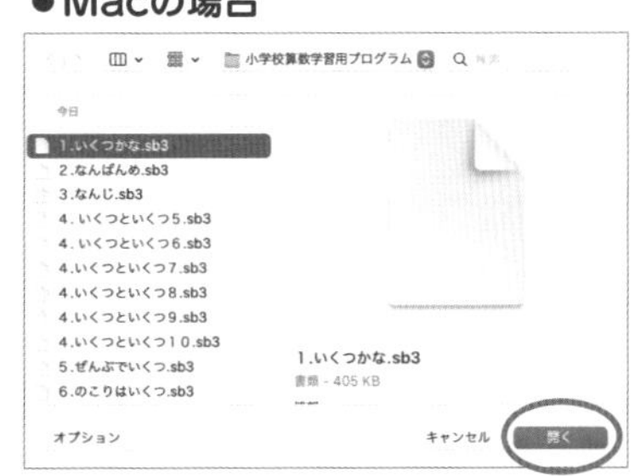

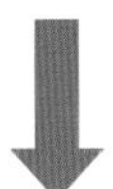

4. ブロックの動く絵が出て読み込みがされます。ほかの人たちが作ったプログラムを開くときは、トップページから「見る」のボタンをクリックして閲覧します。

② 新しくプログラムを作成する

1. 「ファイル」ボタンをクリックして、「新規」をクリックします。

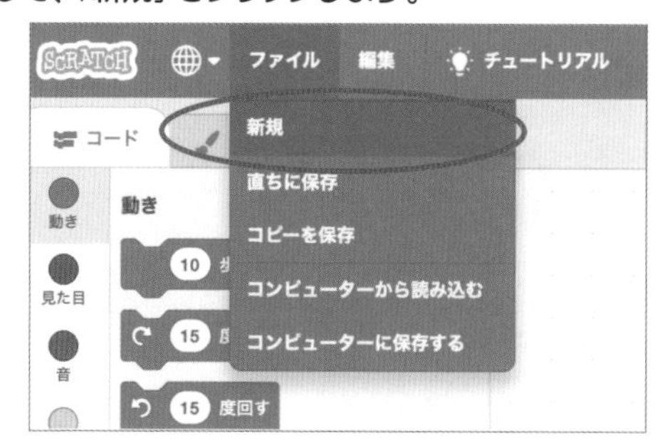

2. ねこのキャラクターと基本機能のブロックが配置された画面が表示されます。「動き」「見た目」「音」などに分類された「ブロックパレット」から中心の「スクリプトエリア」にドラッグ&ドロップして組み立てていきます。
   画面右下の「スプライトペイン」では、登場させるキャラクターなどの管理・編集をします。一つひとつのスプライト（キャラクターなど）には、「コード」（ブロックを組み合わせてプログラムを書く場所）と「コスチューム」（キャラクターの絵を管理・編集する場所）、「音」（音の管理・編集をする場所）があります。

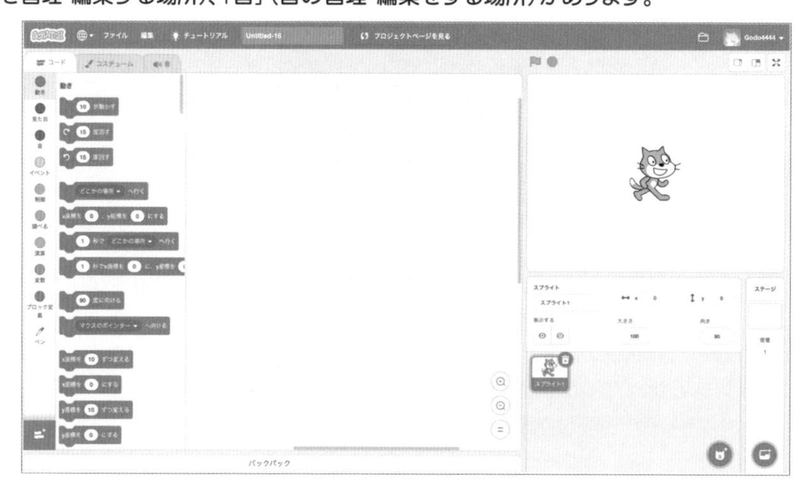

3. プログラムを実行した様子は、右上の「ステージ」で表現されます。

③ プログラムを保存する

1. メニューバーの「ファイル」ボタンをクリックし、「コンピューターに保存する」を選択します。

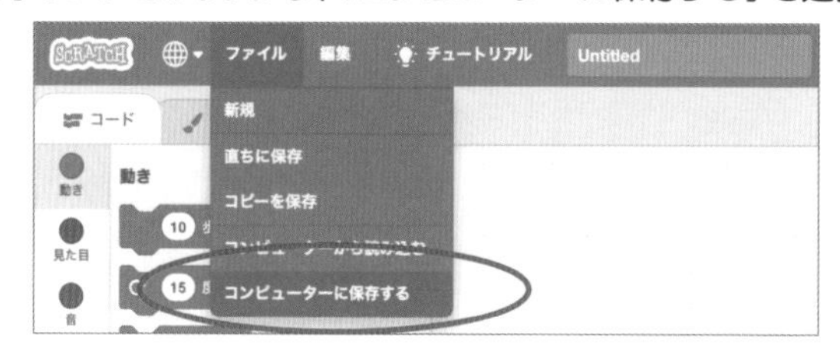

2. 自動で、コンピューターのダウンロードフォルダに保存されます。その際、メニューバーのところに、ファイル名を入力するとその名前で自動保存されます。保存ファイルは、拡張子が「.sb3」となっているので、ほかのファイルと区別することができます。

プログラム画面の見方

① ブロックパレット

プログラムを作成するためのパーツとなるブロックが、種類ごとに整理されている場所です。パレット内でブロックをクリックしてもプログラムが実行されます。また、変数にチェックを入れるとステージ上に表示されます。「ブロック定義」の下にある青のマークをクリックすると拡張機能が使えます。

③ ステージ

プログラムが実行される場所です。右上の一番右のボタンで全画面表示になります。全画面で実行する場合と、スクリプトエリアとステージの両方を見せながら実行する場合があります。

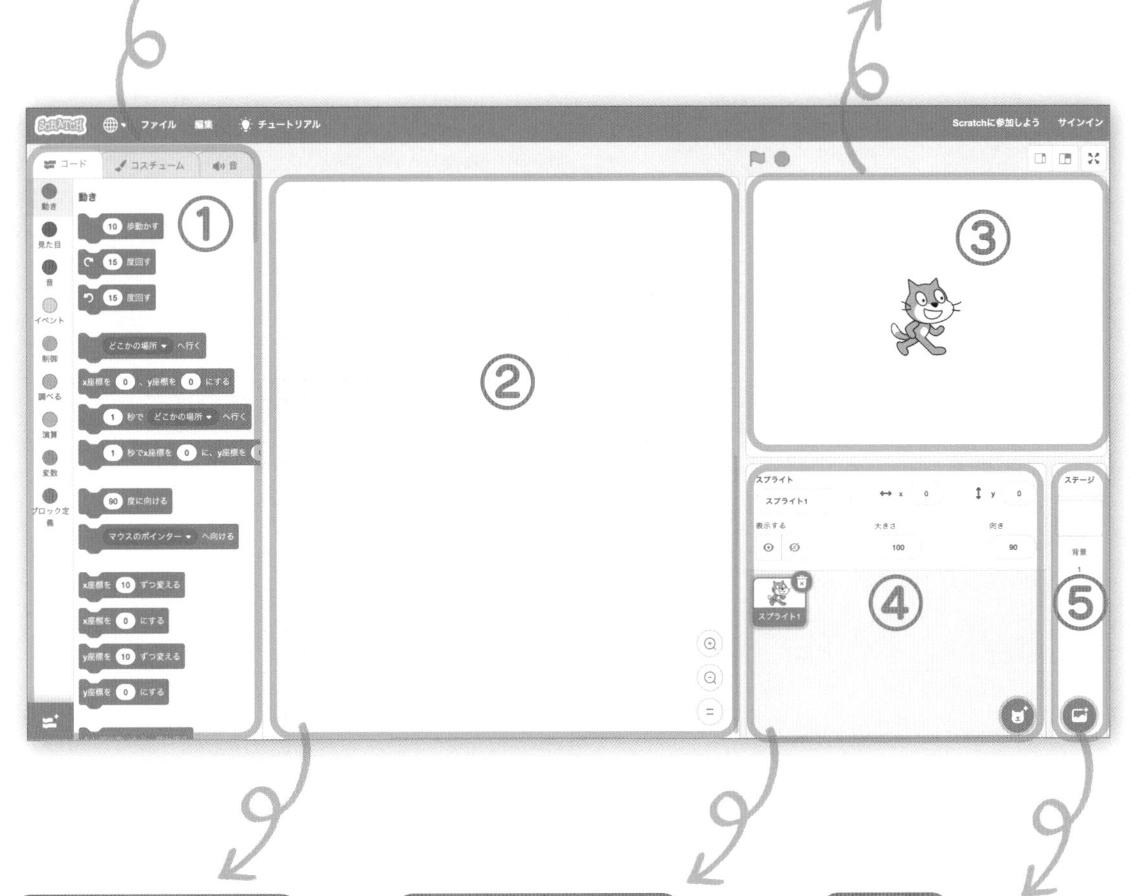

② スクリプトエリア

組み合わせたブロックを置く場所です。縦横にスクロールして広く使用できます。保存後に開くとブロックが重なり合っている場合もあるので、整然と配置することが大切です。ステージの右上のボタンで、狭くしたり広くしたりすることが可能です。

④ スプライトペイン

ステージに登場するキャラクター(動物、物など。「スプライト」と呼ぶ)を管理・編集する場所です。スプライトごとにプログラムする「コード」と、絵を管理・編集する「コスチューム」「音」のタブがあります。コスチュームなしで、プログラム処理だけをさせる場合もあります。

⑤ 背景

ステージのバック絵を管理・編集することができます。「背景」にもプログラムする「コード」と絵を管理・編集する「コスチューム」と「音」のタブがあります。

スクラッチで知っておきたい基本用語

スクリプト

人間のコマンド（命令）を、機械に理解できる機械語に変換する作業を省略して、簡単に実行できるようにした簡易プログラムを言います。

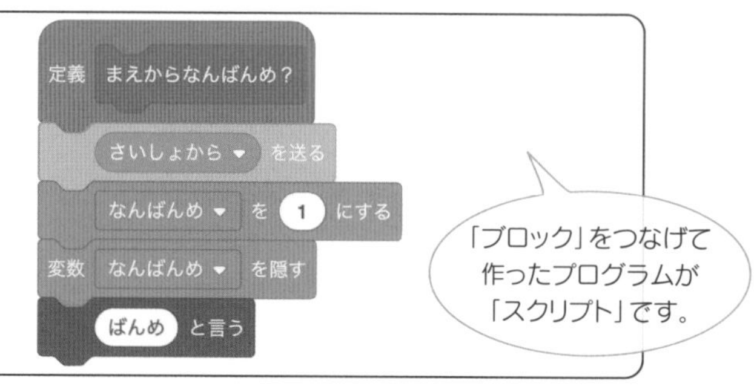

ブロック

スクリプトを構成する部品です。種類ごとに分類されていて、分類ボタンを押して選びます。形状がいろいろあり、組み合わせることができるブロックと組み合わせることができないブロックがあります。

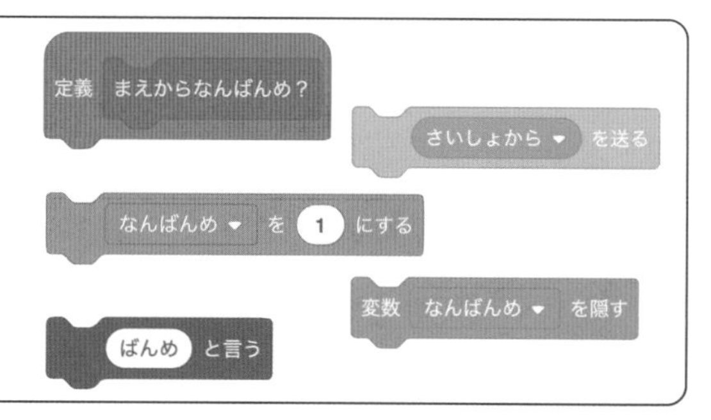

定義ブロック

一部分のプログラムのまとまりに名前をつけてブロック化し、新たなブロックとして活用できる機能です。引数や文字をつけ加えることができます。

スプライト

登場キャラクターです。外部からアップロードすることもできます。写真もアップできます。複製を登場させるときは、「クローンを作る」ブロックを使います。「見た目」に分類されている「表示する」「隠す」ブロックで、出したり消したりすることができます。

コスチューム

登場キャラクターであるスプライトの姿です。複数の絵を管理でき、それをパラパラ漫画のように変化させて、スプライトに動きをつけることもできます。ステージに文字などを書く命令がないので、このコスチュームを利用して文字や数字を表示します。

スタンプ

拡張機能の中にあるブロックです。「ペン」の機能をクリックすると配置されます。スプライトに絵を描かせる機能で、「ペンを下ろす」ことで、コスチュームがスタンプされます。

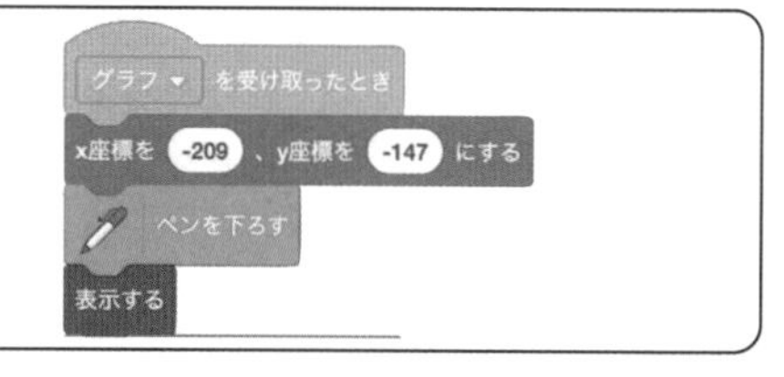

教材編

教材編の使い方

教材編では、スクラッチを使って小学校1年生～6年生までの算数を学習できるよう説明しています。本書を見ながらパソコンやタブレットを立ち上げて学習しましょう。学校の授業はもちろん家庭学習で学習の流れを予習・復習するために利用することもできます。

教材画面

各単元で取り扱う教材の画面です。プログラム画面のステージエリアに表示されている実際に動かす画面です。

プログラミングの工夫

このプログラムを組む際に工夫している点が、子どもにも理解できるように書かれています。

1-1 いくつかな

第1学年 第2学年 第3学年 第4学年 第5学年 第6学年

3 ほん かぞえなおし

やりかた

1. みどりのはたをクリックしてスタート。
2. 「きは、なんぼんありますか」というもんだいが出る。
3. きが、なんぼんかあらわれる。
4. きをクリックしてチェックマーク（✓）をつけていく。このとき、左下のすうじもふえていく。
5. かぞえなおしたいときは、「かぞえなおし」をクリックする。

プログラミングのくふう

- きが、パソコンによって、5ほんから10ぼんまで、ランダムにでてくる。
- チェックマークをつけていくとき、なんどクリックしても、おなじきであればすうじはふえない。
- かぞえなおしで、チェックマークがなくなり、すうじも0にもどる。

こえをだしてかぞえながら、チェックマークをつけていくと、かぞえまちがいがなくなるよ。

教材編 17

やり方

このプログラムの操作方法が書かれています。子どもたちが自分で練習するときや説明をするときに役立ちます。

単元のポイント

このプログラムを使って学習したときに、単元で理解しておきたい考え方やポイントが短い文でまとめられています。

1-1 いくつかな

やりかた

1. みどりのはたをクリックしてスタート。
2. 「きは、なんぼんありますか」というもんだいが出る。
3. きが、なんぼんかあらわれる。
4. きをクリックしてチェックマーク（✓）をつけていく。このとき、左下のすうじもふえていく。
5. かぞえなおしたいときは、「かぞえなおし」をクリックする。

プログラミングのくふう

- きが、パソコンによって、5ほんから10ぽんまで、ランダムにでてくる。
- チェックマークをつけていくとき、なんどクリックしても、おなじきであればすうじはふえない。
- かぞえなおしで、チェックマークがなくなり、すうじも0にもどる。

こえをだしてかぞえながら、チェックマークをつけていくと、かぞえまちがいがなくなるよ。

1-2 なんばんめ

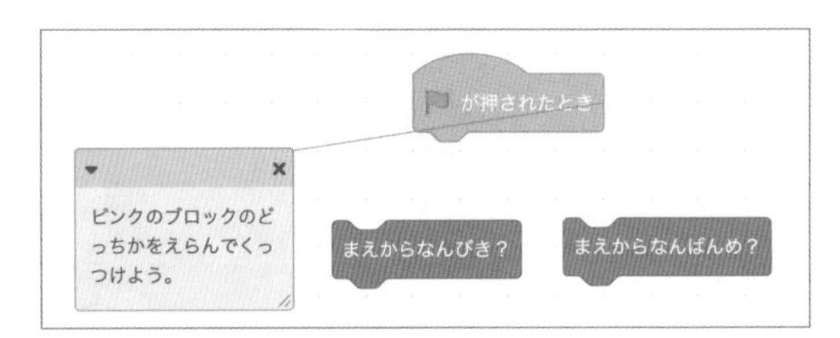

やりかた

1 「なんばんめ？」か「なんびき？」のどちらかのピンクブロックをえらんで、みどりのはたブロックにくっつける。

2 みどりのはたブロックをクリックしてスタート。

3 どうぶつをクリック。

4 すうじと「ばんめ」の文字が出たり、クリックしたどうぶつぜんぶのかずが「ひき」と出たりする。

プログラミングのくふう

●みどりのはたブロックにつけるピンクブロックをかえることで、クリックしたどうぶつのじゅんばんやぜんぶのどうぶつのかずが出てくる。

じゅんじょなのか、ぜんぶなのかをよくかんがえよう。

1-3 なんじ

やりかた

1. みどりのはたをクリックしてスタート。
2. 「なんじかいれてね」というもんだいが出る。
3. みどりのすうじにゅうりょくボタンをクリックして、こたえをふきだしに入れたら、「3」の下のエンターキー「←」をクリックする。
4. 「ふんをいれてね」というもんだいがでるので、おなじようにすうじをいれてこたえる。
5. おとがなる。せいかいのときとまちがえたときでながれるおとがちがう。

プログラミングのくふう

- いろいろなじこくがでるが、「なんじ」と「なんじ30ぷん」のれんしゅうができる。
- すうじにゅうりょくボタンで、すうじをこたえることができる。
- 正かいしたら「あたり!」のおとが、まちがったら「まちがい」のおとが、それぞれなる。

とけいをよむれんしゅうをたくさんして、はりのさすいちでじこくがわかるようにしよう。

1-4 いくつといくつ

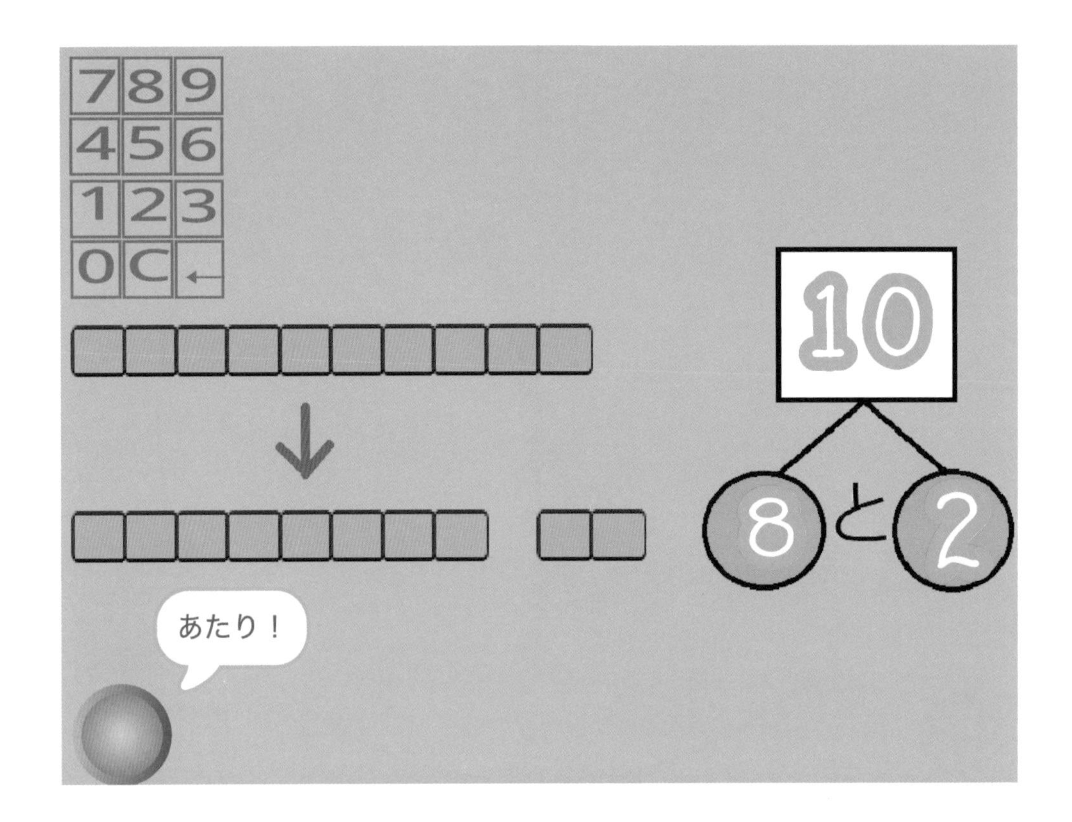

やりかた

1 みどりのはたをクリックしてスタート。

2 きいろブロックがでてきたあと、さくらんぼにでたすうじといくつにわかれるかきかれる。

3 すうじにゅうりょくボタンで、すうじをクリックして、ふきだしに入れたら、「←」をクリックして、こたえる。

4 せいかいしたら「あたり!」のもじがでて、さくらんぼにせいかいのすうじがでる。

プログラミングのくふう

- 10このタイルを2つにわけて、きいろタイルで、あらわす。
- すうじにゅうりょくボタンで、すうじをこたえることができ、「まちがい」のときは、やりなおせる。
- なんどこたえても、すうじがずれないようになっている。

1つのかずを、さくらんぼのつぶのように2つのかずにわけるれんしゅう。けいさんのちからがつくよ。

1-5 ぜんぶでいくつ

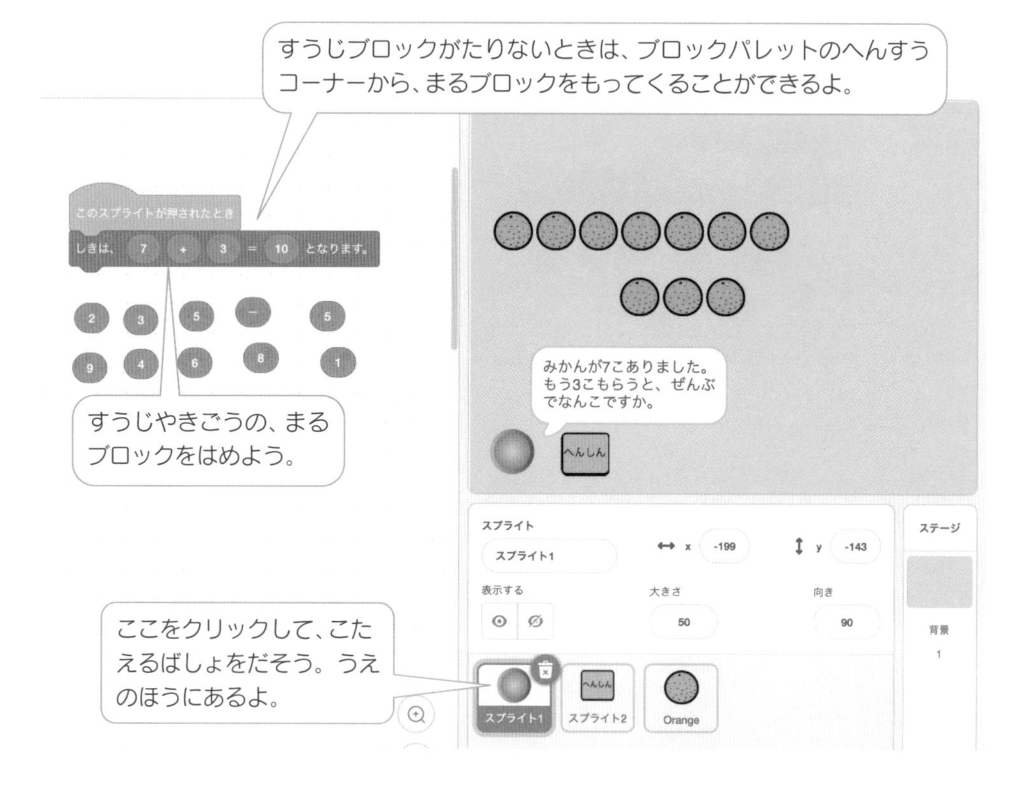

やりかた

1. みどりのはたをクリックしてスタート。
2. みかんがでてきたあと、「ぜんぶでなんこですか」ときかれる。
3. 「へんしん」をおすと、みかんがブロックにかわる。ブロックをうごかして、こたえをかんがえる。
4. 右下のスプライトペイン（p.13）からみどりボタンスプライトをクリックする。スクリプトエリアで、しきやこたえのまるブロックをはめる。
5. せいかいしたら、「へんしん」のよこのみどりボタンをクリックしたとき「あたり!」のもじがでる。

プログラミングのくふう

- あわせて10こまでのみかんが、ランダムにでてくる。
- まるブロックでしきやこたえをたしかめることができる。
- 「へんしん」ボタンで、ブロックにして、うごかしてかんがえることができる。

たしざんのもんだいぶんをしきにあらわすれんしゅうをしよう。すうじは、もんだいぶんにでてきたじゅんにつかうよ。だから、うえのずでは「7」がさきで「3」があとになるよ。

1-6 のこりはいくつ

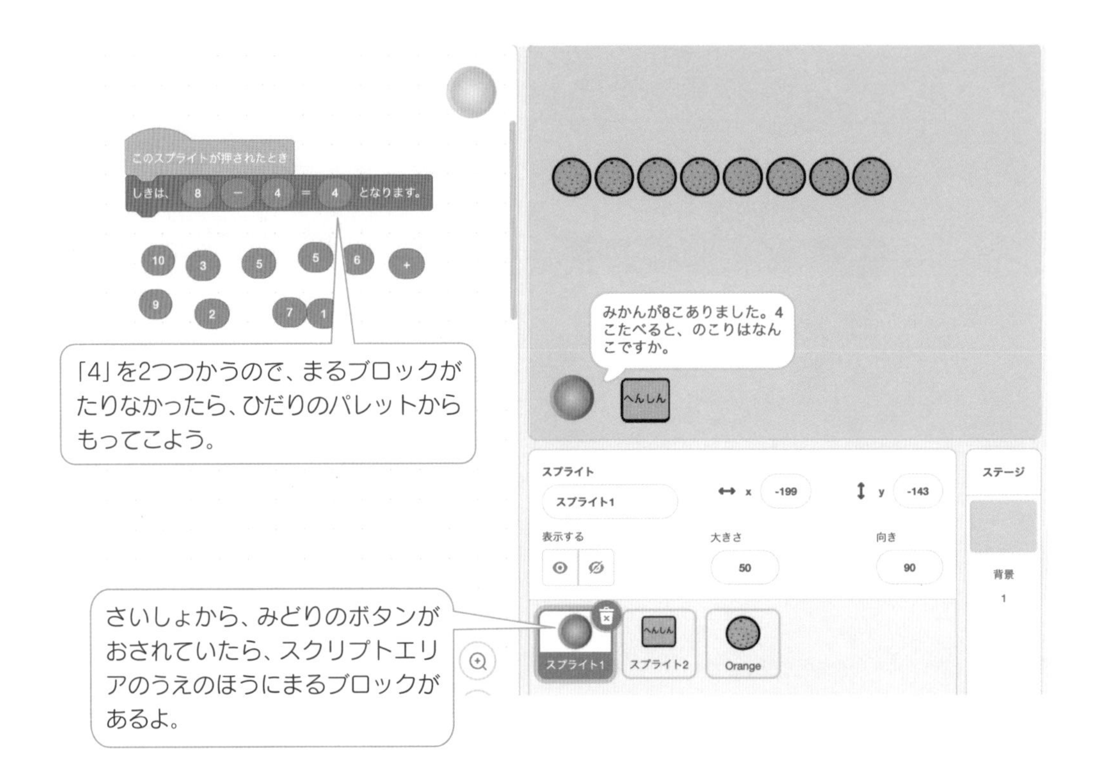

やりかた

1. みどりのはたをクリックしてスタート。
2. みかんがでてきたあと、「のこりはなんこか」きかれる。
3. 「へんしん」をおすと、みかんが、ブロックにかわる。
4. みどりボタンスプライトのところで、しきやこたえの、まるブロックをはめる。
5. せいかいしたら、「へんしん」のよこのみどりボタンをクリックしたとき「あたり!」のもじがでる。

プログラミングのくふう

- 1こ〜10このみかんをつかって、のこりをけいさんするもんだいが、いろいろでてくる。
- しきが、たいせつになるもんだいなので、はめこむこたえかたにしている。

ひきざんのもんだいぶんをしきにあらわそう。しきは、「おおきいかずーちいさいかず」になるよ。

1-7 どれだけおおい

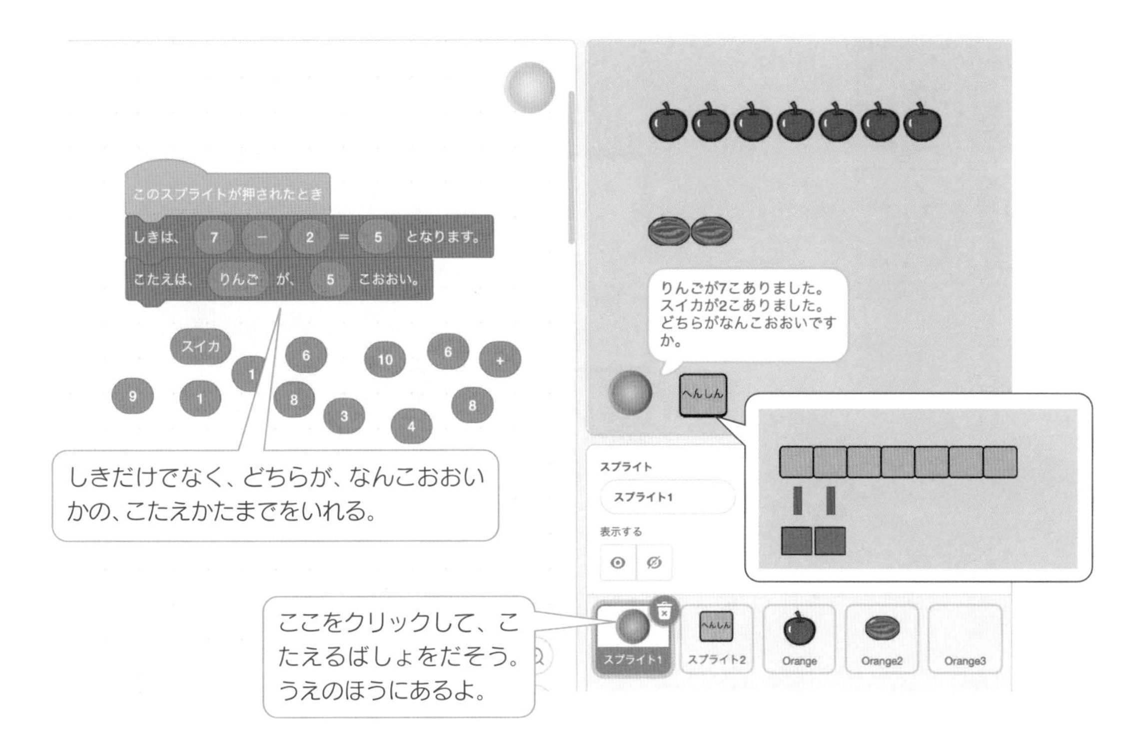

やりかた

1. みどりのはたをクリックしてスタート。
2. りんごとスイカがでてきたあと、「どちらがなんこおおいですか」ときかれる。
3. 「へんしん」をおすと、ブロックにかわり、せんでつながれる。
4. 右下のスプライトペインから、みどりボタンスプライトをクリックして、しきやこたえの、まるブロックをはめる。
5. せいかいしたら、「へんしん」のよこのみどりボタンをクリックしたとき「あたり!」のもじがでる。

プログラミングのくふう

- 1～10このくだものをつかって、ちがいをだすもんだいが、いろいろでてくる。
- 「へんしん」ボタンでブロックにして、1つずつせんでつなぎ、かんがえることができる。

ひきざんのもんだいぶんを、しきにあらわそう。「おおいほうのなまえ」と「なんこおおいか」のりょうほうをこたえるよ。2つのことをこたえるもんだいになれるようにれんしゅうしよう。

1-8 10より大きいかず

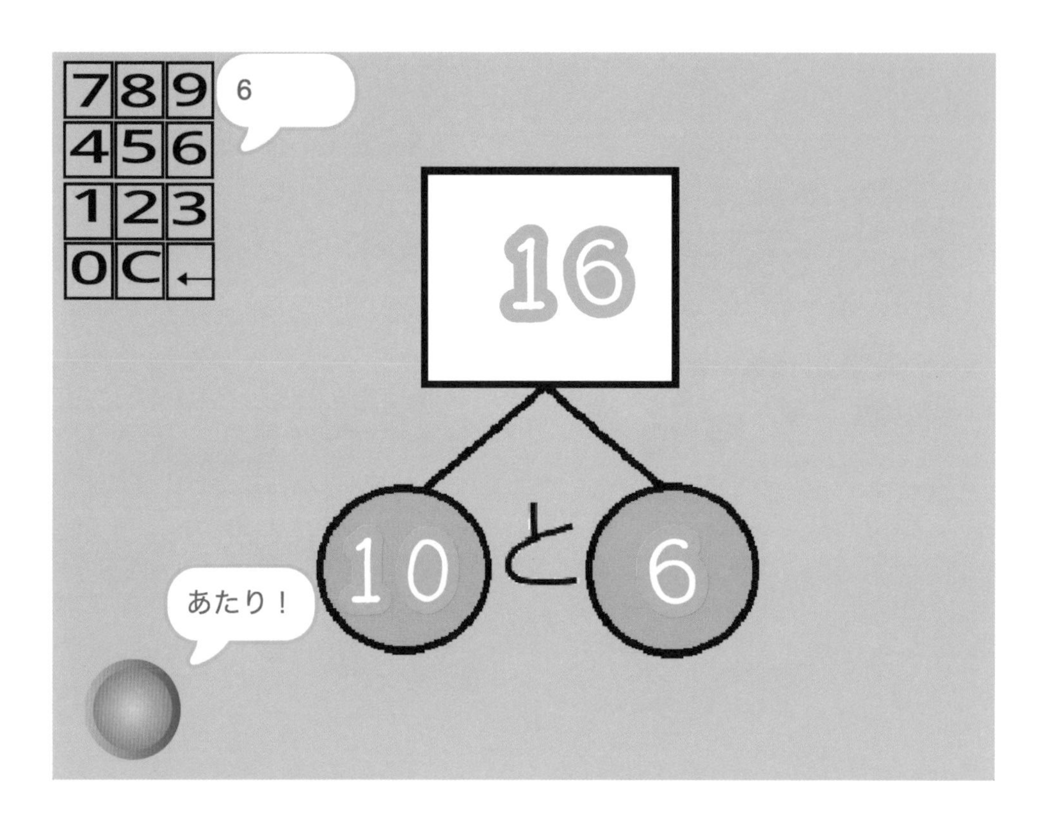

やりかた

1. みどりのはたをクリックしてスタート。
2. さくらんぼのすうじがでて、右のさくらんぼに入るすうじをきかれる。
3. すうじにゅうりょくボタンで、すうじをクリックしてふきだしに入れたら、「←」をクリックして、こたえる。
4. せいかいしたら「あたり!」のもじがでる。

プログラミングのくふう

- 10いくつのかずを、10といくつかにわけるもんだいが、いろいろでてくる。
- くりさがりのあるひきざんでは、10より大きいかずを10といくつかにわけるかんがえかたがたいせつになるので、そのれんしゅうになる。

「じゅう」と「ろく」とで、「じゅうろく」になるね。「16−9」のようなひきざんをするときは、16を10と6にわけて、10から9をひいてこたえを出すよ。

1-9 かずのせいり

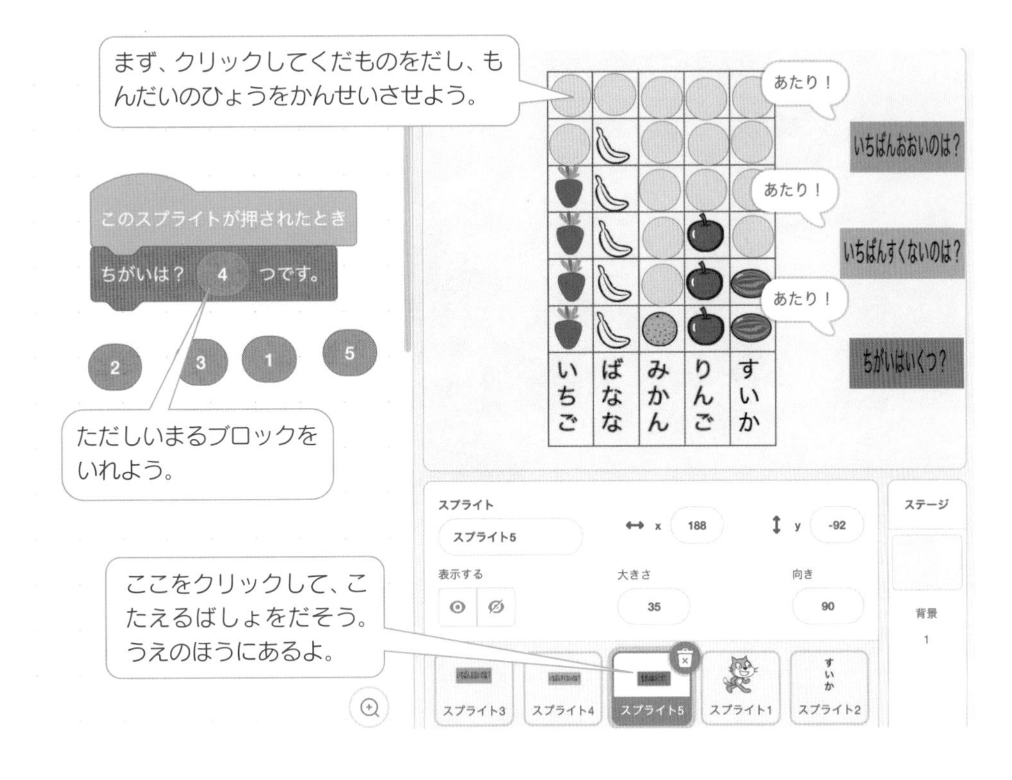

やりかた

1. みどりのはたをクリックしてスタート。
2. ひょうにあるグレーのまるをクリックしてくだもののえをだす。
3. 「いちばんおおいのは」「いちばんすくないのは」「ちがいはいくつ」のスプライトをクリックして、それぞれ、ただしいまるブロックをはめる。
4. きいろのブロック「このスプライトがおされたとき」をクリックする。
5. せいかいしたら「あたり!」のことばがでる。

プログラミングのくふう

●くだものボタンは、クリックするたびに、でたり、きえたりするので、いろいろなもんだいが、つくれる。

くだもののひょうがあらわしていることを、よみとるれんしゅうだよ。

1-10 かたちあそび

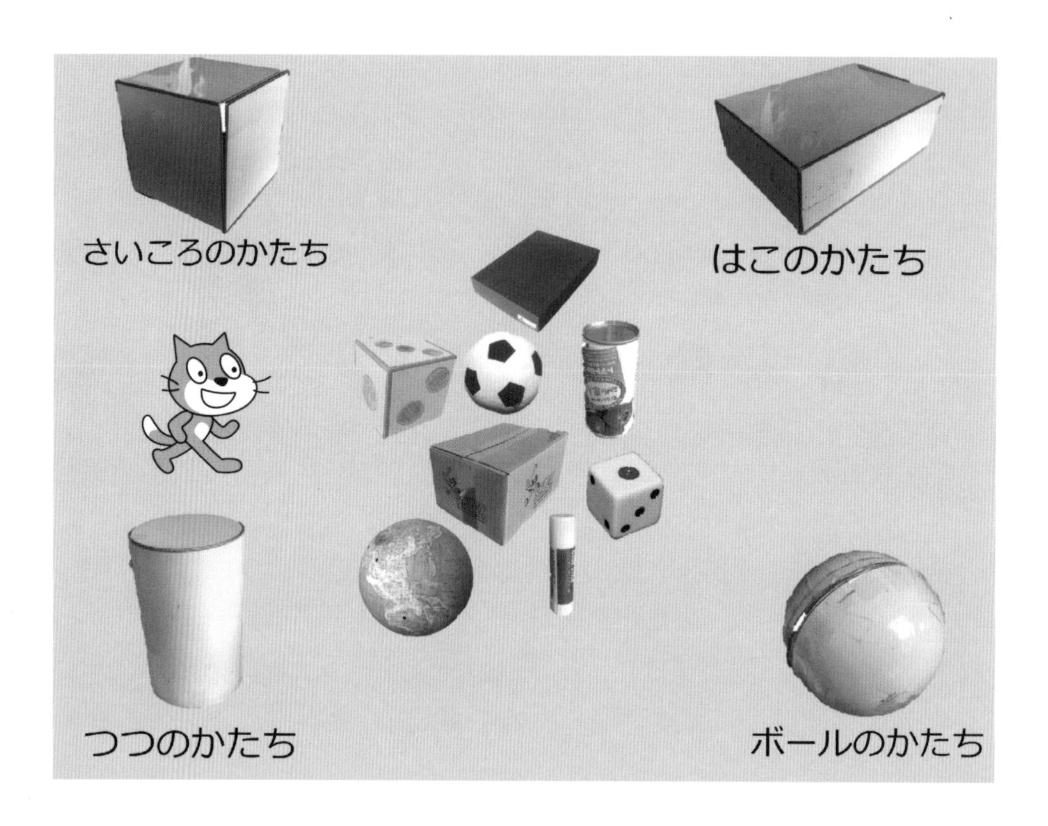

やりかた

1. みどりのはたをクリックしてスタート。
2. 「かたちをわけよう」というもんだいが、でる。
3. いろいろなかたちのスプライト（まんなかにあるサイコロやサッカーボール）を、ドラッグ&ドロップして、それぞれあてはまるグループ（「はこのかたち」や「つつのかたち」など）のばしょにいどうさせる。いどうしたスプライトをクリックし、あっていれば、グループにはいる。

プログラミングのくふう

- いろいろなもののしゃしんを、くりぬいて、スプライトにしている。
- じぶんで、うごかしてグループにわけることができる。
- せいかいしたら「あたり!」というもじがでて、おとがなる。

かたちのとくちょうをみつけて、グループにわける、れんしゅうをしよう。

1-11 3つのかずのけいさん

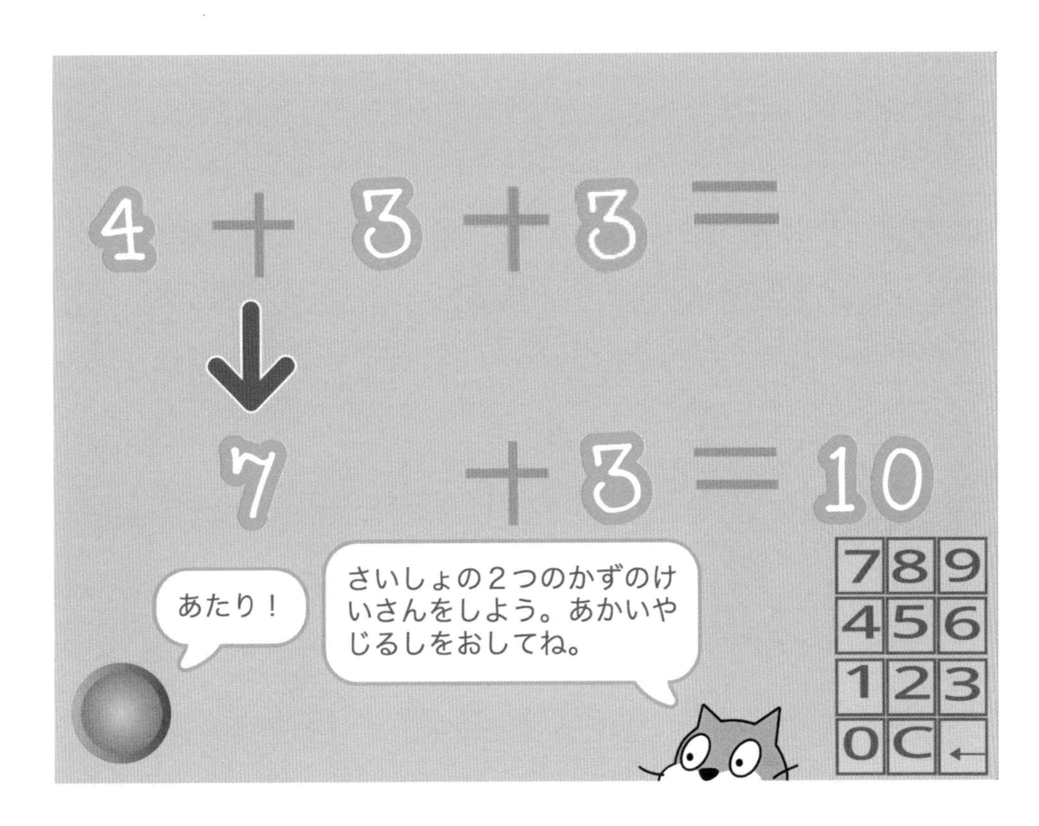

やりかた

1 みどりのはたをクリックしてスタート。

2 10までのかずと、けいさんきごうがでてくる。

3 あかいやじるしをクリックすると、さいしょの2つのかず（上のずでは4と3）のけいさんがされて、こたえが下のしきに入る。

4 さいしょの2つのかずをたしたこたえと、3つめのかずのけいさんをする。すうじにゅうりょくボタンをクリックしてこたえをふきだしに入れたら、「←」をクリック。

5 せいかいしたら「あたり!」のもじがでる。

プログラミングのくふう

- 10までのかずや、けいさんきごうで、いろいろなもんだいが、でる。
- さいしょの、2つのかずのけいさんのこたえをヒントにしている。

はじめの2つのかずのけいさんをさきにしよう。じゅんじょよく、けいさんしていこう。

1-12 たしざん

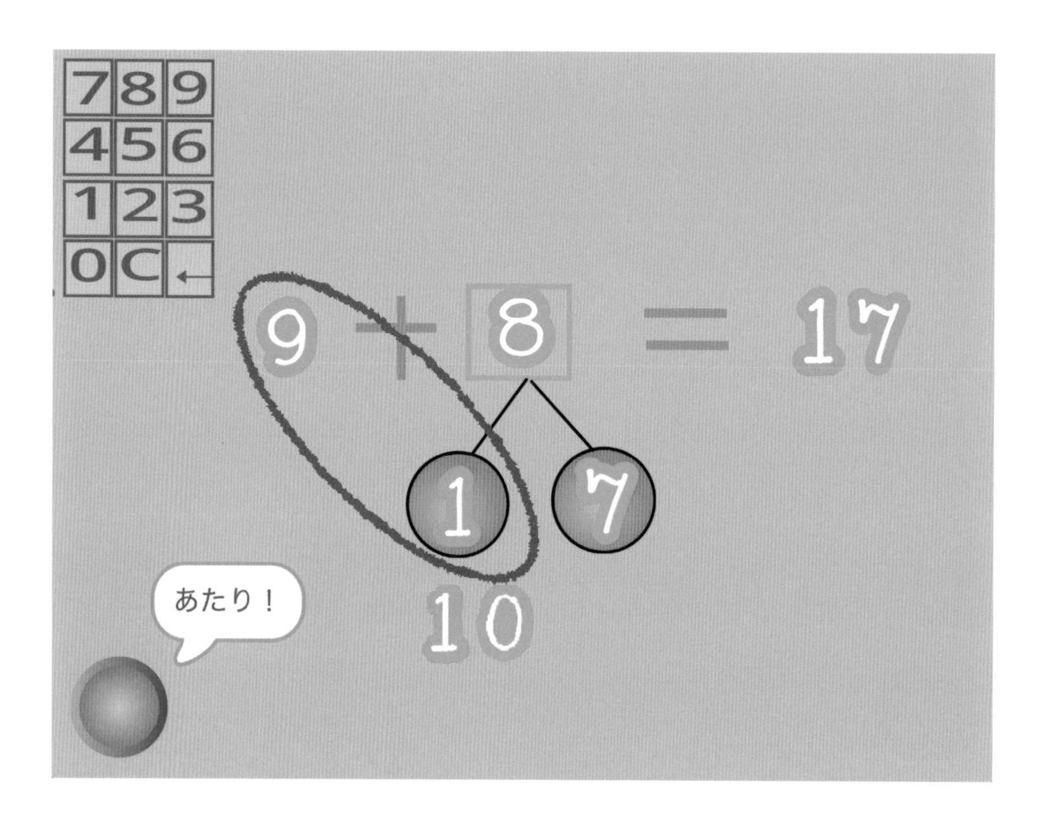

やりかた

1. みどりのはたをクリックしてスタート。
2. さくらんぼの中にある「?」をクリックして、たすかずをわける。
3. たされるかずと左のさくらんぼをかこむ、あかいせんが出てくる。
4. すうじにゅうりょくボタンをクリックして、もんだいのこたえをふきだしに入れ、「←」をクリックする。
5. せいかいしたら「あたり!」のもじがでる。

プログラミングのくふう

●9までのかずで、いろいろなもんだいが、でる。

●さくらんぼの2つのかずをヒントにしている。

●「10のまとまり」を、あかいせんでかこみ、すうじの10がでる。

くりあがるたしざんでは、「さくらんぼけいさん」で、10のまとまりをつくり、のこりとあわせて、こたえをだそう。

1-13 ひきざん

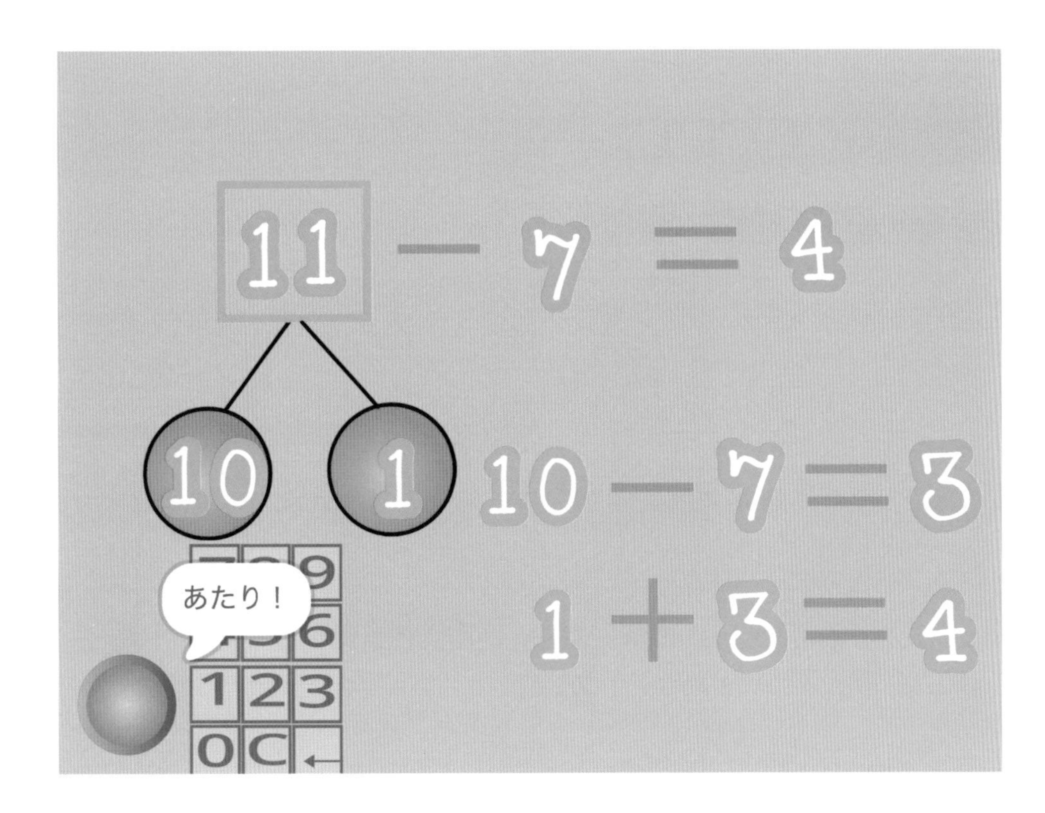

やりかた

1. みどりのはたをクリックしてスタート。
2. さくらんぼの中にある「?」をクリックしてひかれるかずをわける。
3. すうじにゅうりょくボタンをクリックして、もんだいのこたえをふきだしに入れ、「←」をクリックする。
4. とちゅうのけいさんほうほうがでてきて、せいかいしたら「あたり!」のもじがでる。

プログラミングのくふう

- 18までのひかれるかずで、いろいろなもんだいが、でる。
- 10から、ひくかずをひき、そのこたえとさくらんぼのかたほうをたす、うごくせつめいが、でる。

くりさがるひきざんでは、10からひいたこたえと、のこりをたす、「ひいてたすけいさん」をしよう。

1-14 くらべよう

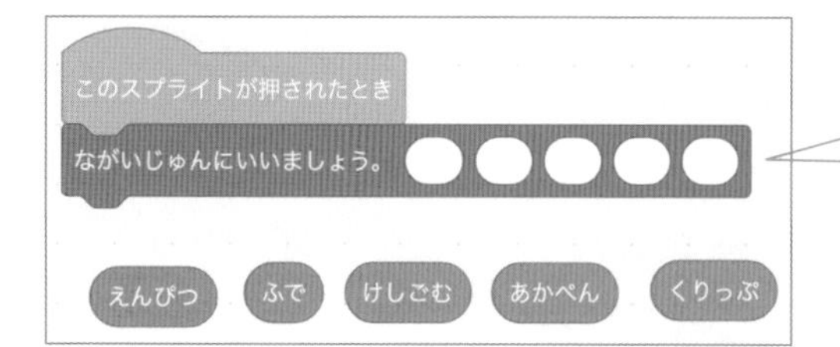

ながいじゅんにぶんぼうぐのなまえのまるブロックを入れよう。

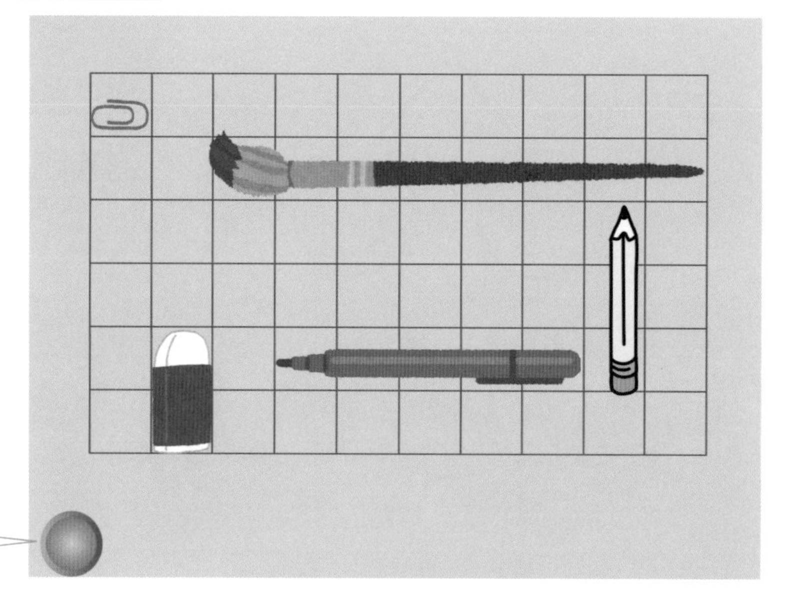

まるブロックを入れたら、ここをクリック。

やりかた

1 みどりのはたをクリックしてスタート。

2 マス目がでたあとに、「ながいじゅんにいいましょう」というもんだいが出る。

3 ぶんぼうぐをクリックすると、マスめのかずがわかるヒントが、でる。

4 右下のスプライトペインからみどりボタンスプライトをクリックする。ぶんぼうぐのまるブロックをながいじゅんにはめこみ、クリックする。

5 せいかいしたら「あたり!」のもじがでる。

プログラミングのくふう

- ぶんぼうぐをクリックすると、マスめのかずが、でてきて、ながさをくらべることができる。

たんいになるものが（上のばあいは、マスめ）、いくつになるかをかぞえることでながさをくらべられるよ。

1-15 大きなかず

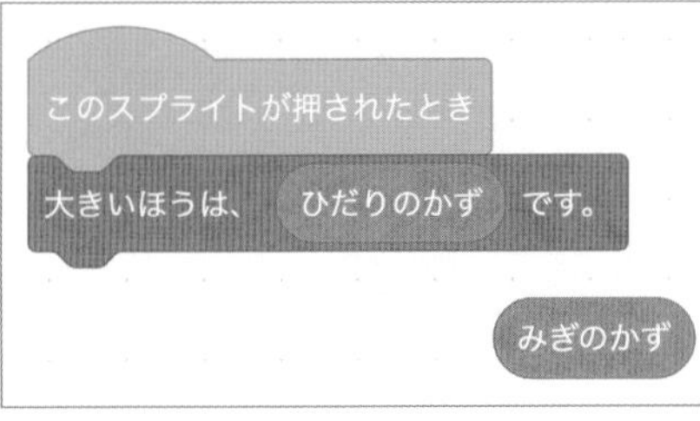

右か左、大きいかずをえらんでまるブロックを入れよう。

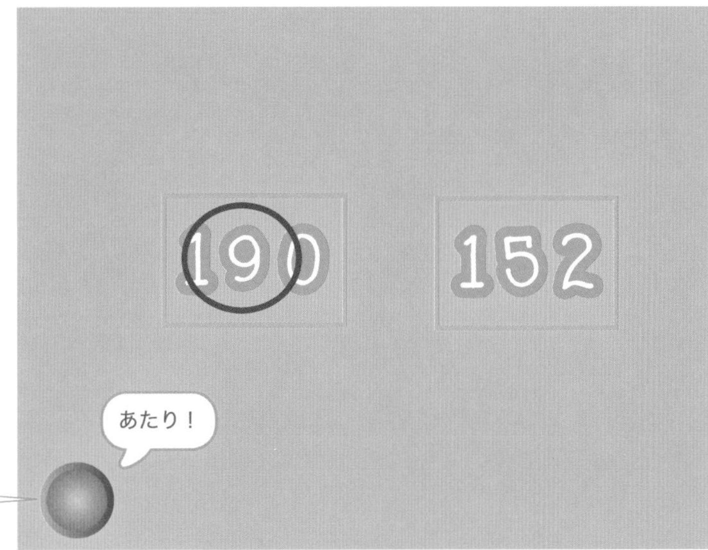

まるブロックを入れたら、ここをクリック。

やりかた

1 みどりのはたをクリックしてスタート。

2 「どっちが大きいの?」というもんだい文がでる。

3 右下のスプライトペインからみどりボタンスプライトをクリックする。「左のかず」か「右のかず」のブロックをはめこんで、クリックしてこたえる。

4 せいかいしたら「あたり!」のもじがでる。

5 大きいほうのすうじに、あかまるがつく。

プログラミングのくふう

- 1けたから3けたまでの、いろいろなかずを、くらべることができる。
- 大きいかずのブロックをはめこんで、こたえる。
- 大きいほうに、あかまるがつく。

百のくらい、十のくらい、一のくらいのじゅんにすうじをくらべて、大きいほうをさがしていこう。

1-16 なんじなんぷん

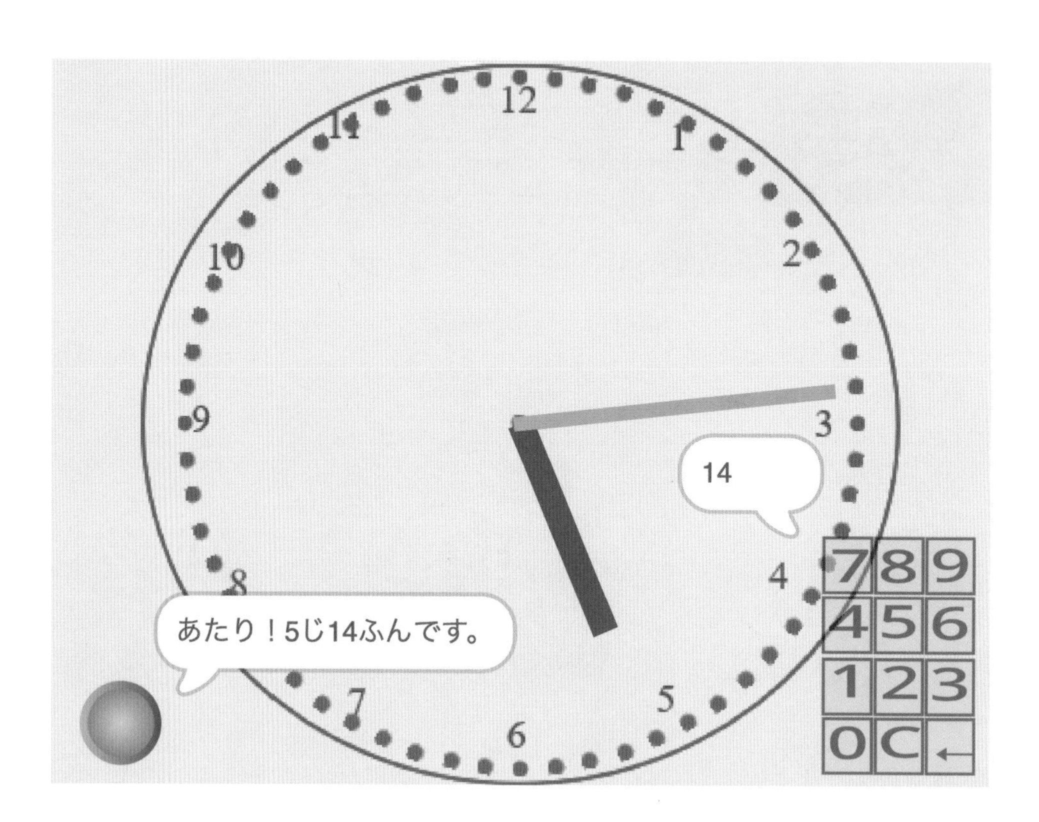

やりかた

1 みどりのはたをクリックしてスタート。

2 「なんじですか？ まず、なんじかいれてね。」というもんだいが出る。

3 すうじにゅうりょくボタンで、こたえのすうじをクリックして、「←」をクリックする。

4 つぎに「ふんをいれてね」というもんだいが出るので、すうじをいれてこたえる。

5 こたえがでて、おとがなる。

プログラミングのくふう

- 1ぷんごとのめもりをつけて、いろいろなじこくが、もんだいとして、でる。
- とけいがうごくように、2つのはりが、うごくようすをあらわしている。

ふんのたんいまで、こまかいじこくを、よみとろう。はりのばしょで、じこくが、わかるようにしよう。

1-17 かたちづくり

やりかた

1. いろいろないろのさんかくやまるをならべて、すきなかたちをつくる。
2. さんかくをクリックすると左に、まわる（45どずつ）。
3. ドラッグ＆ドロップしてうごかす。
4. かたちができあがったら、みどりのはたをクリックして、うごきをつける。
   上のれいは、「ヨットとちょうちょ」。

プログラミングのくふう

- いろいろないろの、さんかくが、ある。
- クリックで、むきがかわる。
- スタートで、うごきをつけることができる。

さんかくやまるをくっつけて、いろいろなかたちをくふうしてつくり、うごかそう。

2-1 グラフと表

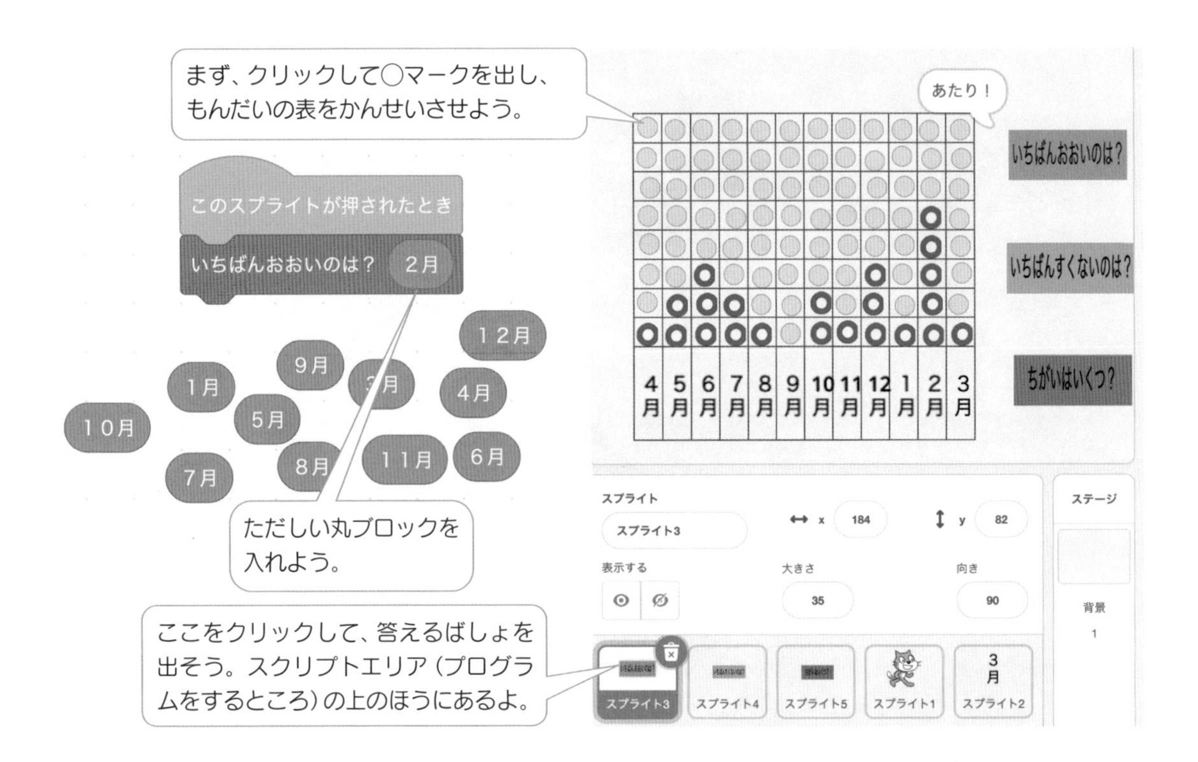

やり方

1. みどりのはたをクリックしてスタート。
2. 月ごとのたん生日の人数を表した表をつくる（表の中にある白い丸をクリックすると、赤丸にかわる）。
3. 「いちばんおおいのは」「いちばんすくないのは」「ちがいはいくつ」のスプライトをクリックし、正しい丸ブロックをはめる。
4. 黄色いブロック「このスプライトが押されたとき」をクリックする。
5. 正かいしたら「あたり!」の文字が出る。

プログラミングのくふう

- あかまるボタンは、クリックで出たり、きえたりするので、いろいろなもんだいがつくれる。

表が表していることを、よみとろう。

2-2 時間と時こく

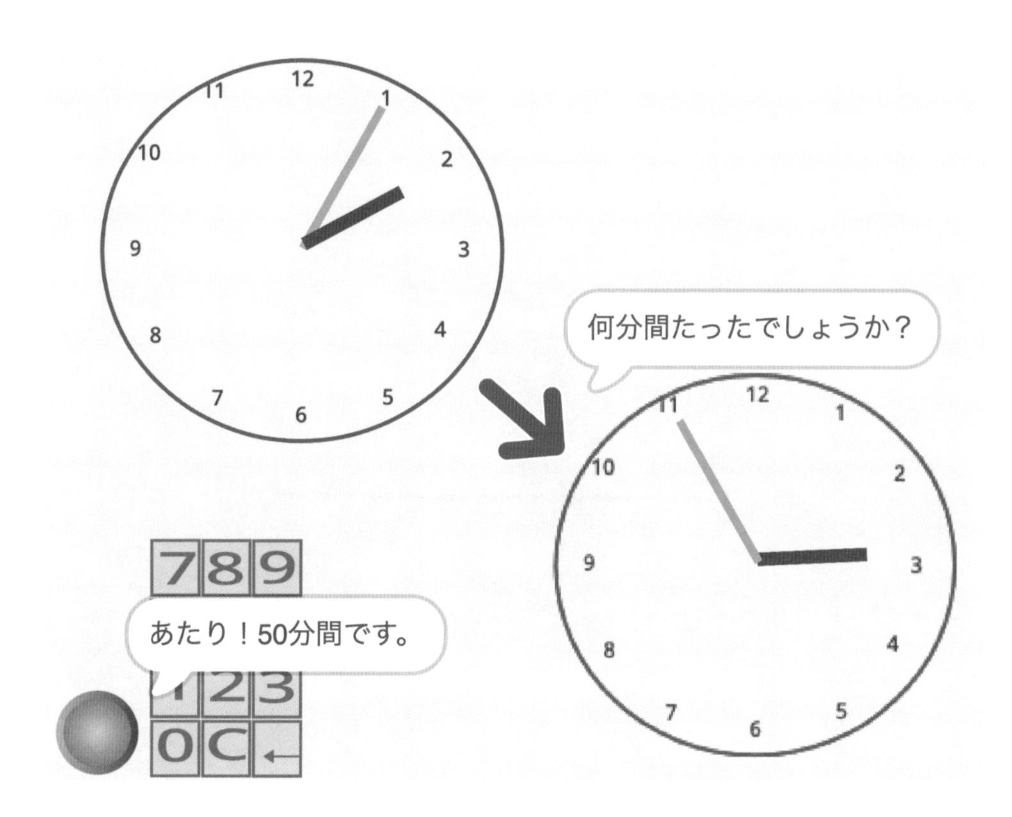

やり方

1 みどりのはたをクリックしてスタート。

2 「何分間たったでしょうか？」と聞かれる。

3 数字入力ボタンをクリックして答えを入れ、「←」をクリックする。

4 正かいしたら、「あたり!」の文字と答えが出る。

プログラミングのくふう

- 5分きざみのいろいろな時こくが、もんだいに出る（答えは1時間をこえない）。
- 2つの時計で、時間がたったことをあらわしているので、ちがいを見ながら考えることができる。

長いはりが、どれだけうごいたかをしらべよう。答えは、5とびの数になるよ。

2-3 たし算

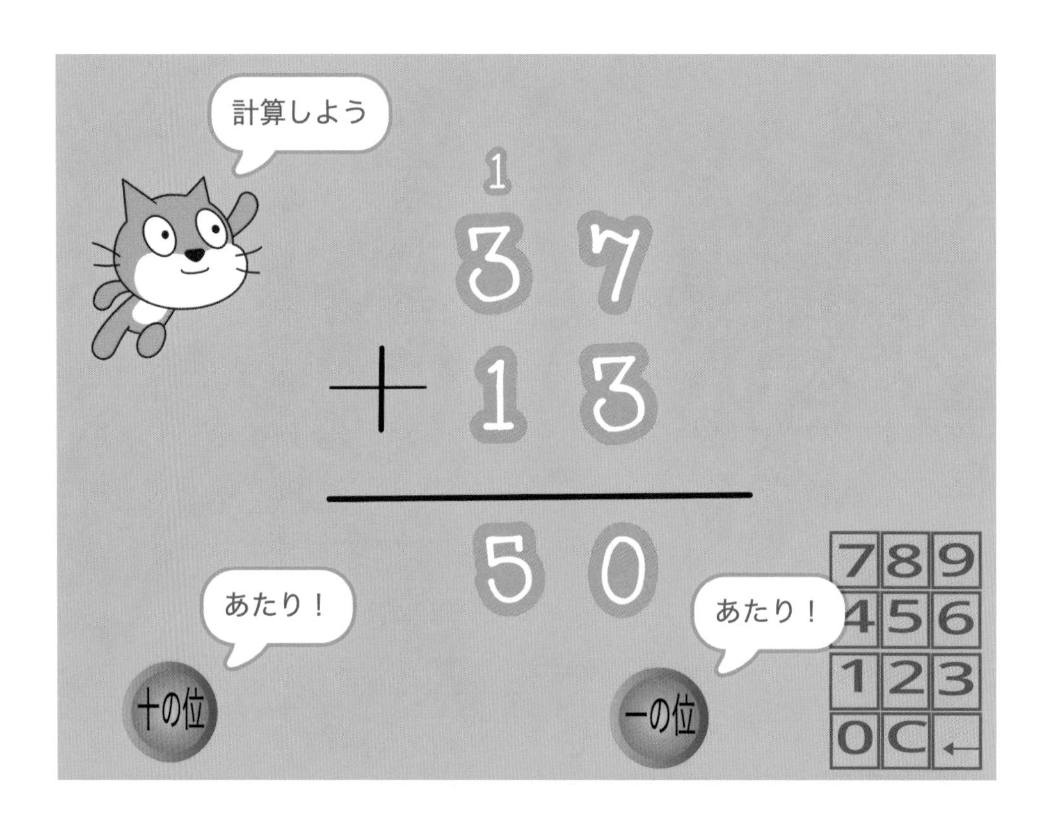

やり方

1. みどりのはたをクリックしてスタート。
2. 一のくらいの計算をして、「数字入力ボタン」から答えを入れ、「←」をクリックする。
3. 正かいしたら「あたり!」の字と数字が出る。
4. つぎに十のくらいの計算をして、「数字入力ボタン」から答えを入れ、「←」をクリックする。
5. 正かいしたら「あたり!」の文字と答えが出る。

プログラミングのくふう

- 答えが100より小さい数になる、いろいろなたし算が出る。
- くらいごとに答えをたしかめながら計算をすすめていくことができる。
- 「1」が出て、くり上がったようすがわかる。

一のくらいから、じゅんに計算しよう。くり上がった「1」をしっかり書こう。

2-4 ひき算

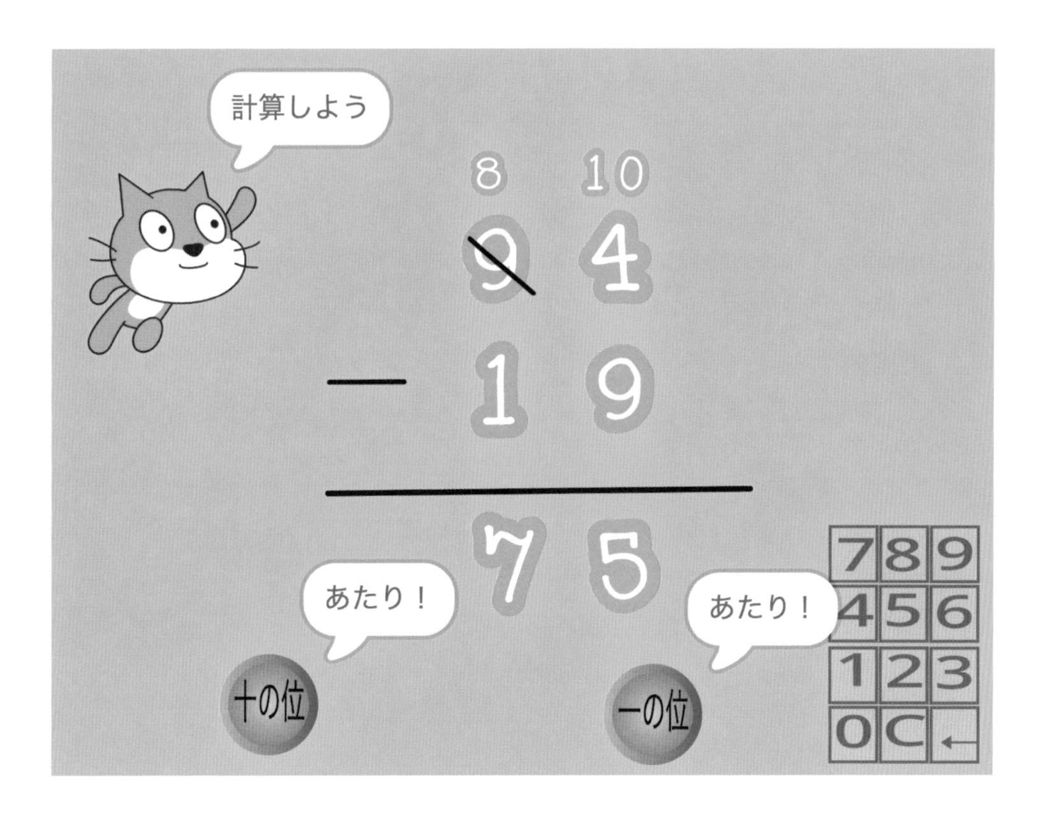

やり方

1 みどりのはたをクリックしてスタート。

2 一のくらいの計算をして、「数字入力ボタン」から答えを入れ、「←」をクリックする。

3 正かいしたら「あたり!」の文字と数字が出る。

4 つぎに十のくらいの計算をして、「数字入力ボタン」から答えを入れ、「←」をクリックする。

5 正かいしたら「あたり!」の文字と答えが出る。

プログラミングのくふう

- 2けた－2けた（または1けた）のいろいろなひき算が出る。
- 十のくらいの数字に、ななめせんが引かれ、一のくらいに「10」が出て、くり下がったようすがわかる。

一のくらいから、じゅんに計算しよう。くり下げの「ななめせん」と数字をしっかり書こう。

2-5 長さ

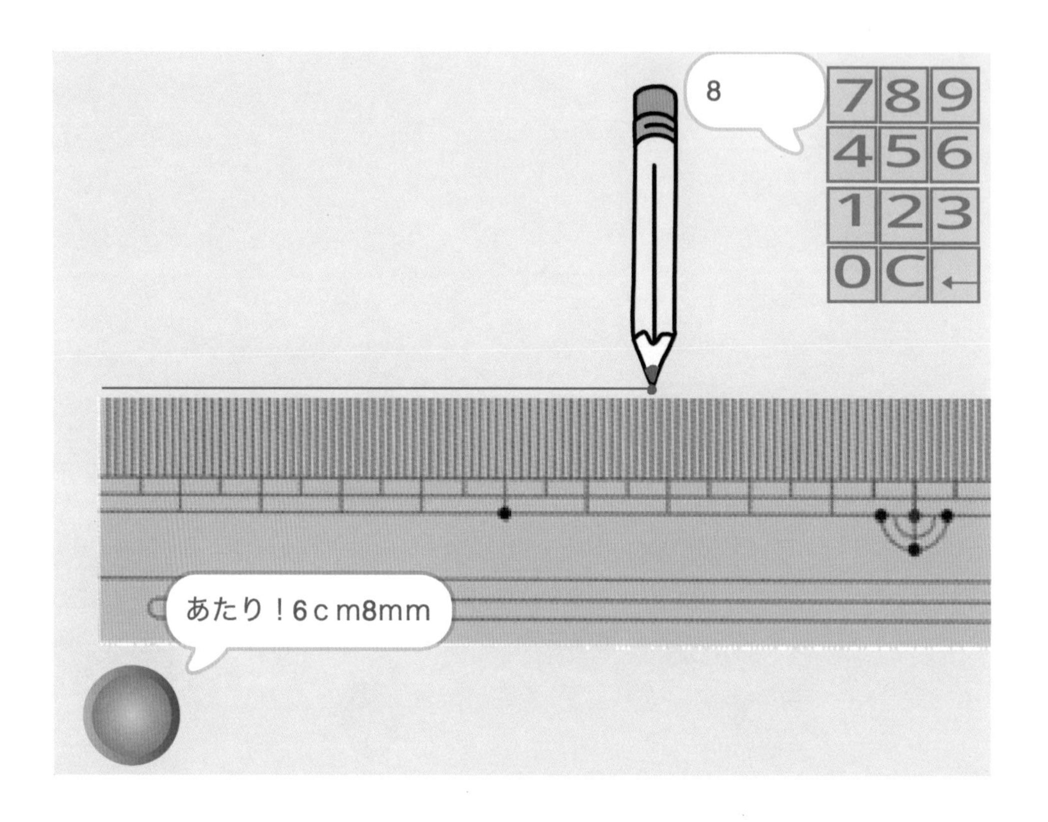

やり方

1 みどりのはたをクリックしてスタート。

2 赤えんぴつがうごいて、赤いせんがひかれる。

3 赤いせんの長さをこたえる。まずはcmを数字入力ボタンで入力し、「←」をクリックする。

4 つぎにmmの数字を入力し、「←」をクリックする。

5 正かいしたら「あたり!」の文字と正しい長さが出る。

プログラミングのくふう

- 10cmまでのいろいろな長さの読みとりもんだいが出る。
- 本ものそっくりの、ものさしと赤えんぴつのイラストが、うごきをつけながら、せんをひく。
- ちょうど「○cm」だったときには、「mm」をきいてこない。

ものさしの目もりを、しっかり読みとるれんしゅうをしよう。

2-6 100より大きな数

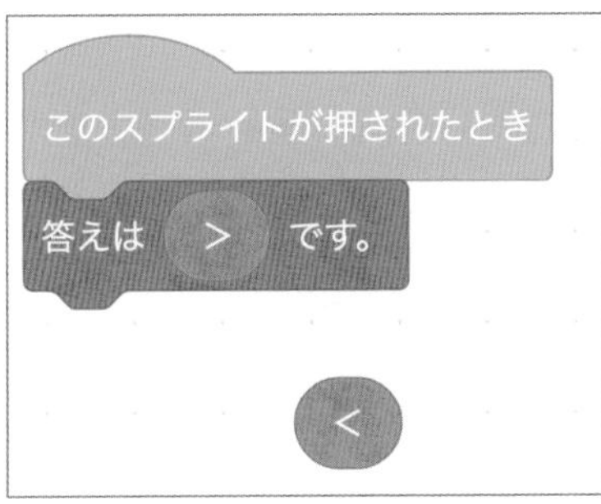

あてはまるふとうごうの丸ブロックを入れよう。

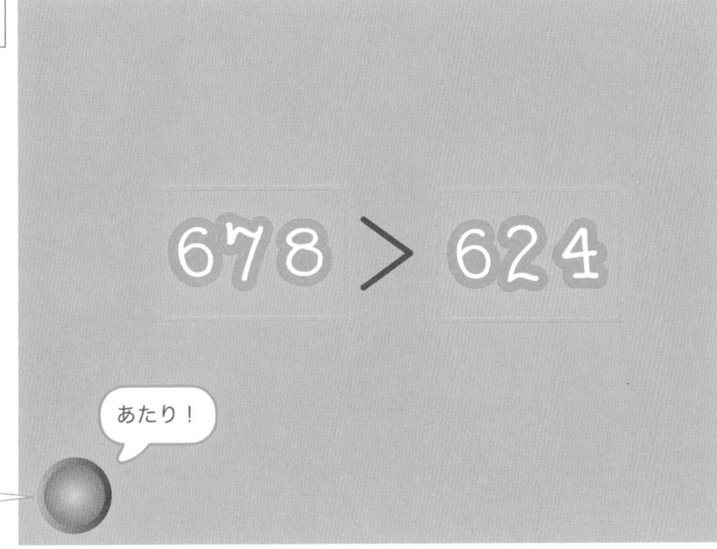

まるブロックを入れたら、ここをクリック。

やり方

1. みどりのはたをクリックしてスタート。
2. 2つの数字のうち、大きい方を聞くもんだいが出る。
3. 右下のスプライトペインから、みどりボタンスプライトをおして、あてはまるふとうごうをはめこむ。
4. 正かいしたら「あたり!」の文字とふとうごうの「>」か「<」が出る。

プログラミングのくふう

- 3けたの数字の大小を聞くもんだいがランダムに出る。
- あてはまるふとうごうをはめこむことで答える。
- 大きな数の方にひらいたふとうごうが出る。

百のくらい、十のくらい、一のくらいのじゅんに数字をくらべて、大きい方をさがしていこう。

2-7 たし算とひき算

やり方

1 みどりのはたをクリックしてスタート。

2 一のくらいの計算をして、「数字入力ボタン」から答えを入れ、「←」をクリックする。

3 正かいしたら「あたり!」の文字と数字が出る。

4 十のくらいの計算をして、「数字入力ボタン」から答えを入れ、「←」をクリックする。

5 正かいしたら「あたり!」の文字と数字が出る。

6 百のくらいの計算をして、「数字入力ボタン」から答えを入れ、「←」をクリックする。

7 正かいしたら「あたり!」の文字と答えが出る。

プログラミングのくふう

- 3けた＋2けた（または1けた）のいろいろなひき算が出る。
- 1つずつくらいを上げながら、じゅんに答えていく。
- 2回くり上がったようすがわかる。

数字が大きくても、一のくらいから、じゅんに計算しよう。くり上がった「1」をしっかり書こう。

2-8 かさ

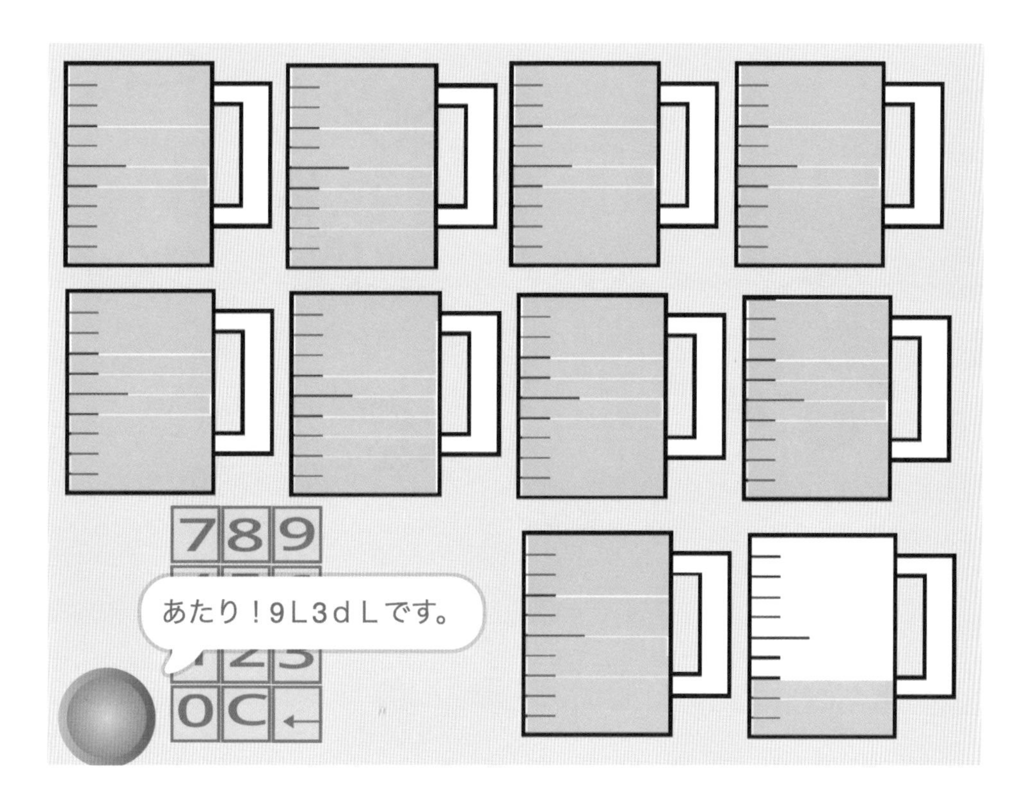

やり方

1 みどりのはたをクリックしてスタート。

2 1Lのますに水が入り、色がつく。

3 何Lなのか、数字入力ボタンから答えを入れ、「←」をクリックする。

4 正かいしたら「あたり!」の文字と正しい数字が出る。

5 つぎにdLの数字を入れ、「←」をクリックする。

6 正かいしたら「あたり!」の文字と正しい数字が出る。

プログラミングのくふう

- 10dLまでのかさの読みとりもんだいが出る。
- 1Lますに水が入っていき、1dLたんいで色がつく。
- ちょうど「○L」が答えだったときには、「dL」をきいてこない。

かさの読みとりをしっかりれんしゅうしよう。

第1学年 第2学年 第3学年 第4学年 第5学年 第6学年

2-9 三角形と四角形

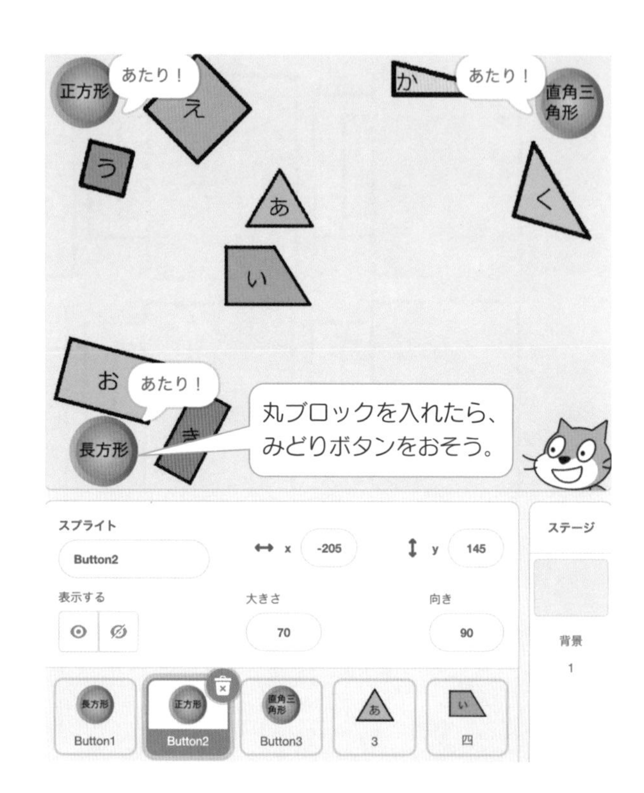

やり方

1 みどりのはたをクリックしてスタート。

2 「長方形」と書かれたみどりボタンスプライトで、あてはまる図形の丸ブロックをはめこむ。丸ブロックを入れおわったら、ステージにある「長方形」のみどりボタンをクリックする。

3 正かいしたら「あたり!」の文字が出て、はめこんだ図形が、長方形みどりボタンにあつまってくる。

4 正方形や直角三角形もおなじ。

プログラミングのくふう

- それぞれのグループで、答えをはめこむ。
- 正かいしたら「あたり!」のとき、えらんだ図形があつまってくる。
- 答えのじゅんがぎゃくでも、あたりになる。

それぞれの図形のとくちょうをみつけて、グループ分けしよう。

2-10 かけ算

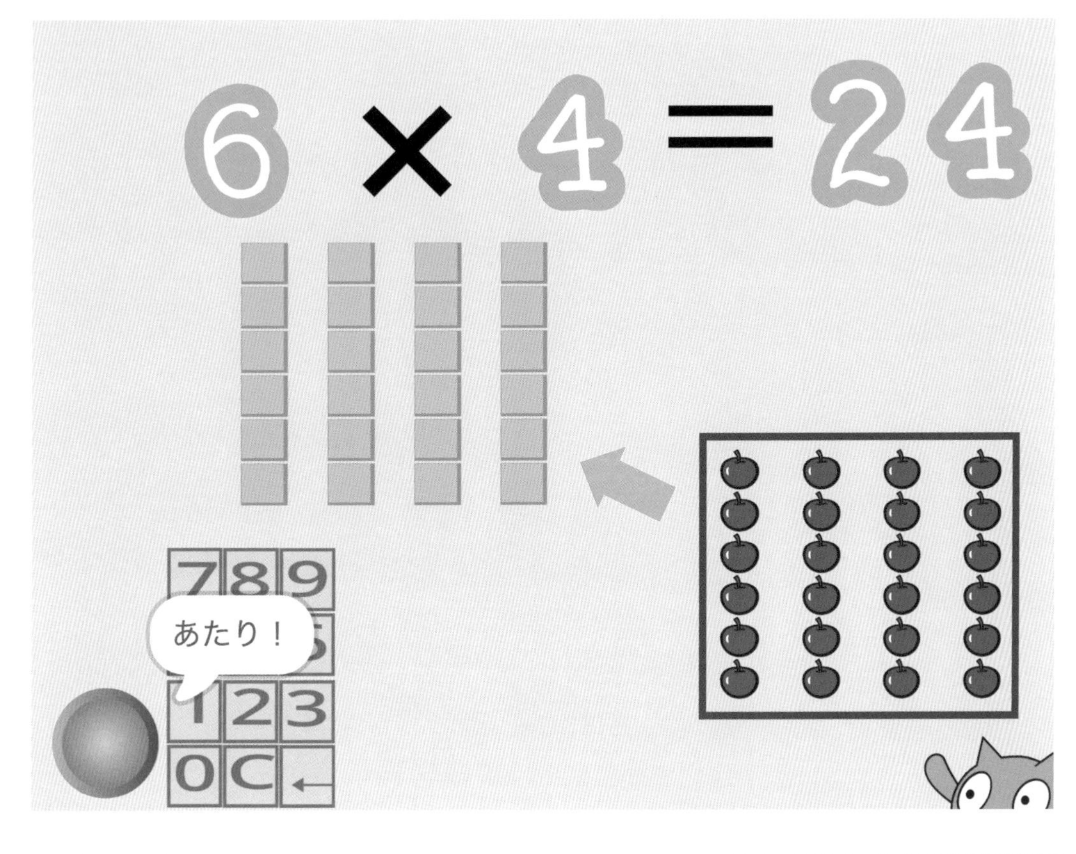

やり方

1. みどりのはたをクリックしてスタート。
2. りんごが出てくる。
3. しばらくすると、ブロックにかわる。
4. ブロックを数えてから、2つの「?」をクリックして式を出す。
5. 数字入力ボタンから答えを入れ、「←」をクリックする。
6. 正かいしたら「あたり!」の文字と答えが出る。

プログラミングのくふう

- いろいろな九九のもんだいが出る。
- りんごが、タイルにかわって考えやすくなる。
- 「?」のヒントをおすと、式を出せる。
- 数字入力ボタンをうすくして、りんごやタイルが見えるようにしている。

かけ算の式が表しているいみを、りんごやタイルのならび方で、しっかり理かいしよう。

2-11 長い長さ

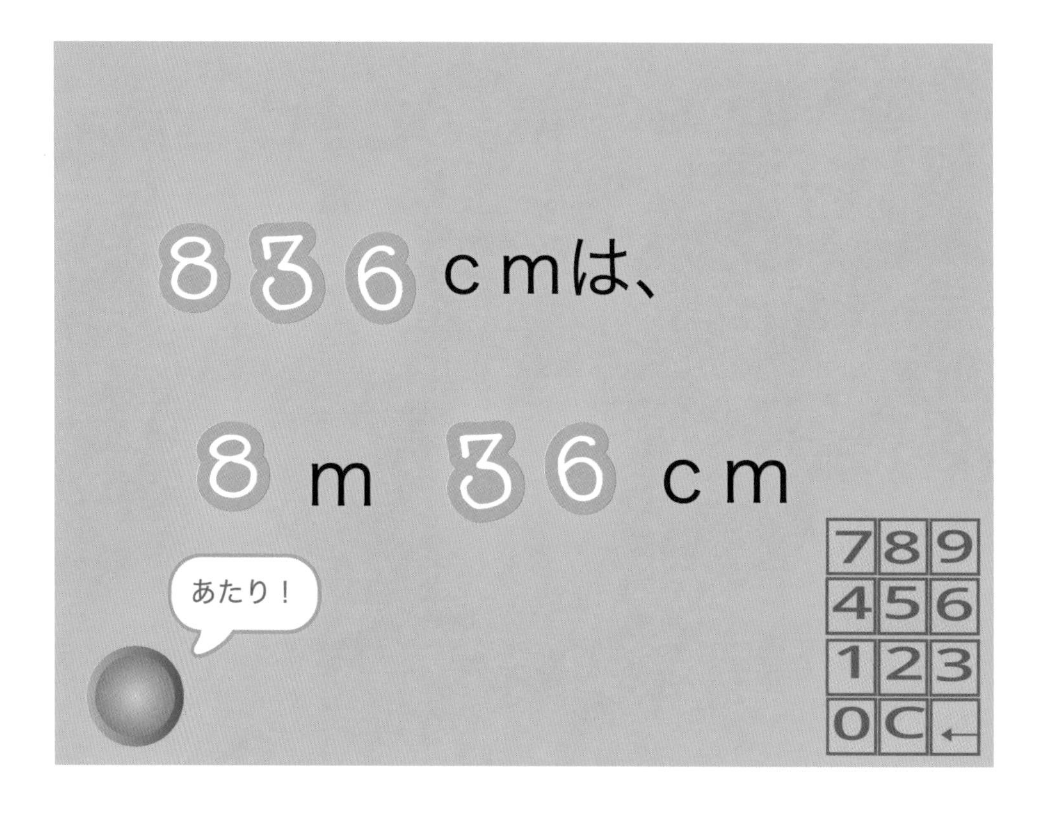

やり方

1. みどりのはたをクリックしてスタート。
2. 3けたの数字が出たあと、たんいをかえるもんだいが出てくる。
3. まず、mの数字を数字入力ボタンで、入れ、「←」をクリックする。
4. 正かいしたら「あたり!」の文字と答えが出る。
5. つぎに、cmの数字を入れ、「←」をクリックする。
6. 正かいしたら「あたり!」の文字と答えが出る。

プログラミングのくふう

- 3けたの数字の問題がランダムに出る。
- たんいを分けて、答える。
- かならずmもcmも答えることができるように、百と十のくらいの数字は0にならないようにしている。

100cmは1mだよ。百のくらいの数字がmになることを理かいしよう。

2-12 1000より大きな数

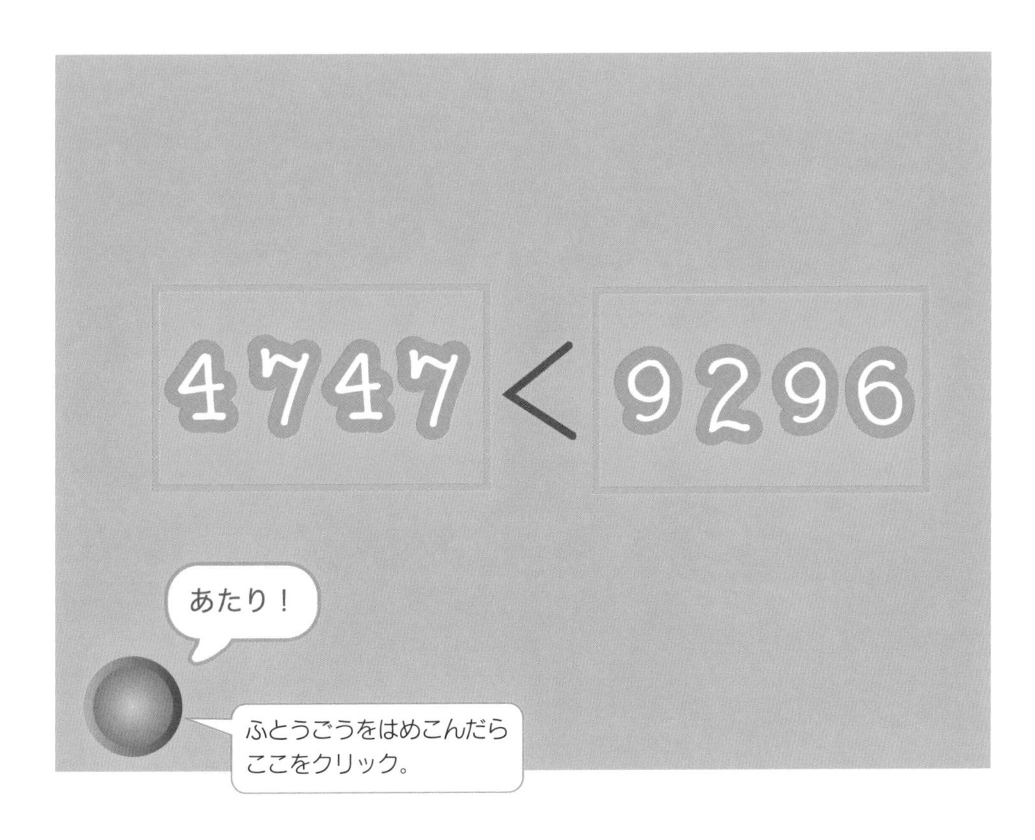

やり方

1. みどりのはたをクリックしてスタート。
2. 2つの数字が出てきて、大きい方を聞くもんだいが出る。
3. スプライトペインから、みどりボタンスプライトをおして、あてはまるふとうごうをはめこむ。
4. 正かいしたら「あたり!」の文字とふとうごうの「>」か「<」が出る。

プログラミングのくふう

- 4けたの数字の大小を聞くもんだいがランダムに出る。
- あてはまるふとうごうをはめこむことで答える。

千のくらい、百のくらい、十のくらい、一のくらいのじゅんに、数の大きさをくらべよう。

2-13 図をつかおう —たし算・ひき算

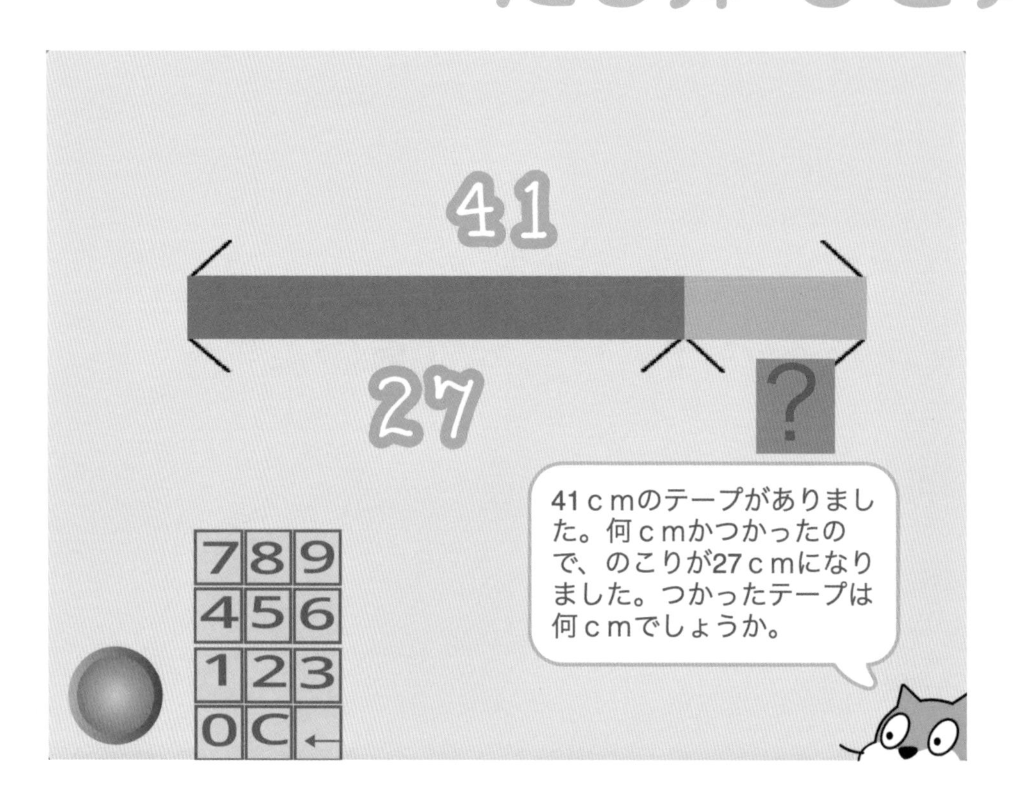

やり方

1 みどりのはたをクリックしてスタート。

2 もんだい文とテープ図が出る。

3 計算をして、数字入力ボタンから答えを入れ、「←」をクリックする。

4 正かいしたら「あたり!」の文字と答えの数字が出る。

プログラミングのくふう

- いろいろなたし算・ひき算が出る。
- もんだいにあったテープ図で表し、計算のやり方を分かりやすくしている。

ひき算では、かならず「大きい数－小さい数」という式になることをおぼえておこう。

2-14 分数

第1学年
第2学年
第3学年
第4学年
第5学年
第6学年

やり方

1 みどりのはたをクリックしてスタート。

2 もんだい文とテープ図が出る。

3 「何分の1か」数字入力ボタンから答えを入れ、「←」をクリックする。

4 正かいしたら「あたり!」の文字と答えの分数が出る。

プログラミングのくふう

- いろいろな分数（はじめての分数のもんだいなので、分母は2から12のかんたんな数字にした）が出る。
- テープ図に、色つきで、あらわされる。

ぜん体を同じ大きさのいくつかに分けるとき、分ける数（上の図では8こに分けた）が分母になることを理かいしよう。

3-1 かけ算のきまり

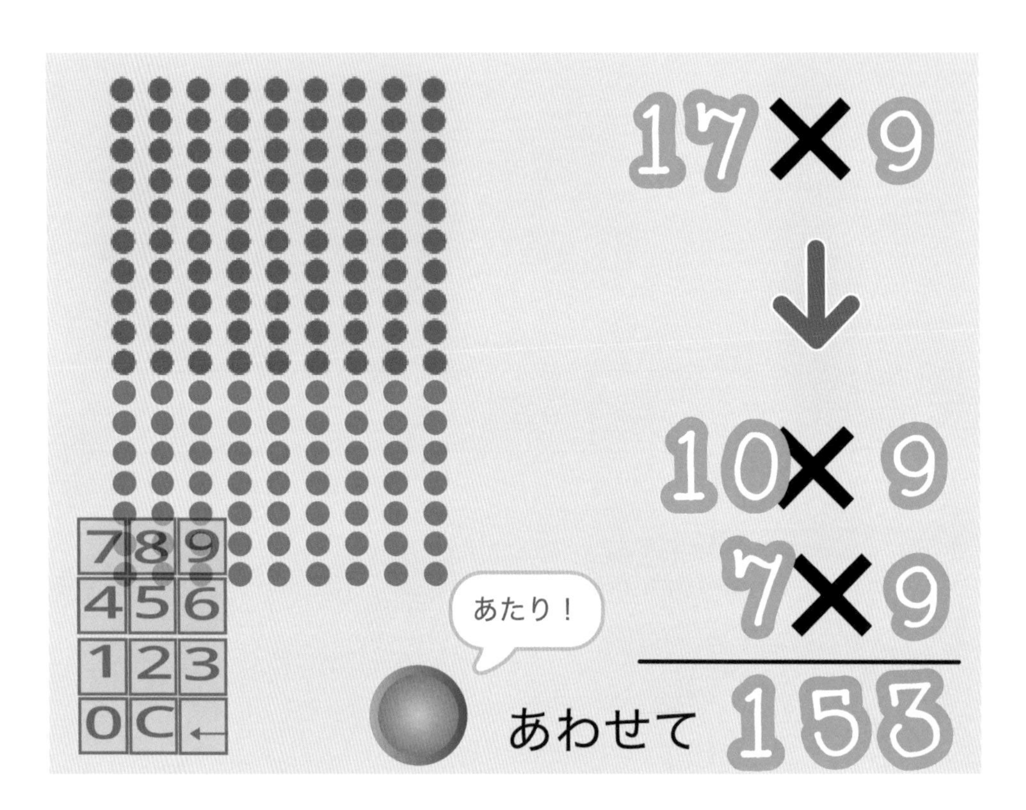

やり方

1 緑のはたをクリックしてスタート。

2 アレイ図（赤や青の丸が長方形になったもの）を見て、6つの「?」をクリックして式を出す。

3 数字入力ボタンから答えを入れ、「←」をクリックする。

4 正かいしたら「あたり!」の文字と答えが出る。

プログラミングのくふう

- かけられる数が19までのいろいろなかけ算が出る。
- 赤丸や青丸のアレイ図が出て、考えやすくなる（分配するきまり）。
- 「?」のヒントで、式を出せる。

かけられる数字を2つに分けたら、そのどちらにも、かける数字をかけて、たし算しよう。

3-2 時間と時こく

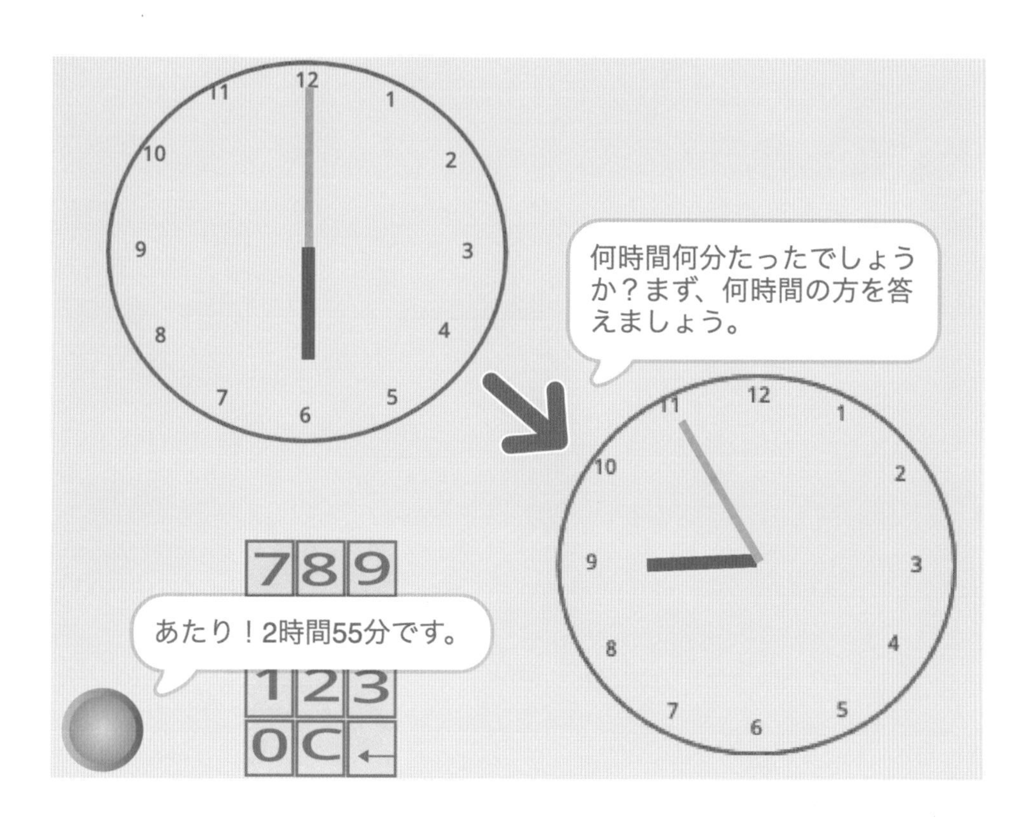

やり方

1 緑のはたをクリックしてスタート。

2 「何時間何分たったでしょうか？　まず何時間の方を答えましょう」と問題が出る。

3 数字入力ボタンで、時間の数字を入れ、「←」をクリックする。

4 正かいすると「あたり!」の文字と答えが出る。

5 「あと何分間ですか？」と聞かれる。

6 数字入力ボタンで分の数字を入れ、「←」をクリックする。

7 正かいすると「あたり!」の文字と答えが出る。

プログラミングのくふう

- 5分きざみのいろいろな時こくが、問題になる（答えは1時間をこえる）。
- 分の数字が同じときには、時間を答えたところで終わる。

最初に、始まりの時計の長しんが、終わりの時計と同じところまで進んだときの時こくを調べることから考えよう。

3-3 たし算とひき算

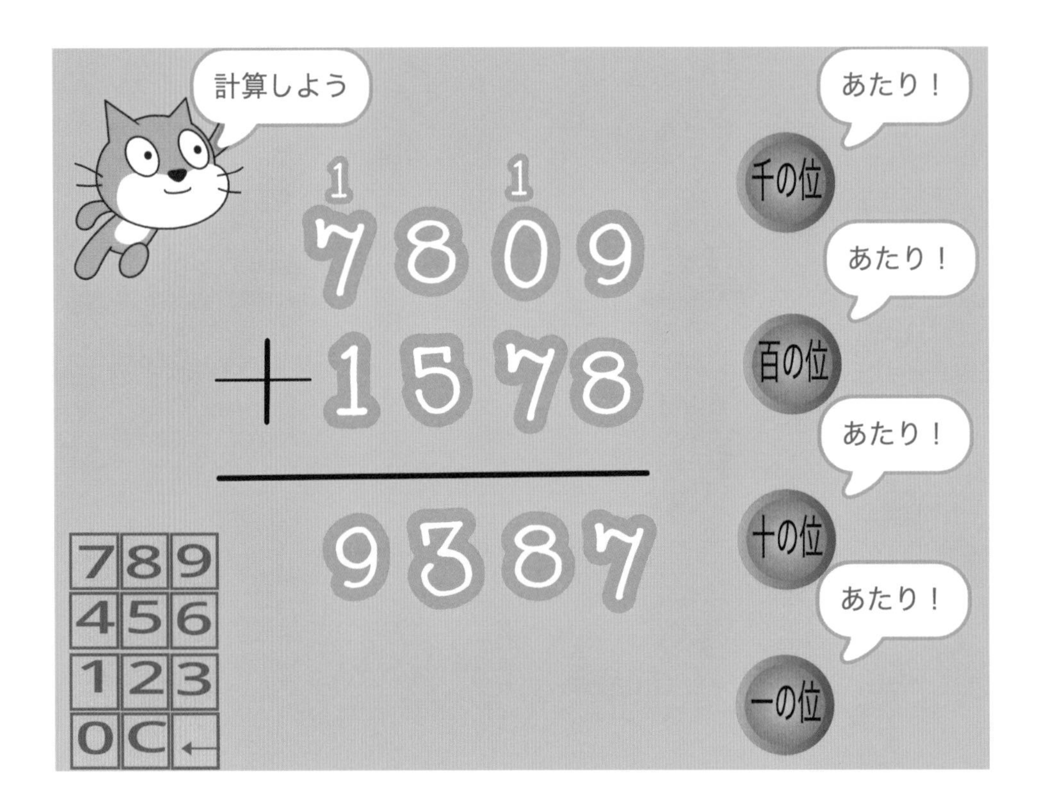

やり方

1 緑のはたをクリックしてスタート。

2 一の位の計算をして、数字入力ボタンをクリックして、「←」をクリックする。

3 正かいしたら「あたり!」の文字と数字が出る。

4 十や百の位の計算をして、数字入力ボタンをクリックして、「←」をクリックする。

5 正かいしたら「あたり!」の文字と数字が出る。

6 千の位の計算をして、数字入力ボタンをクリックして、「←」をクリックする。

7 正かいしたら「あたり!」の文字と数字が出る。

プログラミングのくふう

- 4けた＋4けたのいろいろなたし算が出る。
- くり上がった「1」のようすが分かる。

一の位から、じゅんに計算しよう。くり上がった「1」をしっかり書こう。

3-4 わり算

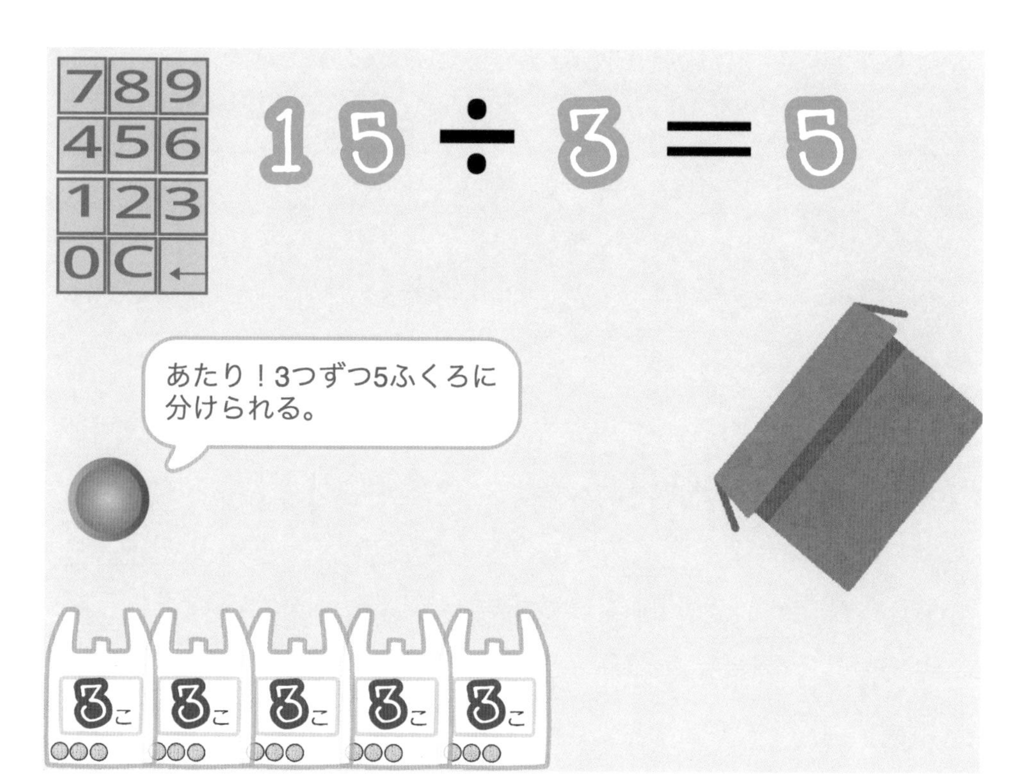

やり方

1. 緑のはたをクリックしてスタート。
2. 箱から出たみかんが、1つのふくろにわる数分入る。
   ※右は、2こ入ったときの様子

3. 問題文が出る。
4. 数字入力ボタンから答えを入れ、「←」をクリックする。
5. 正かいしたら「あたり!」の文字と答え、わる数分のみかんの入ったふくろが答えの数あらわれる。

プログラミングのくふう

- 九九のはんいのいろいろなわり算が出る。
- みかんをふくろに分けるアニメが、わり算のイメージをとらえやすくする。
- 答えを文字や数字、ふくろの様子で、分かりやすく表している。

1ふくろ分が3このとき、15こあれば、何ふくろできるか、3×○＝15のかけ算の、いくつ分をもとめよう。

3-5 長さ

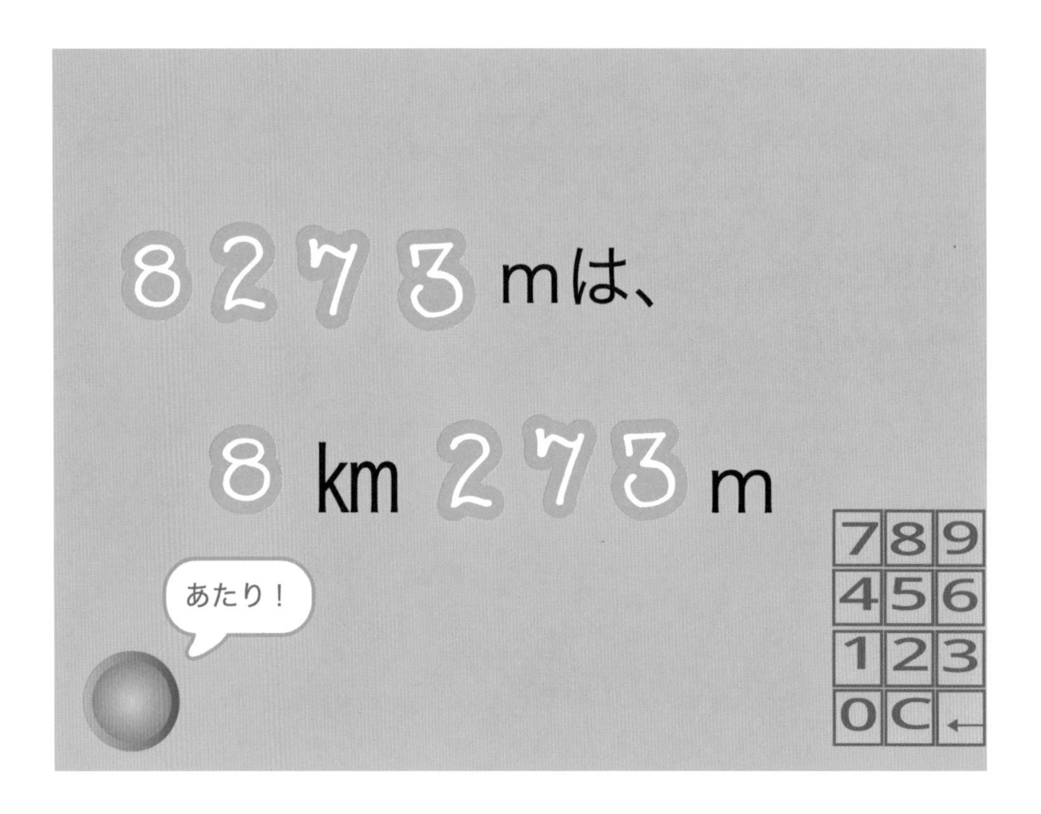

やり方

1 緑のはたをクリックしてスタート。

2 4けたの数字が出てきて、「○km○m」にかえる問題が出てくる。

3 まず、数字入力ボタンをクリックしてkmの数字を入れ、「←」をクリックする。

4 正かいしたら「あたり!」の文字と答えが出る。

5 次に、mの数字を入れ、「←」をクリックする。

6 正かいしたら「あたり!」の文字と答えが出る。

プログラミングのくふう

●4けたの数字の問題がランダムに出る。
●たんいをkmとmに分けて、答える。

1000mは1kmだよ。千の位の数字がkmになることを理かいしよう。

3-6 ぼうグラフ

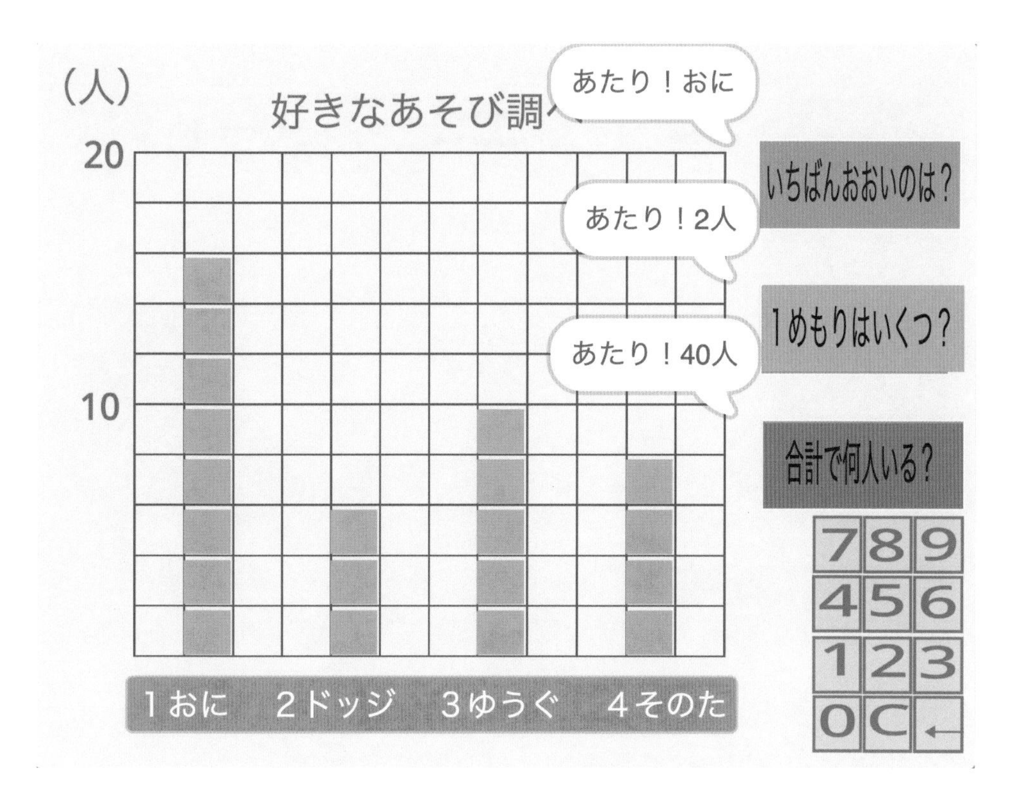

やり方

1. 緑のはたをクリックしてスタート。
2. あそびごとの人数を表したぼうグラフが出てくる。
3. 「いちばんおおいのは？」「1めもりはいくつ？」「合計で何人いる？」の3つの問題が出る。上の問題からじゅんに数字入力ボタンから答えを入れ、「←」をクリックする。
4. 正かいしたら「あたり!」の文字と答えが出る。

プログラミングのくふう

●「おに」などのこう目、データのないよう（「おに」を選んだ人数など）、たてじくの目もりやタイトルを書きかえることで、いろいろな問題が作れる。

1目もりの大きさを読み取ることで、答えが分かるよ。

3-7 あまりのあるわり算

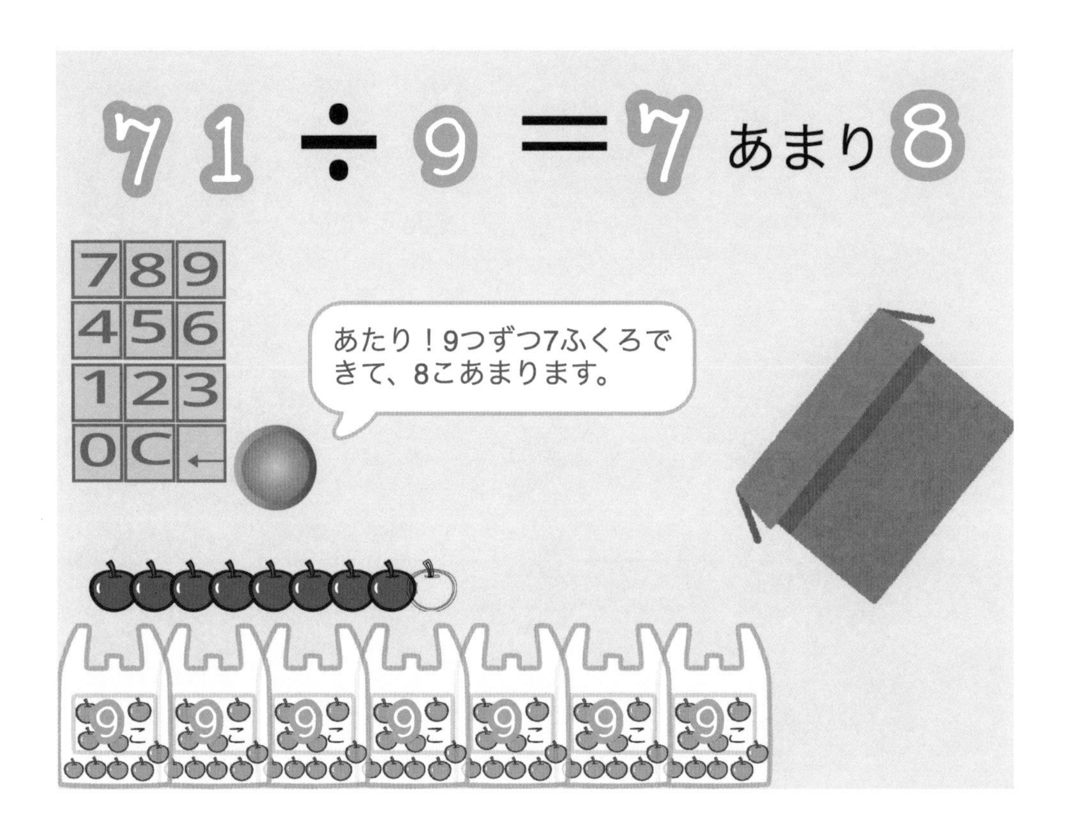

やり方

1 緑のはたをクリックしてスタート。

2 箱からりんごが出て、わる数分ふくろに入る。

3 問題文が出る。

4 数字入力ボタンから「○ふくろ」・「あまり○」のじゅんに答えを入れ、「←」をクリックする。

5 正かいしたら「あたり!」の文字と答え、わる数分のりんごの入ったふくろが、答えの数分あらわれて、あまりのりんごも出る。

※1ふくろにするのに足りない数のりんごが「ゆうれいりんご」として出る。

プログラミングのくふう

- 九九のはんいで、いろいろな、あまりつきわり算が出る。
- 答えを文字や数字、りんごやふくろ、そして、あまったりんごの様子で、分かりやすく表している。

あと何こあれば、もう1ふくろふえたのか、考えられるようにしよう。

3-8 円と球

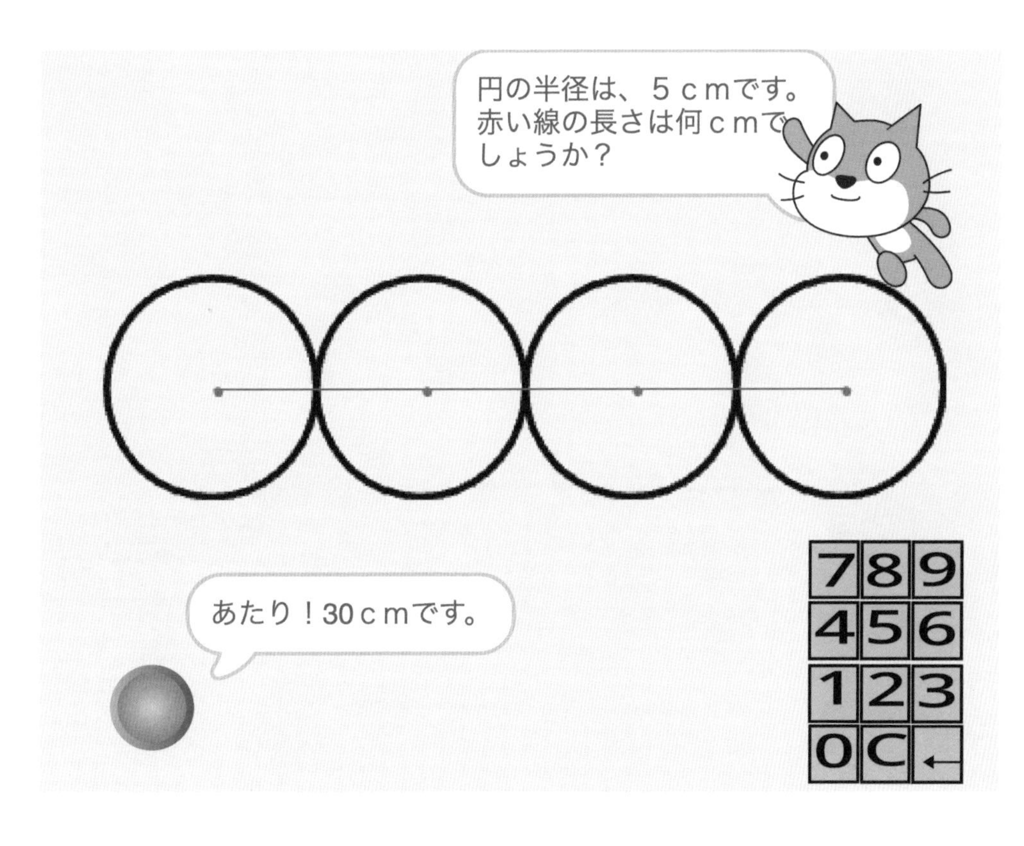

やり方

1. 緑のはたをクリックしてスタート。
2. 2~4つの円があらわれて、円の中心をむすんだ赤線の長さをもとめる問題が出る。
3. あてはまる長さを数字入力ボタンから入れ、「←」をクリックする。
4. 正かいしたら「あたり!」の文字と答えが出る。

プログラミングのくふう

- 円が、外がわでくっつくようにあらわれて、中心をむすんだ赤線の長さをもとめる問題がランダムに出る。
- あてはまる長さを数字入力ボタンで入れることで答える。

半径や直径の長さをヒントにして、考えよう。

3-9 かけ算の筆算

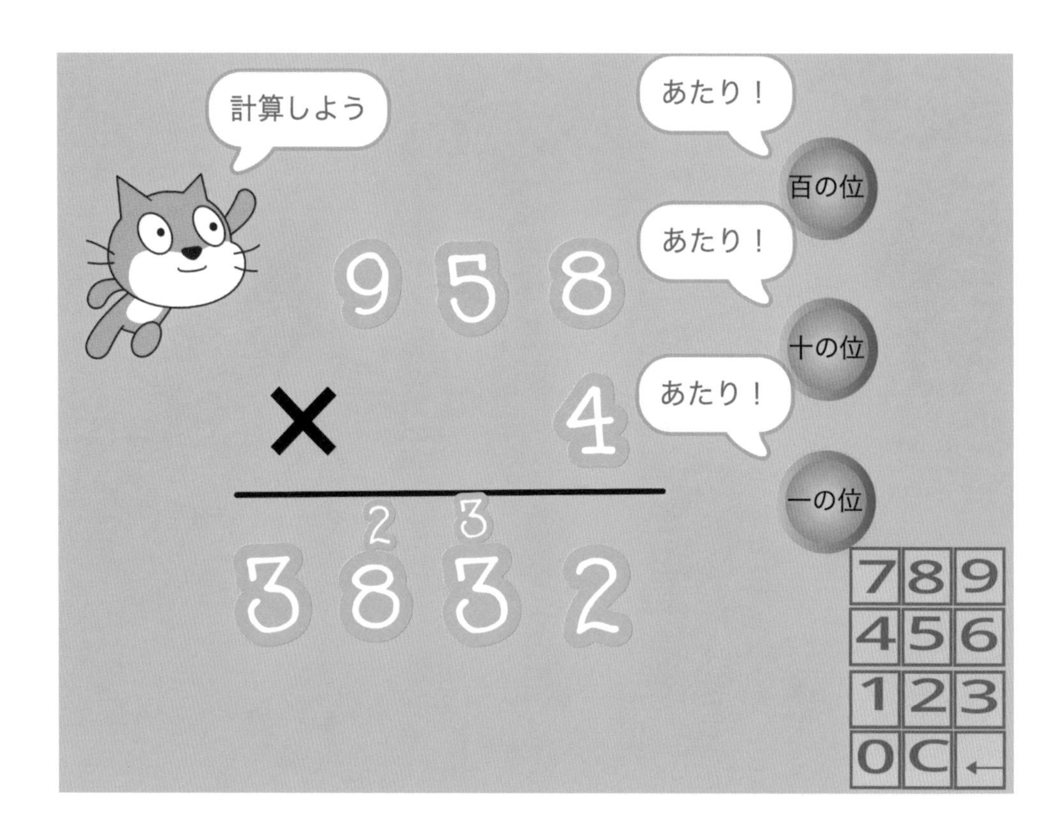

やり方

1 緑のはたをクリックしてスタート。

2 一の位の計算をして、数字入力ボタンから答えを入れ、「←」をクリックする。

3 正かいしたら「あたり!」の文字が出る。

4 くり上がる小さな数字が出る。

5 続いて十や百の位の計算をして、数字入力ボタンから答えを入れ、「←」をクリックする。

6 正かいしたら「あたり!」の文字が出る。

プログラミングのくふう

- 3けた×1けたのいろいろなかけ算が出る。
- 位ごとに答えをたしかめながら計算を進めている。
- くり上がったようすが分かる。

一の位から、じゅんに計算しよう。くり上がった数字を小さくしっかり書こう。

3-10 重さ

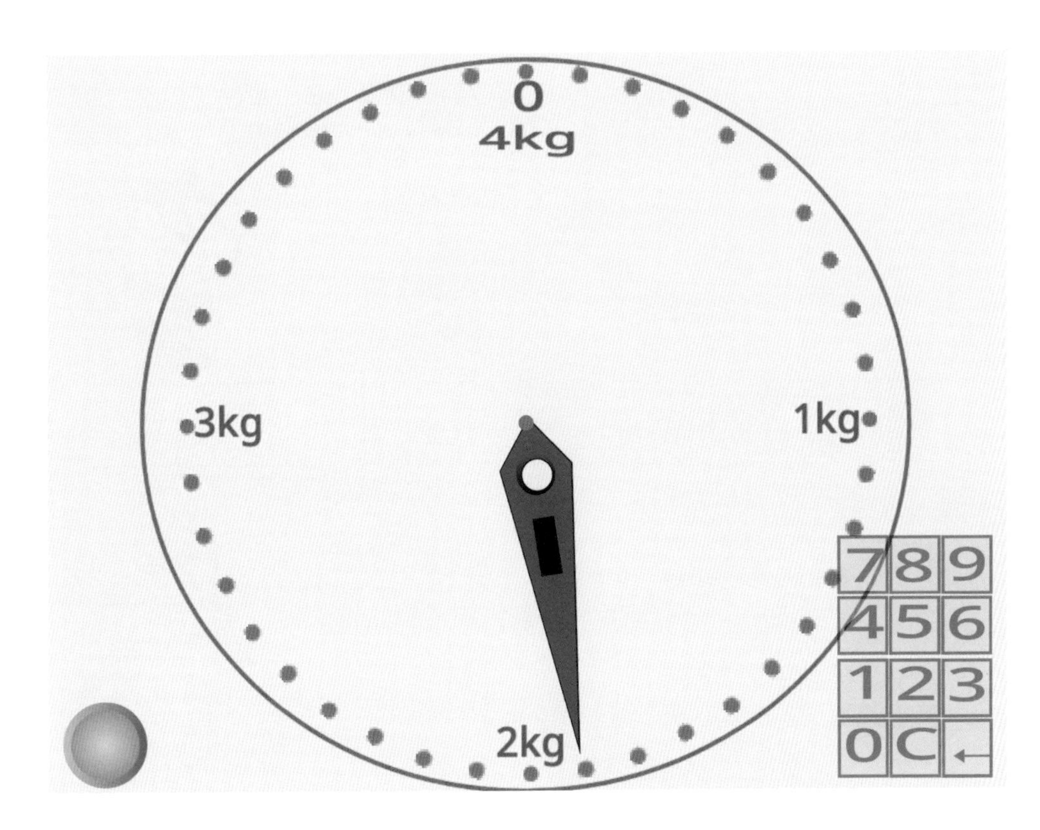

やり方

1. 緑のはたをクリックしてスタート。
2. 「まず、何kgか入れよう。」と問題が出る。
3. 数字入力ボタンをクリックして、答えを入れ、「←」をクリックする。
4. 当たっていれば、「何gですか」という問題が出るので、数字を入れて答える。
5. 正かいしたら「あたり!」の文字と答えが出る。

プログラミングのくふう

- gまで、いろいろな重さが問題として出る。
- 数字入力ボタンで、数字を答えることができる。
- 答えが「○kg」ぴったりのとき、gを聞かれることがない。

はかりの目もりをしっかり読み取る練習をしよう。

3-11 分数

やり方

1 緑のはたをクリックしてスタート。

2 問題文とテープ図（分数）が出る。

3 「分母はいくつですか」という問題が出るので、数字入力ボタンから答えを入れ、「←」をクリックする。

4 正かいしたら「あたり!」の文字が出る。次に、分子を聞く問題が出るので、答えを入れ、「←」をクリックする。

5 正かいしたら「あたり!」の文字が出て、答えの分数が出る。

プログラミングのくふう

- 1/2から10/10までいろいろな分数が出る。
- テープ図に表される。
- 数字入力ボタンから、分母・分子のじゅんに答えることができる。

テープがいくつに分けられていて、そのうち、いくつ分に色がついているか、よくたしかめよう。

3-12 小数

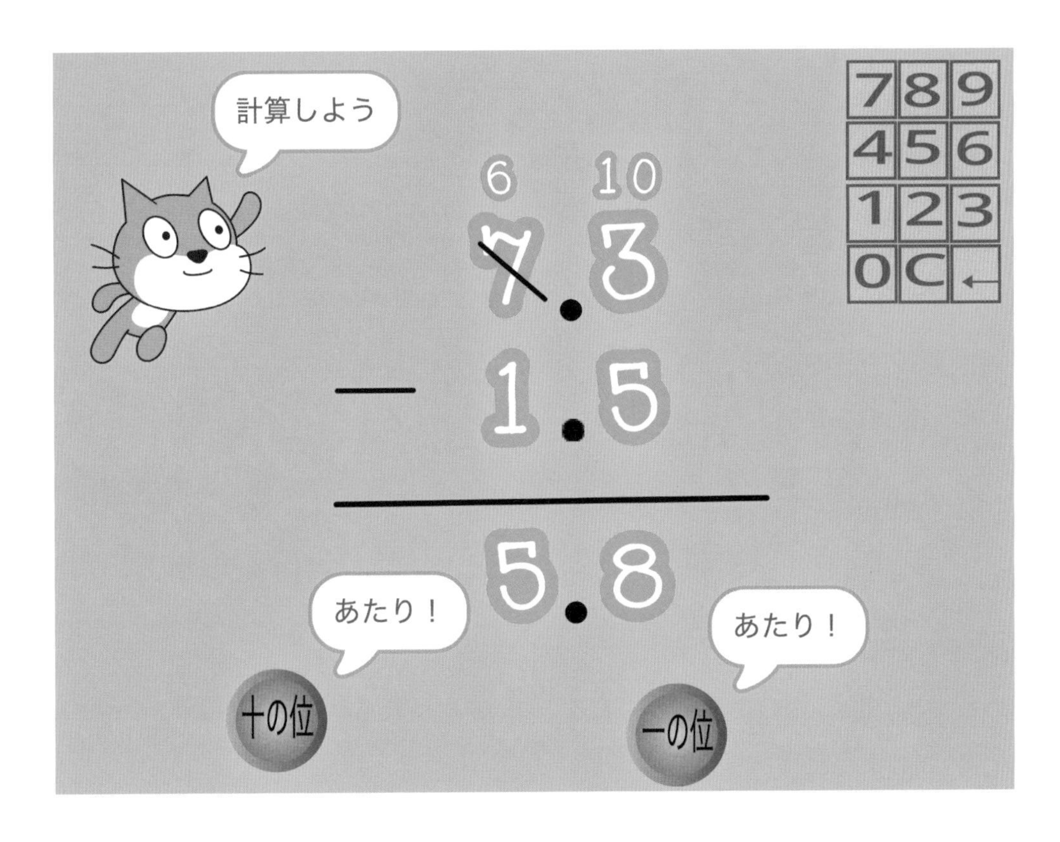

やり方

1. 緑のはたをクリックしてスタート。
2. 一の位の計算をして、数字入力ボタンから答えを入れ、「←」をクリックする。
3. くり下がって正かいしたら「あたり!」の文字が出る。
4. 続いて十の位の計算をして、数字入力ボタンから答えを入れ、「←」をクリックする。
5. 正かいしたら「あたり!」の文字が出る。
6. さい後に小数点が真っすぐ落ちてきて、正しい答えとなる。

プログラミングのくふう

- 2けた－2けたのいろいろな小数ひき算が出る。
- 位ごとに答えをたしかめながら計算をすすめている。
- 数字がくり下がった様子や小数点を打つ様子が分かる。

整数と同じように計算して、答えを出そう。小数点のいちは、変わらないよ。

3-13 2けたのかけ算

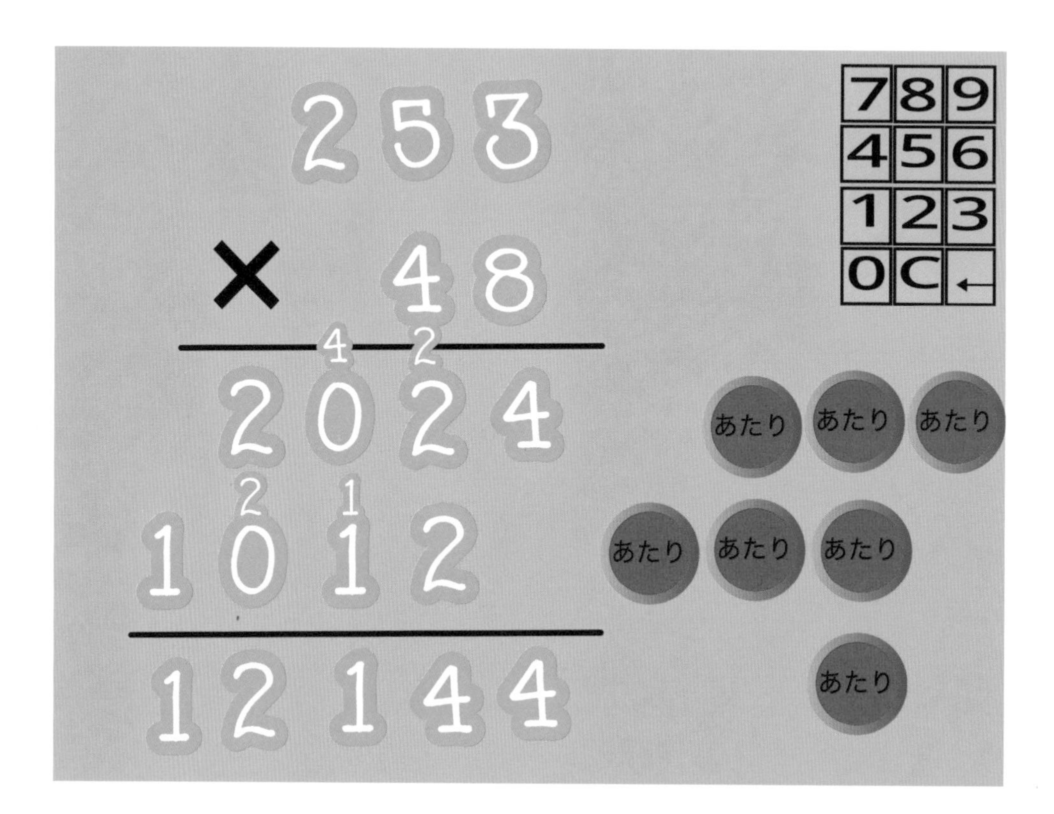

やり方

1. 緑のはたをクリックしてスタート。
2. 一の位の計算をして、数字入力ボタンから答えを入れ、「←」をクリックする。
3. くり上がって正かいしたら「あたり!」の文字が出る。
4. 続いて千の位まで、じゅんに計算し、数字入力ボタンから答えを入れ、「←」をクリックする。
5. 正かいしたら「あたり!」の文字が出る。
6. さい後にたし算の答えが、合っていたら、緑ボタンが赤の表じにかわる。

プログラミングのくふう

- 3けた×2けたのいろいろなかけ算筆算が出る。
- 位ごとに答えをたしかめながら計算をすすめる。
- 数字がくり上がった様子や、さい後のたし算までが分かる。

一の位から、じゅんに計算しよう。十の位をかけた答えは、十の位から書き始めよう。

3-14 □(しかく)を使った式

第1学年
第2学年
第3学年
第4学年
第5学年
第6学年

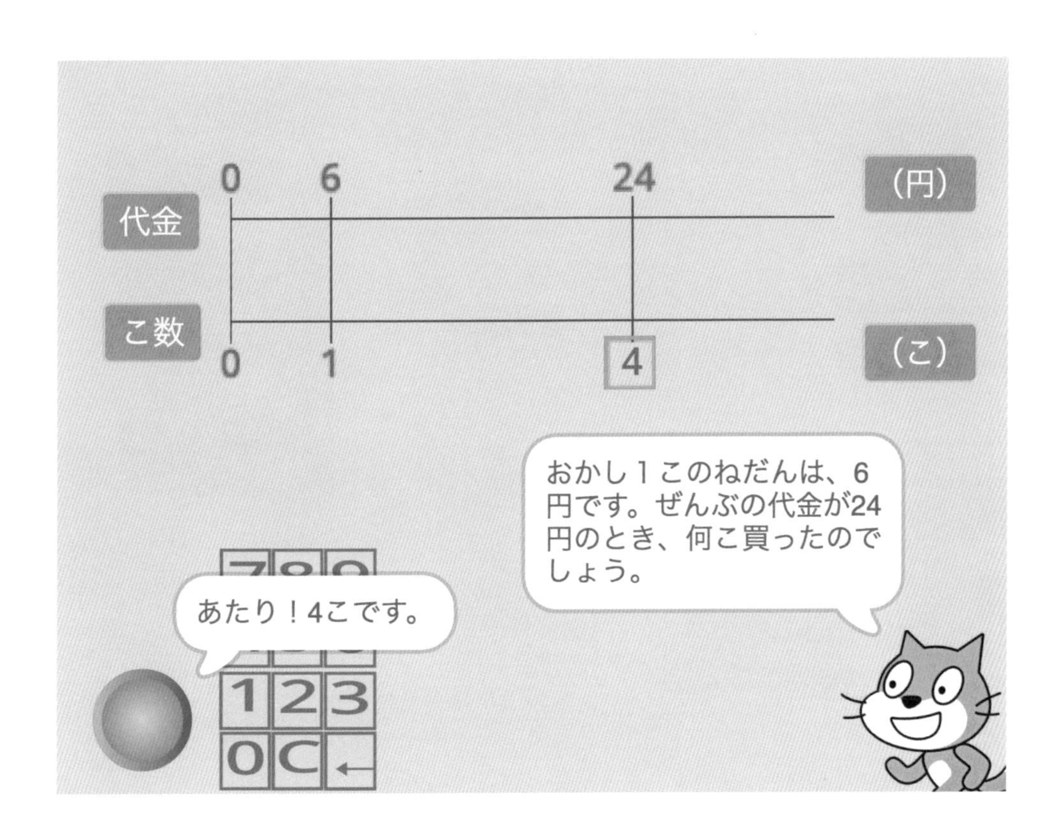

やり方

1. 緑のはたをクリックしてスタート。
2. 問題文や2本の線分図が出る。
3. 計算をして、数字入力ボタンから答えを入れ、「←」をクリックする。
4. 正かいしたら「あたり!」の文字と答えの数字が出て、□にも数字が入る。

プログラミングのくふう

- いろいろな□を使って考える問題が出る。
- 線分図にあらわされる。
- べつのプログラムでは、もとめる□の場所がかわる。

「ひとつ分×いくつ分＝ぜんぶ」という、かけ算の言葉の式に、合わせながら、考えよう。

チャレンジ★4-1

大きな数

組み立てる前

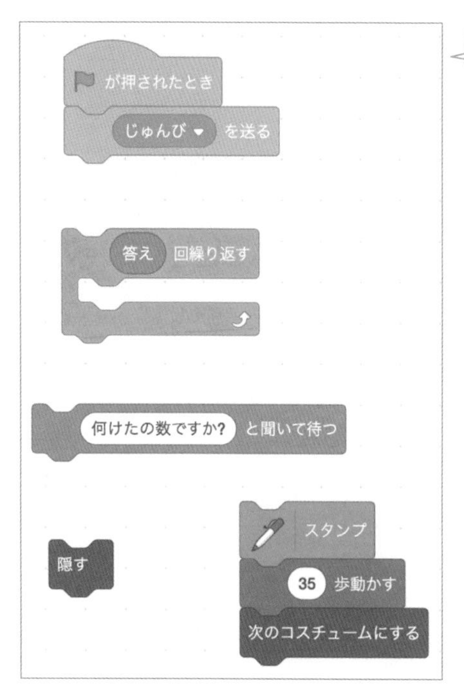

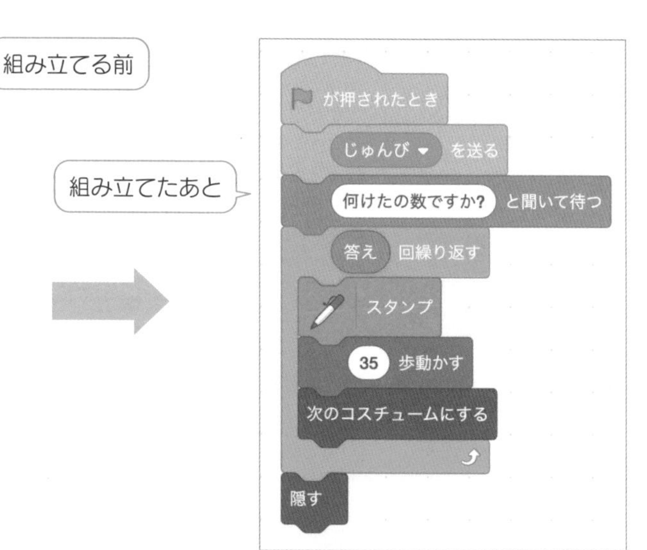

0から9までの数字を使って、一番大きい数をつくりましょう。

98765

5を入れると、5けたの数で一番大きい数字が出るよ。

やり方

1. ブロックを組み立てて、0から9までの数字でできる、一番大きい数を作るプログラムを完成させる。
2. 緑の旗をクリックしてスタート。
3. 「何けたの数ですか?」という問題文と数字を入れるボックスが出るので、けた数を入れ（上図の場合は、5を入れた）、右側の「✓」をクリックする。
4. 入れたけた数でできる数のうち、一番大きな数が表示される。

プログラミングの工夫

- 必要なブロックを準備して、プログラムを組立てられるようにしている。
- 緑の旗でプログラムをスタートさせて、プログラムが正しいか、たしかめることができる。

ブロックをうまく組み合わせて、問題のじょうけんに合うようにしよう。

4-2 わり算の筆算

やり方

1 緑の旗をクリックしてスタート。

2 百の位の計算をして、数字入力ボタンから答えを入れ、「←」をクリックする。

3 計算がされて、正かいしたら「あたり!」の文字が出る。

4 続けて十、一の位の計算をして、数字入力ボタンから答えを入れ、「←」をクリックする。

5 計算がされて、正かいしたら「あたり!」の文字が出る。

プログラミングの工夫

- 3けた÷1けたのいろいろなわり算が出る。
- 位ごとに答えを確かめながら計算を進めている。
- 「たてる」「かける」「引く」「下ろす」の様子が分かる。

百の位から、わる数が何回入るか調べていこう。入らなくなったら、1つ下の位で考えよう。

第1学年 第2学年 第3学年 第4学年 第5学年 第6学年

4-3 折れ線グラフ

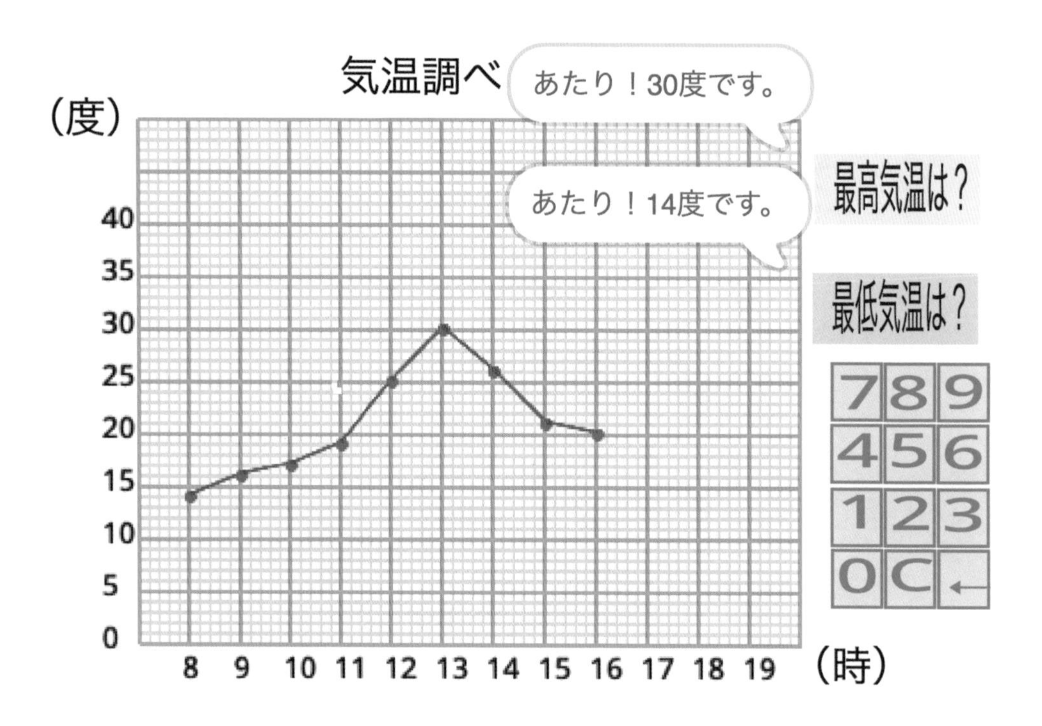

やり方

1. 緑の旗をクリックしてスタート。
2. 1日の気温の変化を表した折れ線グラフが出てくる。
3. 「最高気温」、「最低気温」の順に、数字入力ボタンから、気温の数字を入れ、「←」をクリックする。
4. 正かいしたら「あたり!」の文字と温度が出る。

プログラミングの工夫

- リストの「データ」に気温データを入れることで、いろいろな問題が作れる。
- タイトル名や目もりの数なども、変えることができる。

折れ線グラフの数字を読み取る練習をしよう。高さが一番高いところが最高、一番低いところが最低だよ。

4-4 角

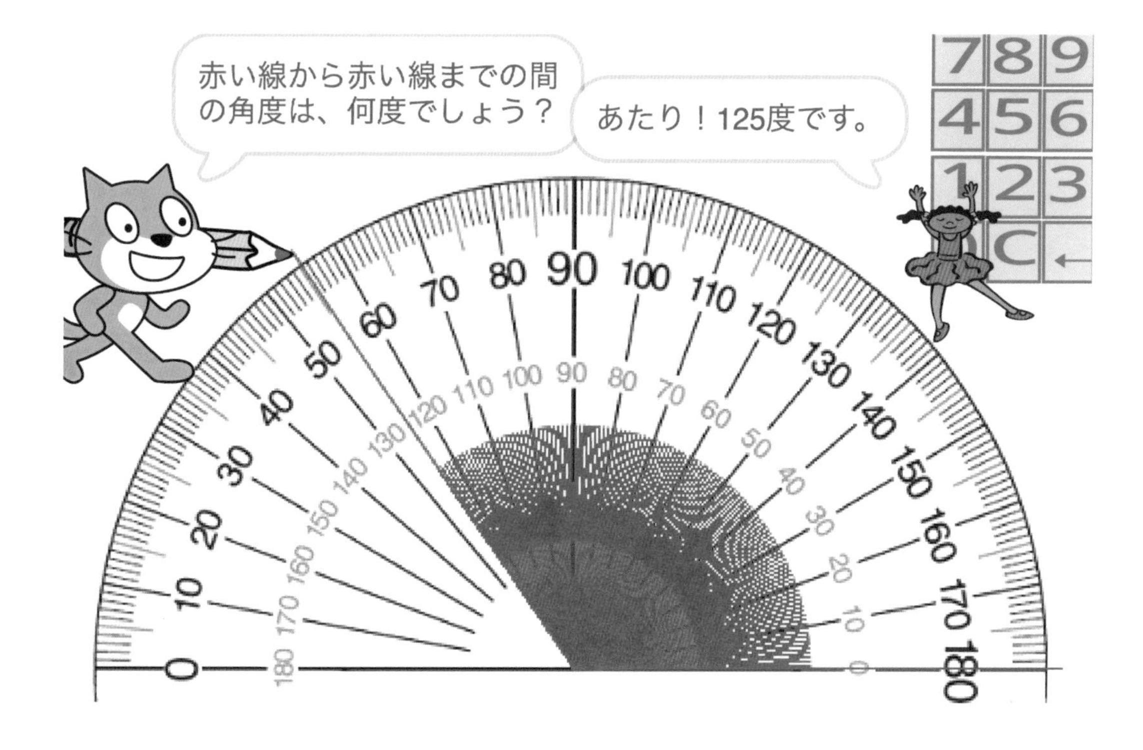

やり方

1 緑の旗をクリックしてスタート。

2 求める角度がえがかれる。

3 数字入力ボタンで、正しい数字を入れ、「←」をクリックする。

4 正かいしたら「あたり!」の文字と答えの文字が出て、キャラクターが動く。

プログラミングの工夫

- 5度きざみで180度まで、いろいろな問題が作れる。
- えん筆と分度器で、角度をえがく様子が分かる。
- 角度がどの部分なのか、赤でぬり、分かりやすくしている。

分度器の読み方を練習し、角度がはかれるようにしよう。

4-5 2けたの数のわり算

やり方

1. 緑の旗をクリックしてスタート。
2. 十の位の計算をして、「数字入力ボタン」から答えを入れ、「←」をクリックする。
3. 計算がされて、正かいしたら「あたり!」の文字と数字が出る。
4. 一の位の計算をして、「数字入力ボタン」から答えを入れ、「←」をクリックする。
5. 計算がされて、正かいしたら「あたり!」の文字と数字が出る。

プログラミングの工夫

- 3けた÷2けたのいろいろなわり算が出る。
- 位ごとに答えをたしかめながら計算を進めている。
- 「たてる」「かける」「引く」「下ろす」の様子が分かる。

わられる数の十の位に、わる数が何回入るか調べていく。入らなくなったら、1つ下の位で考えよう。

およその数

部品のブロック

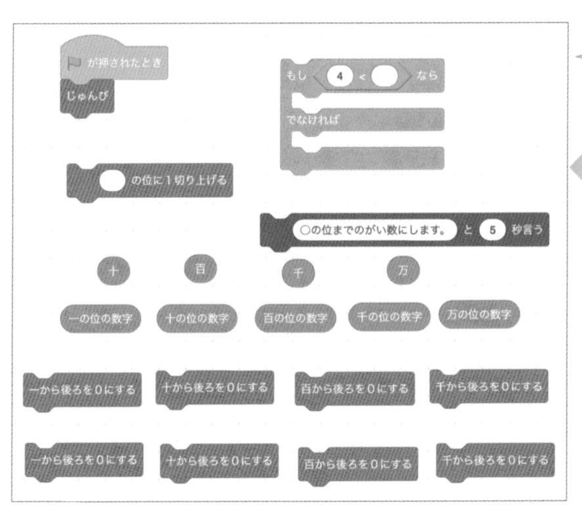

組み立てたブロック

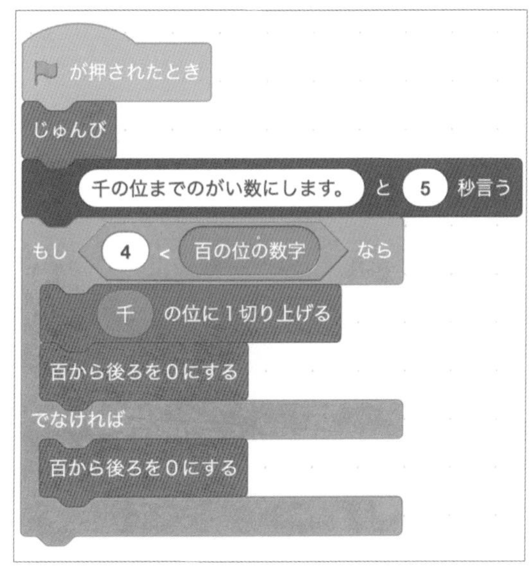

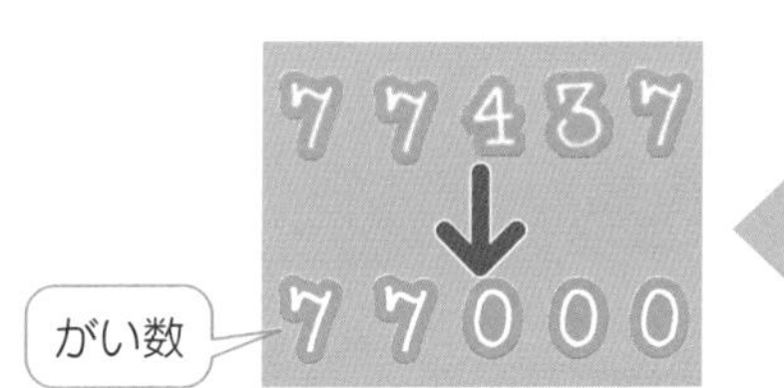

やり方

1. むらさきのブロック「○の位までのがい数にします」の○に、十・百・千・万のどれかを入力し、何の位までのおよその数を求めるのかを決める。
2. 部品のブロックを組み立てる。
3. 緑の旗をクリックしてスタート。
4. 正しいプログラムができたら、もう一度、緑の旗をクリックして数字を変えたり、およその数にする位を変えたりしてみる。うまくしょりされなかったら、組み合わせ方を変えてみる。

プログラミングの工夫

- ピンクのブロック（ていぎブロック）を用意して、組立てやすくしている。
- もとの数をランダムに表示させたり、およその数にする位をいろいろな位に変化させたりすることができるようになっている。

がい数にする位の1つ下の位を「四捨五入」して、あとは0にしよう。

4-7 垂直(すい)と平行

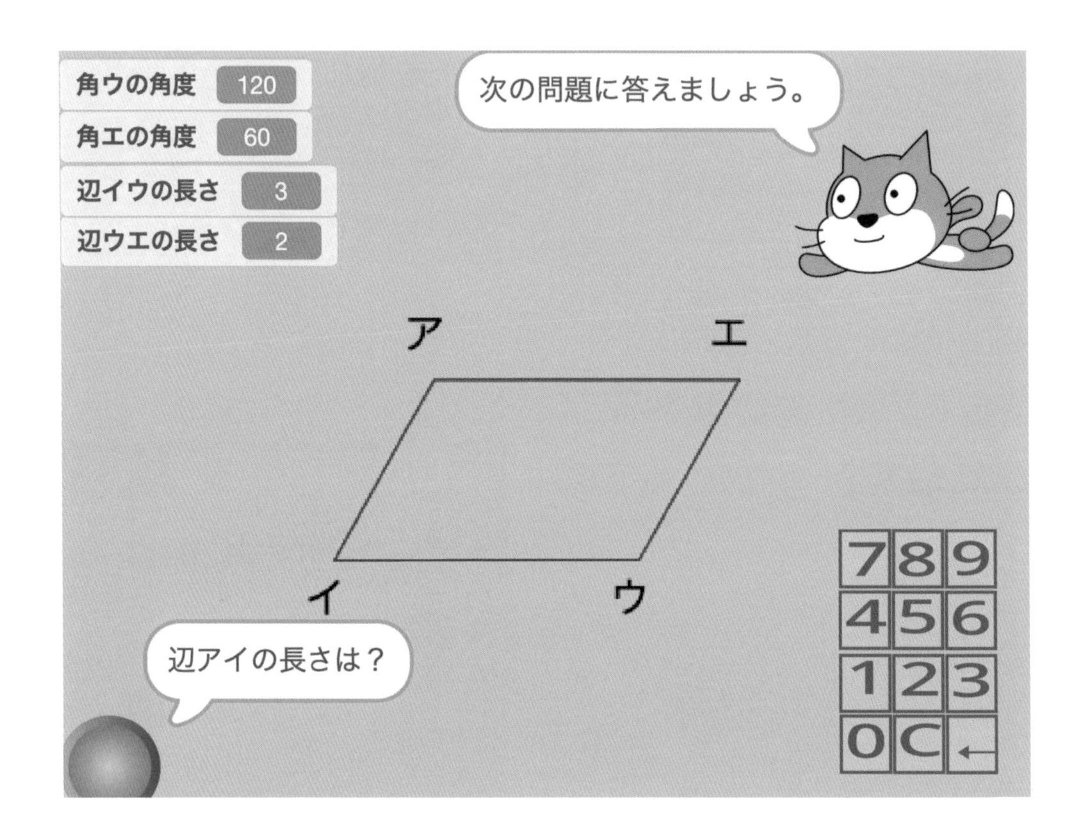

やり方

1 緑の旗をクリックしてスタート。

2 平行四辺形が、えがかれる。

3 4つの問題に、順に答える。正しい数字を数字入力ボタンから入れ、「←」をクリックする。

4 正かいしたら「あたり!」の文字と答えが出る。

プログラミングの工夫

- いろいろな平行四辺形が出てくる。また、その辺の長さや角度の大きさが表示される。
- 1問1問、答え合わせができる。

平行四辺形では、向かい合う角どうしの大きさは同じだよ。向かい合う辺の長さも同じだよ。

4-8 式と計算

やり方

1. 緑の旗をクリックしてスタート。
2. と中の計算式の「?」をクリックして確認する。
3. 数字入力ボタンから、答えを入れ、「←」をクリックする。
4. 正かいしたら「あたり!」の文字と答えの数字が出る。

プログラミングの工夫

- いろいろな結合のきまりを使った問題が出る。
- と中の計算式をたしかめることができる「?」のヒントがある。

同じ数字をかけている問題では、かっこで、まとめることができるよ。

4-9 面積

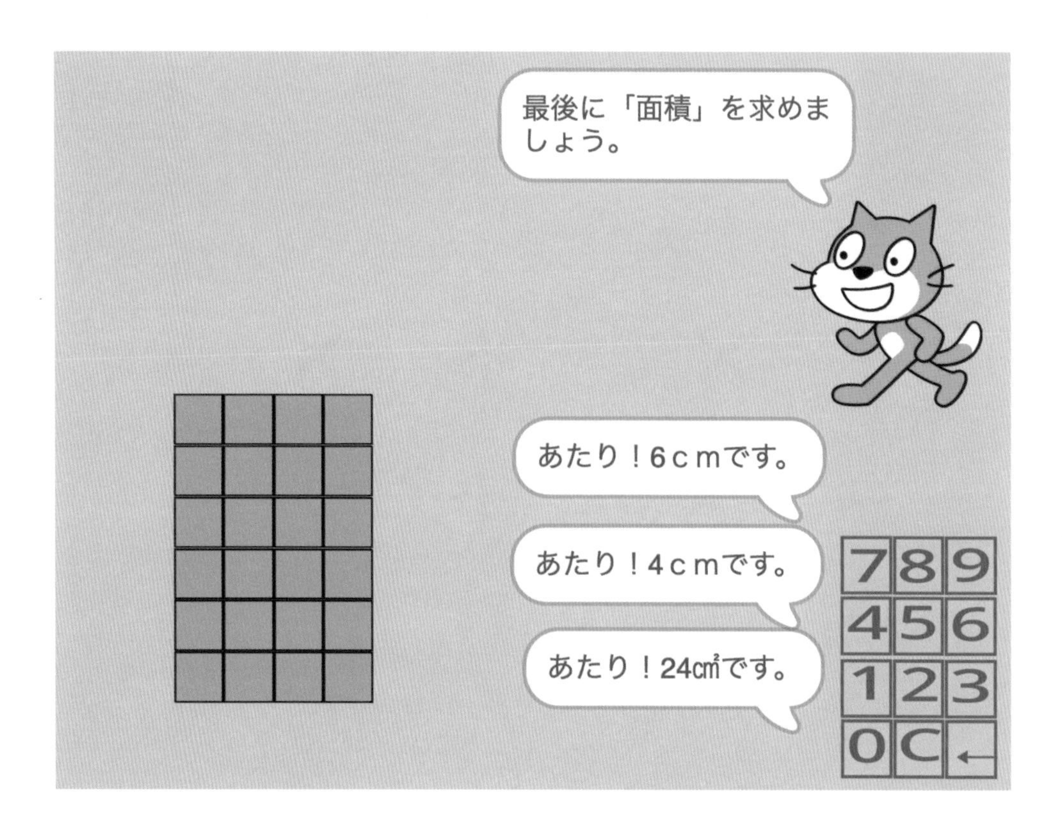

やり方

1. 緑の旗をクリックしてスタート。
2. タイルが並んで出てきたあと、問題が出る。
3. 数字入力ボタンから、「たて」の長さを入れ、「←」をクリックする。
4. 正かいしたら「あたり!」の文字と答えが出る。
5. 次に「よこ」の長さ、「面積」の答えを入れる。正かいしたら「あたり!」の文字と答えが出る。

プログラミングの工夫

- いろいろな面積の問題が出る。
- 「たて」「よこ」「面積」の順にたしかめていくことができる。
- まちがえたとき、やり直せる。

1辺が1cmの正方形と考えるとタイル1枚の面積は1cm²だよ。それがいくつならんでいるか出そう。

4-10 小数のたしひき算

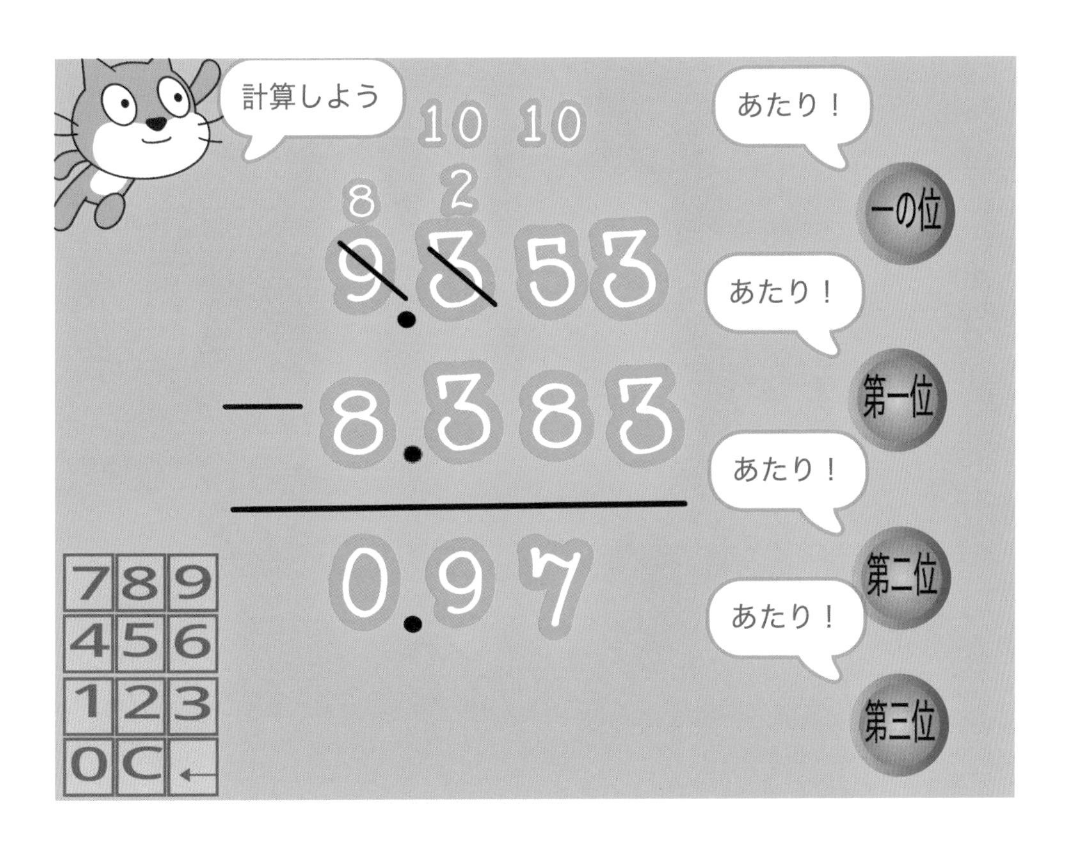

やり方

1 緑の旗をクリックしてスタート。

2 小数第三位の計算をして、数字入力ボタンから答えを入れ、「←」をクリックする。

3 正かいしたら「あたり!」の文字と答えが出る。

4 小数第二位の計算をして、数字入力ボタンから答えを入れ、「←」をクリックする。

5 正かいしたら「あたり!」の文字と答えが出る。

6 小数第一位や一の位の計算をして、数字入力ボタンから答えを入れ、「←」をクリックする。

7 数字が出て、最後に小数点が下りてくる。

プログラミングの工夫

- 4けた－4けた（または3けた）のいろいろな小数のひき算が出る。
- 位ごとにくり下げや答えをたしかめながら計算をすすめている。
- 小数点の位置がどこであるか分かるように、小数点が動く。

ふつうのひき算のように計算をして、小数点を真っすぐおろすよ。

4-11 小数と整数のかけわり算

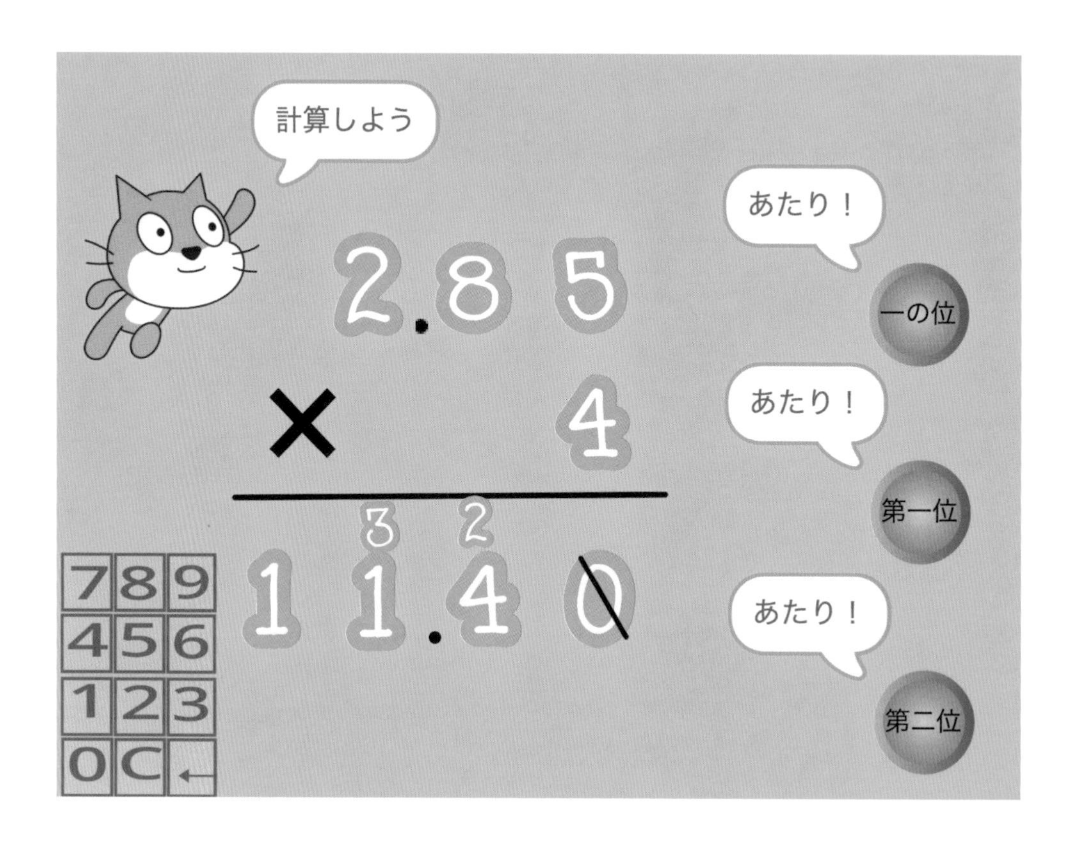

やり方

1 緑の旗をクリックしてスタート。

2 小数第二位の計算をして、数字入力ボタンから答えを入れ、「←」をクリックする。

3 正かいしたら「あたり!」の文字と答えが出る。

4 小数第一位の計算をして、数字入力ボタンから答えを入れ、「←」をクリックする。

5 正かいしたら「あたり!」の文字と数字が出る。

6 一の位の計算をして、数字入力ボタンから答えを入れ、「←」をクリックする。

7 数字が出て、小数点が動き、いらない「0」がしゃ線で消される。

プログラミングの工夫

- 3けた×1けたのいろいろな小数のかけ算が出る。
- 位ごとにくり上げや答えをたしかめながら計算をすすめている。
- 小数点の位置がどこであるか分かるように、動きをつけて下りてくる。

ふつうにかけ算して、小数点をまっすぐ下そう。いらない「0」があったら、斜線で消すよ。

4-12 立体

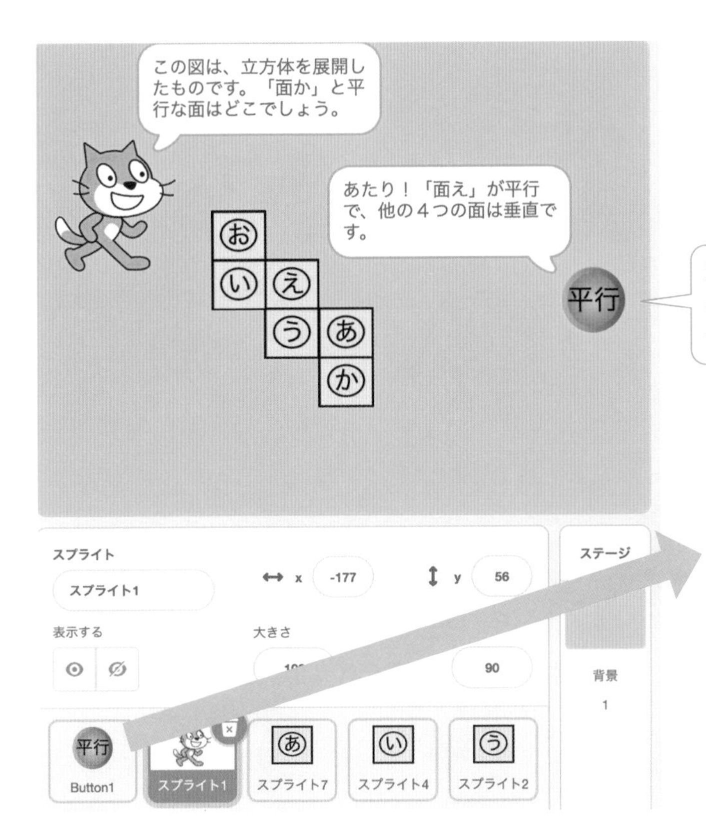

丸ブロックをはめこんだら、ここをクリック。

このスプライトが押されたとき
平行な面は、 え です。

やり方

1 緑の旗をクリックしてスタート。

2 立方体のてん開図がえがかれて、問題が出る。

3 「平行」の文字が入った、緑ボタンスプライトをクリックする。「平行な面は、○です。」というピンクのブロックに答えの丸ブロックをはめこみクリックする。

4 正かいしたら「あたり!」の文字と説明が出る。

プログラミングの工夫

- 記号がいろいろに変わる立方体のてん開図が出て、平行な面を見つける問題が出る。
- 正かいしたら「あたり!」の文字だけではなく、説明も出る。

立方体を開いたてん開図では、向かい合う面が平行で、その他の面は、垂直になるよ。

4-13 分数のたしひき算

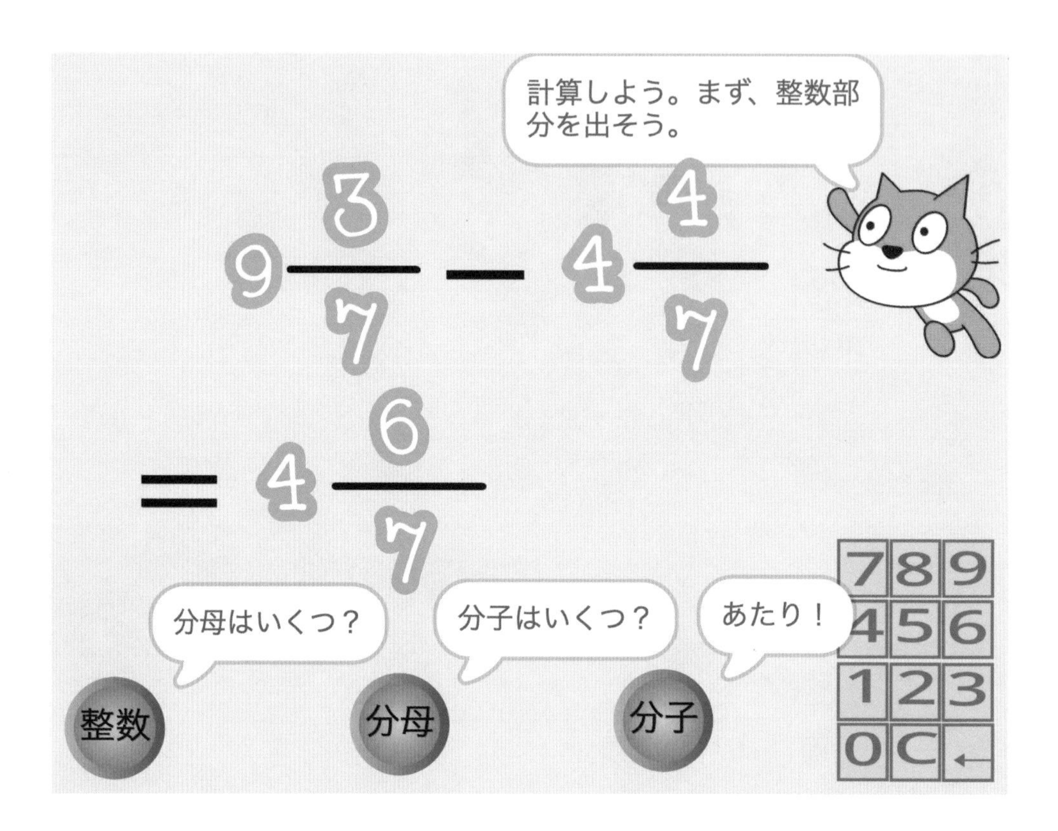

やり方

1 緑の旗をクリックしてスタート。

2 同数分母のたし算、ひき算問題が出る。

3 まず、整数部分の数字を数字入力ボタンから入れ、「←」をクリックする。

4 合っていたら、「分母はいくつ？」と聞かれる。

5 次に、分母の数字を数字入力ボタンから入れ、「←」をクリックする。

6 合っていたら、「分子はいくつ？」と聞かれる。

7 分子を入れて、正かいしたら「あたり!」の文字が出る。

プログラミングの工夫

- 同数分母のいろいろな分数たしひき算が出る。
- 「整数」「分母」「分子」の順に、数字入力ボタンから、答えることができる。

分子が引けないときは、整数を1つへらし、分子に分母の数を足してから引くよ。

5-1 整数と小数

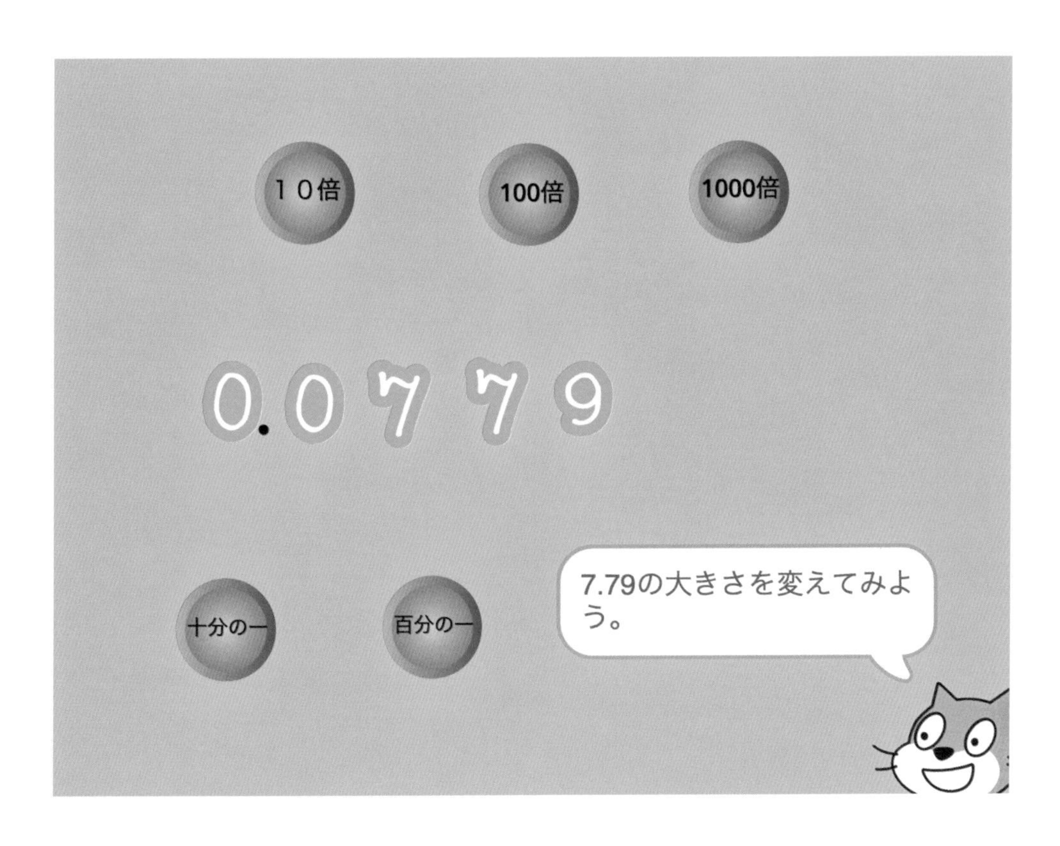

やり方

1 緑の旗をクリックしてスタート。

2 小数が出る。

3 「10倍」、「百分の一」などの緑ボタンスプライトをクリックする。

4 小数点が動いたり、「0」が現われたり消えたりして、変化した数字となる。
※上図は、もとの数字が7.79で、「百分の一」のボタンをクリックした様子。

プログラミングの工夫

●いろいろな小数が出てくる。
●割合ボタンで、数字の変化が分かる。

小数点の位置は、10倍ごとに右へ1つずつ、10分の1ごとに左へ1つずつずれるよ。

5-2 体積

やり方

1. 緑の旗をクリックしてスタート。
2. 1cm^{3}の立方体が積み重なった直方体が現れる。
3. 数字入力ボタンから、答えになる体積を入れ、「←」をクリックする。
4. 正解したら「あたり!」の文字と式、答えが出る。

プログラミングの工夫

- いろいろな体積の立体が現れて、問題が出る。
- 1cm^{3}の立体は、マウスでつまんで動かせるので、直方体内部の様子を知ることもできる。

単位量1cm^{3}が、全部でいくつあるかを調べるのが、体積を出すということだよ。

5-3 2つの量の変わり方

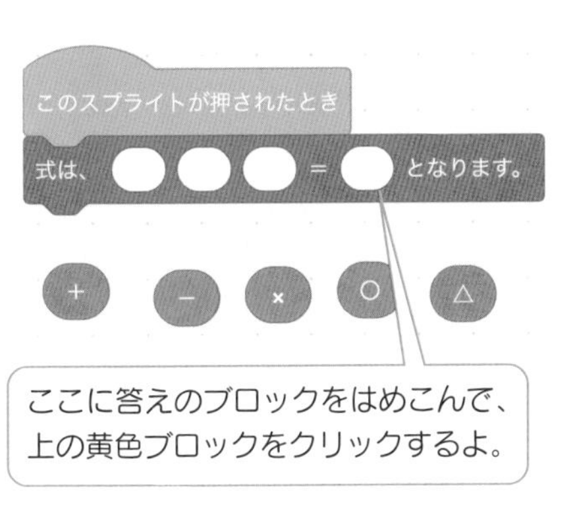

やり方

1. 緑の旗をクリックしてスタート。
2. 個数（○）と代金（△）の変化を表した表が出てくる。
3. 緑ボタンスプライトをおして、○と△の関係式を入れ、黄色ブロックかステージ左下の緑ボタンどちらかをクリックする。
4. 正解したら「あたり!」の文字と式、答えが出る。
   ※上図の問題の場合、6×○＝△でも○×6＝△でも正しいことにしている。

プログラミングの工夫

- 代金が変化して、いろいろな問題が出る。
- 関係式を答える練習がくり返しできる。

上の列の数字が、下の列の数字になるためには、何倍するといいかな。それを式にしよう。

5-4 小数のかけ算

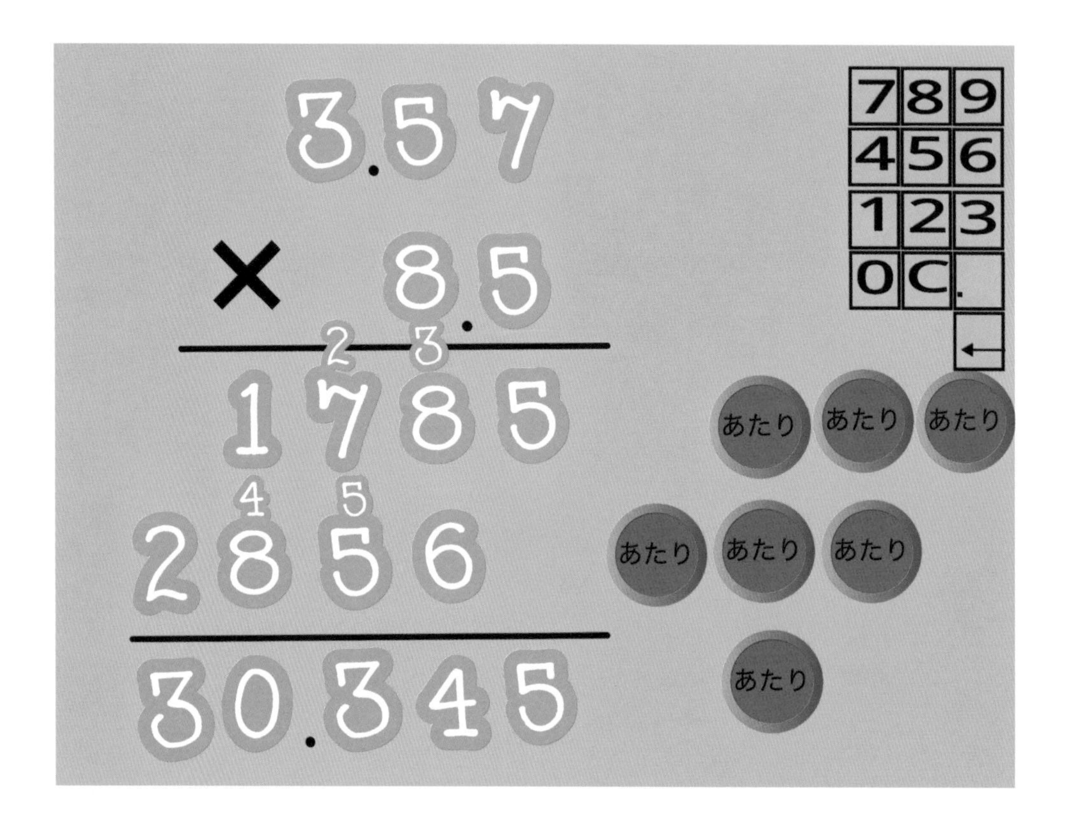

やり方

1 緑の旗をクリックしてスタート。

2 一の位の計算をして、数字入力ボタンから答えを入れ、「←」をクリックする。

3 正解したら「あたり!」の文字が赤ボタンに変わる。

4 くり上がる小さな数字が出る。

5 続いて十や百の位、二段目の計算、一二段の足し算をして、数字入力ボタンから答えを入れ、「←」をクリックする。

6 正解したら「あたり!」の文字が赤ボタンになって、小数点が正解の位置まで動く。

プログラミングの工夫

- 3けた×2けたのいろいろな小数かけ算が出る。
- 位ごとに答えをたしかめながら計算を進められる。
- 最後に小数点を打つべき場所まで、小数点が左にずれる。

順に計算して、最後に足し算しよう。小数点は、かける数・かけられる数の小数点以下の数字の数だけ左へずらすよ。

5-5 三角形と四角形

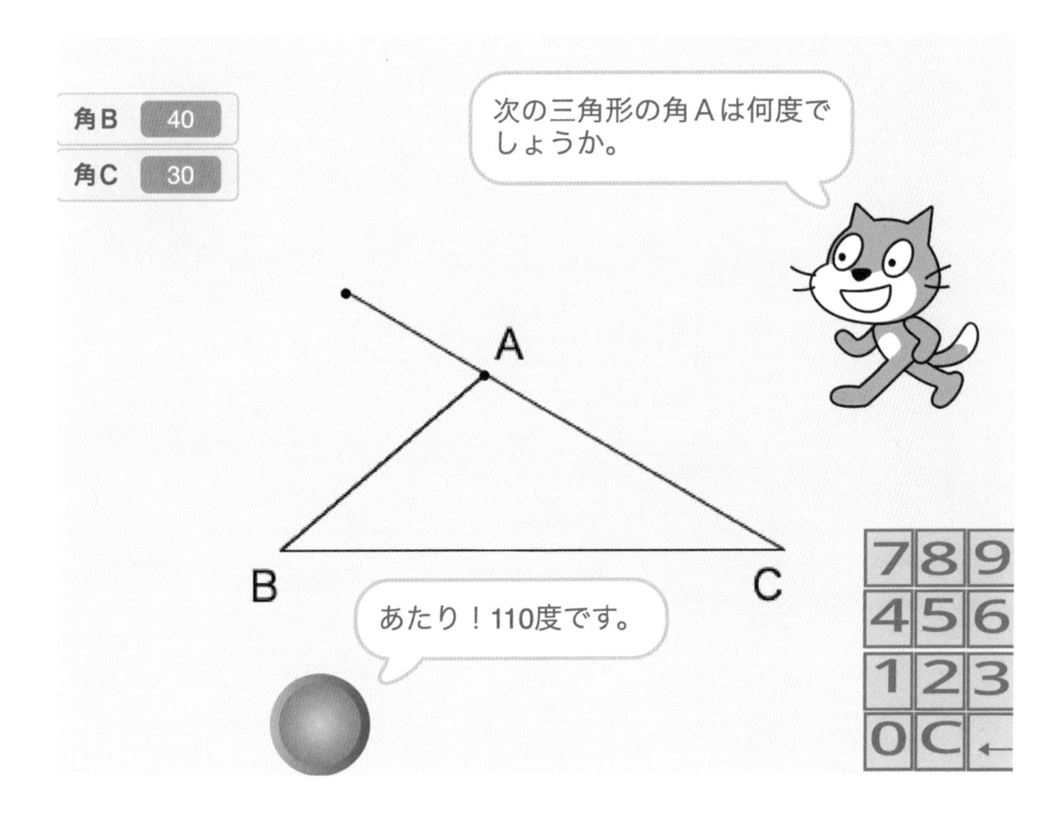

やり方

1. 緑の旗をクリックしてスタート。
2. 三角形（「四角形の内角」のファイルをひらいた場合は四角形）がえがかれる。
3. 角Bと角Cの情報から角Aの大きさを考え、数字入力ボタンから答えを入れ、「←」をクリックする。
4. 正解したら「あたり!」の文字と答えが出る。

プログラミングの工夫

- いろいろな三角形と、2つの頂点の角度の大きさに関する情報が表示され、残りの頂点の角度をもとめる問題が作れる。
- 正しい角度の図形がえがかれる。

三角形の3つの角度の和は、180度だから、180から他の角度を引いていくと答えが出るよ。

5-6 小数のわり算

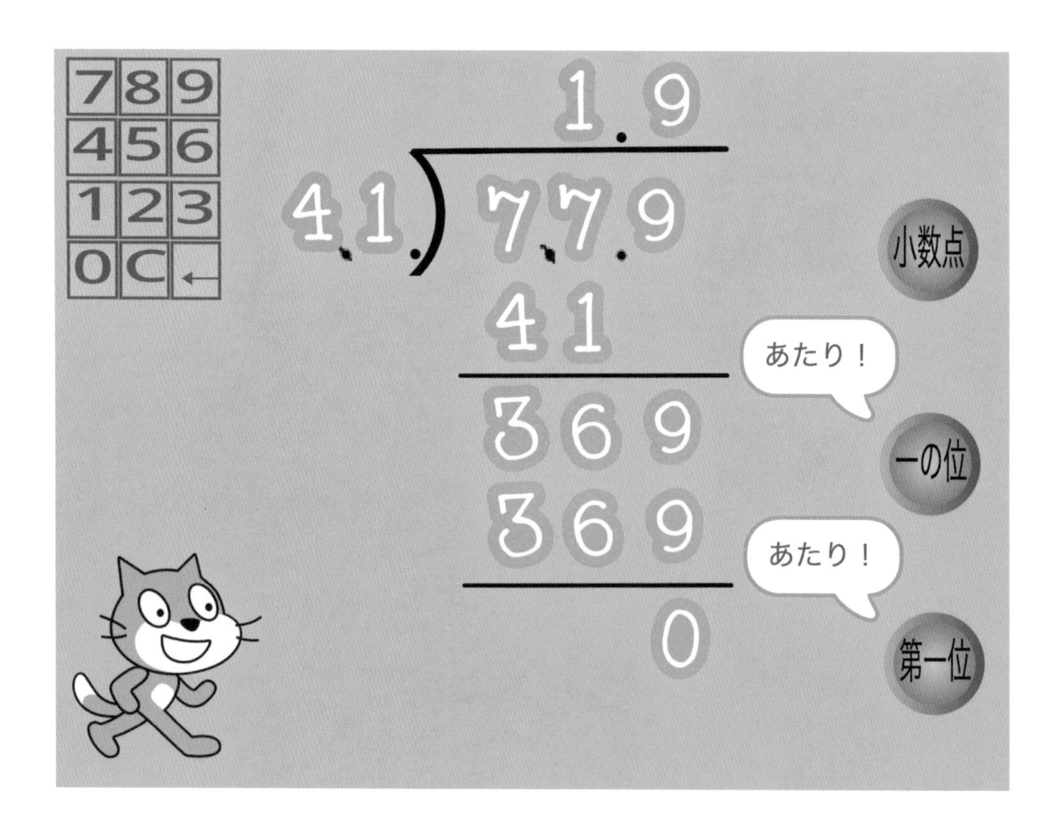

やり方

1 緑の旗をクリックしてスタート。

2 緑ボタン「小数点」をクリックして、わられる数とわる数をどちらも10倍する。

3 一の位の計算をして、数字入力ボタンから答えを入れ、「←」をクリックする。

4 正解したら「あたり!」の文字が出る。

5 小数第一位の計算をして、数字入力ボタンから答えを入れ、「←」をクリックする。

6 正解したら「あたり!」の文字が出る。

プログラミングの工夫

- 3けた÷1けたのいろいろな小数のわり算が出る。
- 小数点を移動してから、位ごとに答えを確かめながら計算を進めている。
- 「たてる」「かける」「引く」「下ろす」の様子が分かる。

わる数が整数になるように、わられる数も10倍してから、わり算するよ。

チャレンジ★ 5-7 (1)

整数の性質(1)
――奇数・偶数

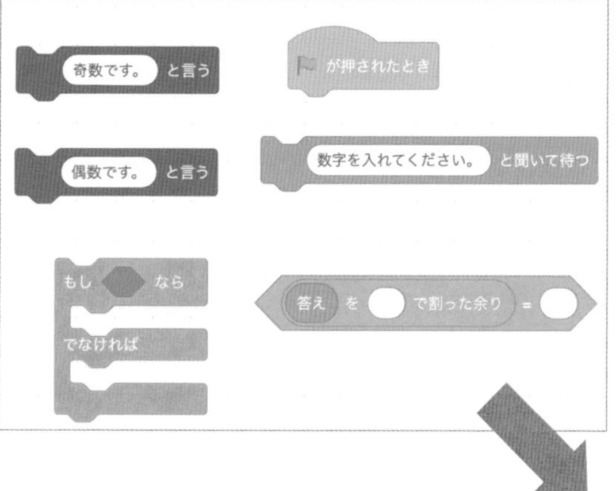

組み立てるブロック

組み立てられて、動いているプログラム

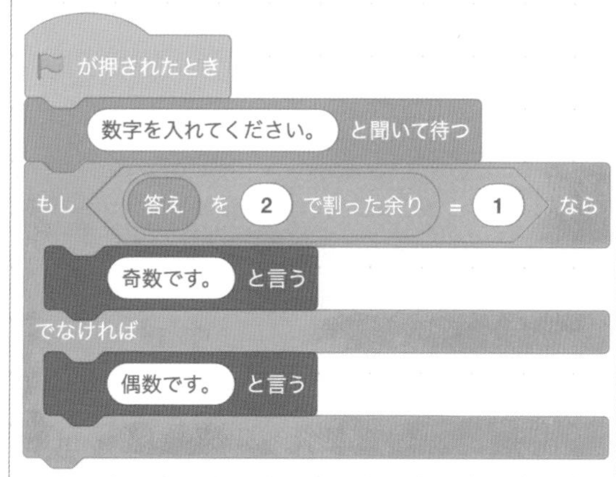

数字を入れるボックスが現れるよ。

やり方

1 調べる数字を2で割ったあまりの数によって、奇数や偶数を知らせるプログラムを作る。

2 緑の旗をクリックしてスタート。

3 数字を入れるボックスが出る。

4 調べたい整数を入れて「✓」をクリックする(エンターキーでもいい)。

5 「奇数です。」または「偶数です。」という言葉が出る。

プログラミングの工夫

- いろいろな整数が、奇数か偶数か分かるプログラムをつくる。
- 調べる数を入れた「答え」の水色ブロックを、2で割ったあまりを0にするか1にするかで、2通りのプログラムが考えられる。

2で割り切れたら偶数、1あまったら奇数だよ。

チャレンジ★5-7(2)

整数の性質(2)——公倍数・公約数

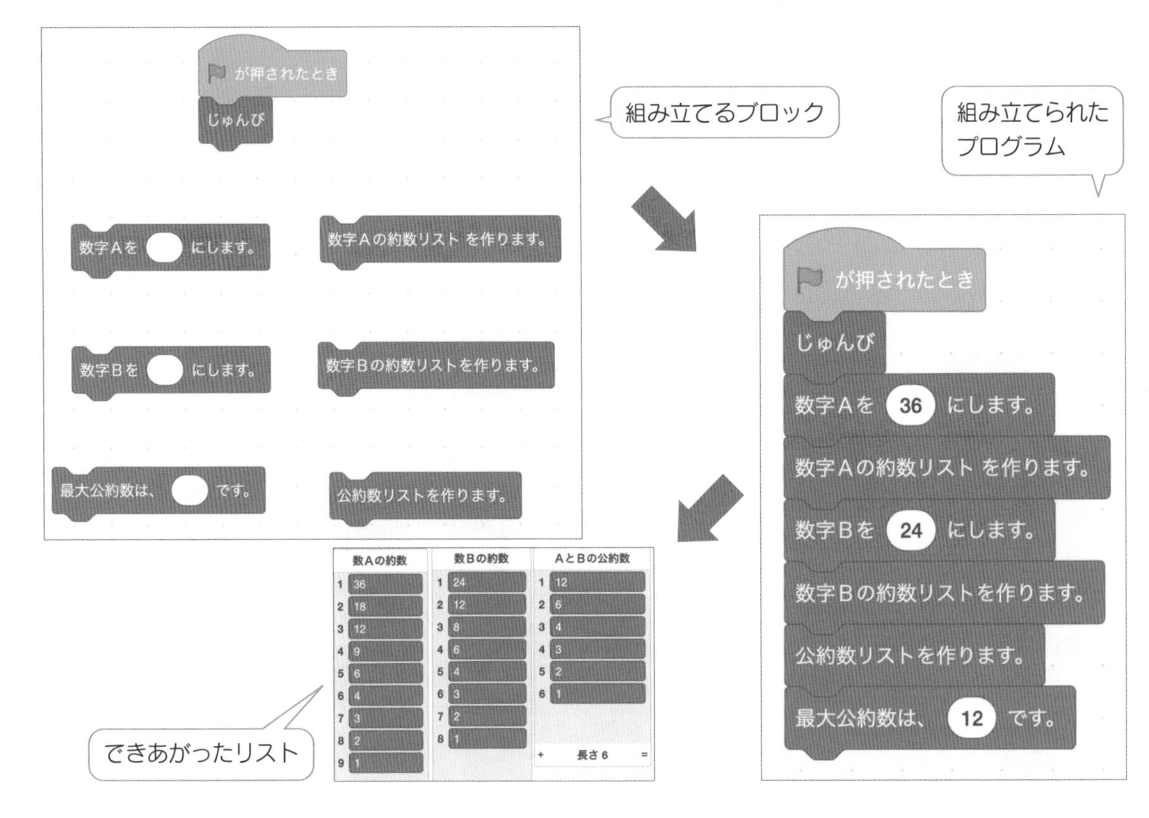

やり方

1. 2つの数字の最大公約数（「整数の性質（公倍数）」のファイルをひらいた場合は最小公倍数）を求めるプログラムをつくる。
2. 緑の旗をクリックしてスタート。
3. 約数（倍数）や公約数（公倍数）のリストが出る。
4. 最大公約数（最小公倍数）が合っていたら、「あたり!」の文字と答えが出る。

プログラミングの工夫

- プログラムを組むことで、いろいろな整数の約数（倍数）リストと公約数（公倍数）リストができあがり、そこから最大公約数（最小公倍数）を調べることができる。
- 最大公約数（最小公倍数）を求める手順が理解できる。

2つの整数の約数を調べ、その中から共通している数（公約数）を出そう。一番大きいのが最大公約数だよ。

5-8 分数のたしひき算

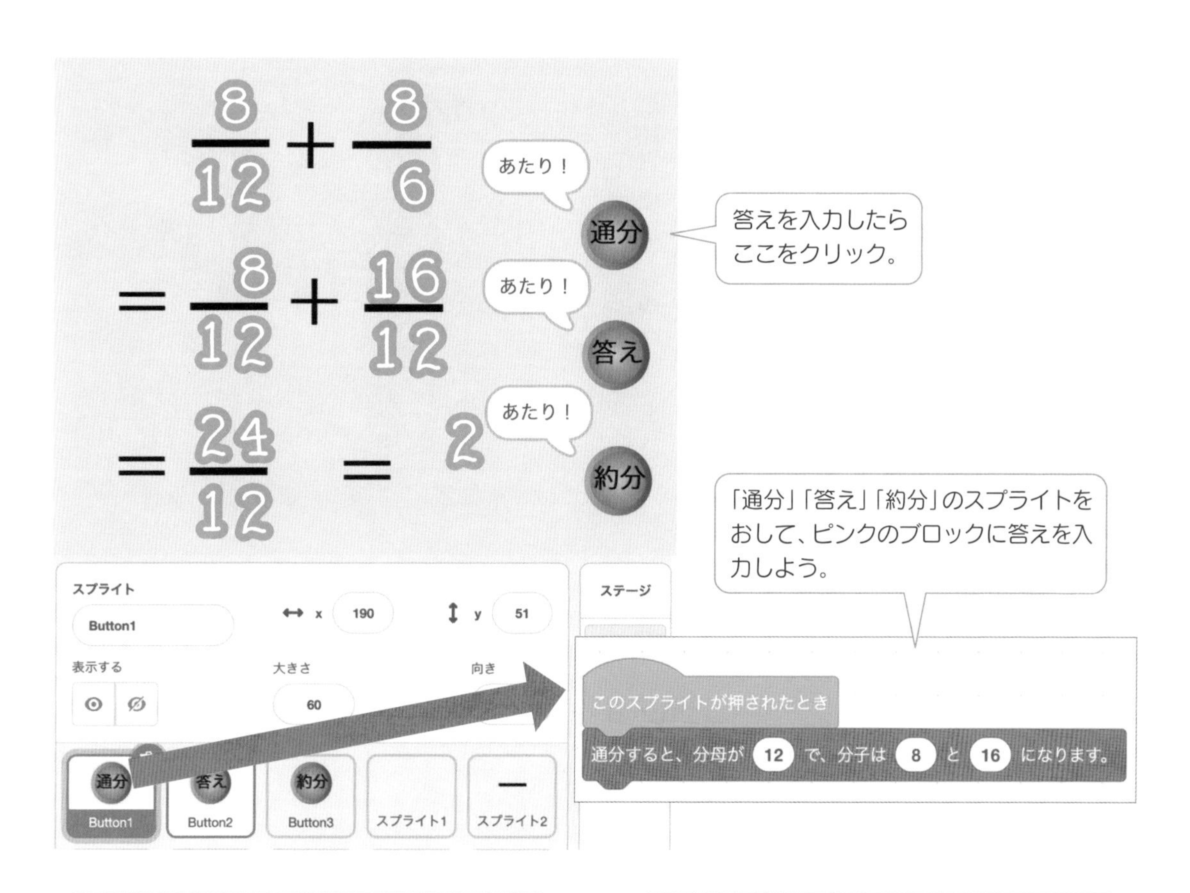

やり方

1. 緑の旗をクリックしてスタート。
2. 分母の数字がちがう分数のたし算（ひき算）問題が出る。
3. 「通分」「答え」「約分」の各緑ボタンのスプライトをおして、答えを入力する。
4. 正解したら「あたり!」の文字が出て、計算がされる。
5. 約分で、分母が1の場合は、整数で答えが表示される。

プログラミングの工夫

- 分母がちがう分数のいろいろなたし算（ひき算）問題が出る。
- 通分、計算、約分の各段階を確認しながら答えを出していく。

2つの分母の最小公倍数を新しい分母にして計算をし、最後に答えを約分するよ。

5-9 平均

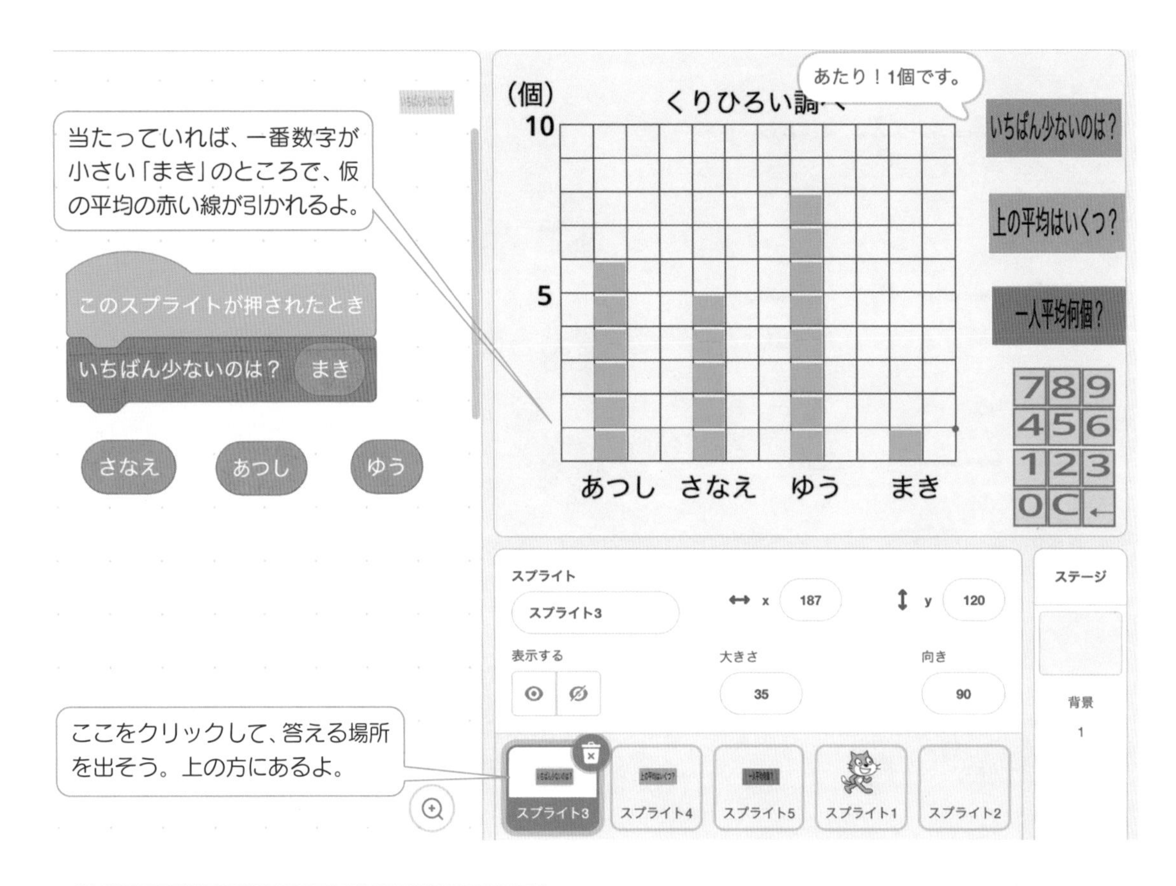

やり方

1 緑の旗をクリックしてスタート。

2 ぼうグラフと問題が3つ出る。

3 「いちばん少ないのは？」のスプライトをおし、当てはまる丸ブロックをはめて答える。その上の黄色ブロックをクリックする。

4 正解したら「あたり!」の文字が出て、仮の平均の赤い線が引かれる。

5 2つ目、3つ目の問題の答えを数字入力ボタンから入れ、「←」をクリックする。

6 正解したら「あたり!」の文字と答えの数字が出る。

プログラミングの工夫

- リストの「データ」にいろいろな数字を入れることで、ちがったグラフ問題が出せる。
- ぼうグラフをえがくことができる。
- 仮の平均の場所に、赤い線が引かれ、考えやすくなる。

仮の平均より多い分を人数で割って仮平均に足すと、本当の平均を出せるよ。

5-10 速さ
—きょり・時間・速さ

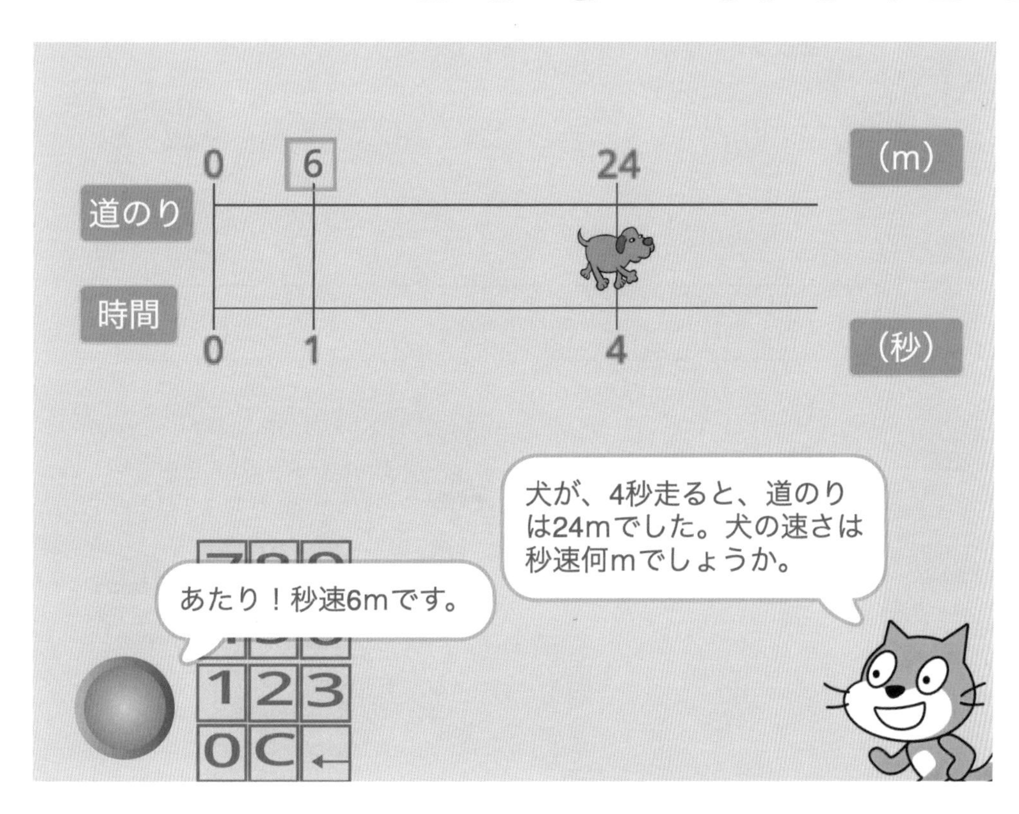

やり方

1 緑の旗をクリックしてスタート。

2 問題文と2本の線分図が現れて、犬が走る。

3 計算をして、数字入力ボタンから答えを入れ、「←」をクリックする。

4 正解したら「あたり!」の文字と、答えとなる「速さ」が出て□にも数字が入る。
※道のりや時間を求めるプログラムもある。やり方は「速さ」と同じ。

プログラミングの工夫

- いろいろな「速さ」を出す問題が出る。
- 線分図に表され、犬が走る様子も見ることができる。
- 「まちがい」が出ても、やり直しができる。

1秒間に何m進むかという、「1あたりの数」を出す問題だよ。

5-11 分数とわり算

分数の答えを入れたら、ここをクリック

分数

あたり！7分の4です。

1mのテープのうち、ピンクの長さは、何分の何mでしょうか。

$$\frac{4}{7} = 4 \div 7$$

あたり！

割り算式

割り算式の答えを入れたら、ここをクリック

このスプライトが押されたとき

わり算の式は、 4 ÷ 7 です。

やり方

1. 緑の旗をクリックしてスタート。
2. テープ図と問題が出る。
3. 緑ボタンスプライト「分数」で、ピンクのブロックに数字を入力しクリックする。
4. 正解したら「あたり!」の文字と答え、分数が表示される。
5. 緑ボタンスプライト「わり算式」で、ピンクのブロックに数字を入力しクリックする。
6. 正解したら「あたり!」の文字が出て、分母・分子が移動し、割り算式に変化する。

プログラミングの工夫

- いろいろな分数とそのテープ図が出てくる。
- 分数の分母・分子の数字が移動して、割り算式になる様子が分かる。
- まちがえたら、やり直せる。

※小数を分数に変えるプログラムもある。

分子がわられる数、分母がわる数になるよ。

5-12 割合
―割合・基準量・比較量

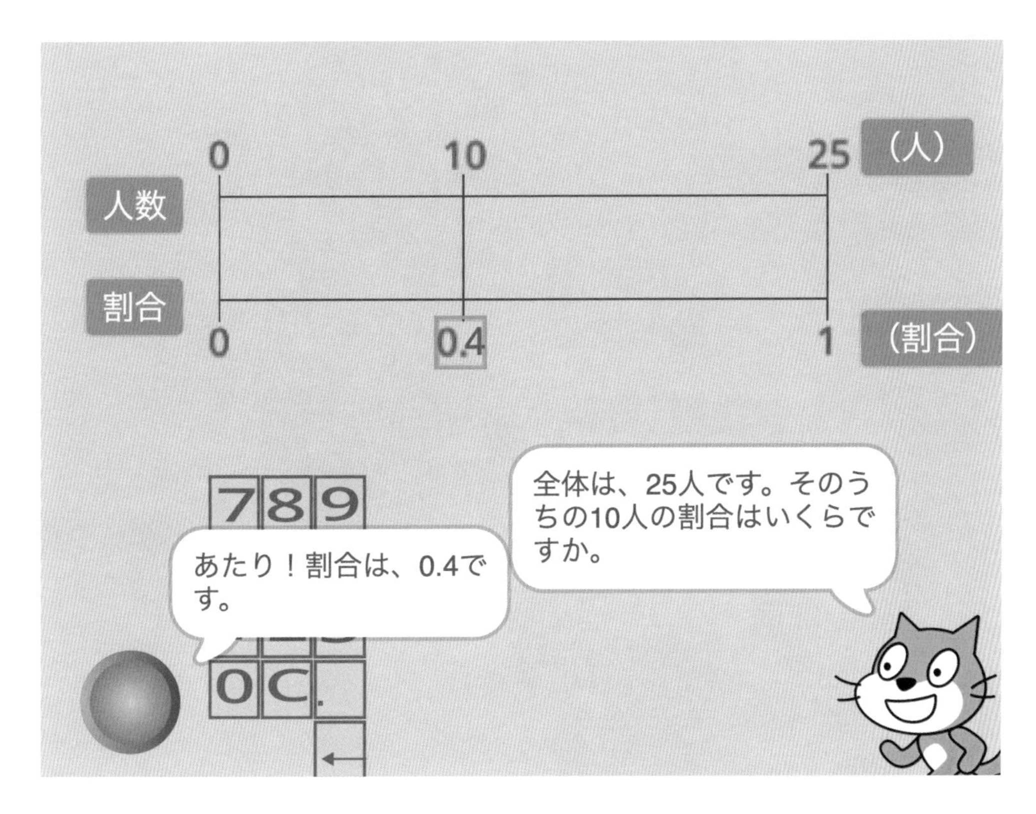

やり方

1. 緑の旗をクリックしてスタート。
2. 問題文と2本の線分図が出る。
3. 割合を計算をして、数字入力ボタンから答えを入れ、「←」をクリックする。
4. 正解したら「あたり!」の文字と答えの数字が出て、□にも数字が入る。

プログラミングの工夫

- いろいろな割合を出す問題が出る。
- 線分図に表され、算出する式を考えやすくしている。
- 小数でも、数字入力ボタンから入力ができる。

※基準量や比較量を出すプログラムもある。

全体を分母、その一部を分子と考えて、25分の10で考えると、10÷25であることが分かるよ。

チャレンジ★5-13

割合とグラフ

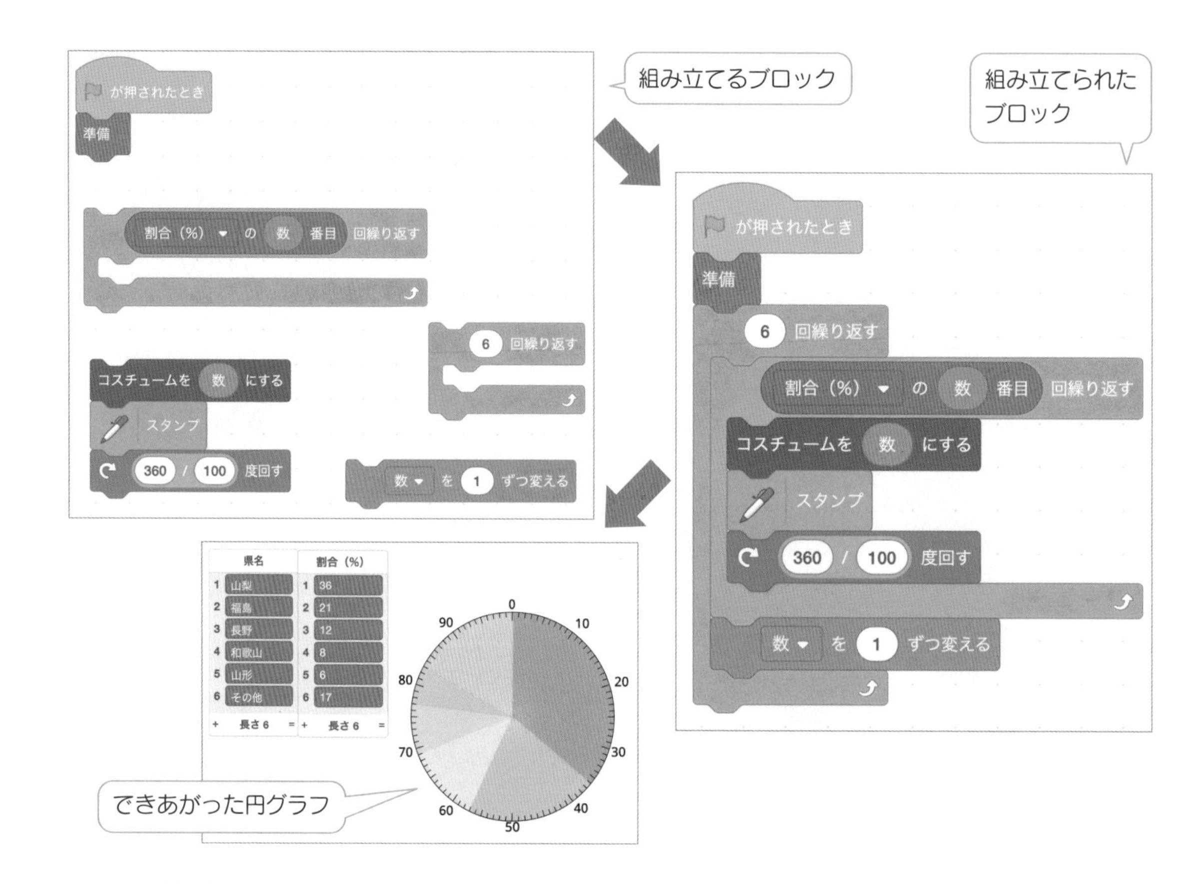

やり方

1. 円グラフをえがくプログラムを組み立てる。
2. 緑の旗をクリックしてスタート。
3. 地名と桃の出荷量の表と、円グラフが出る。
   データを変えると、いろいろな割合の円グラフを作ることができる。

プログラミングの工夫

- データを変えていろいろな円グラフをえがくプログラムを作ることができる。
- プログラムを考えやすいように、ある程度まとまりを作っている。

円グラフは、割合を角度の大きさで表しているよ。

チャレンジ★5-14

三角形と四角形の面積

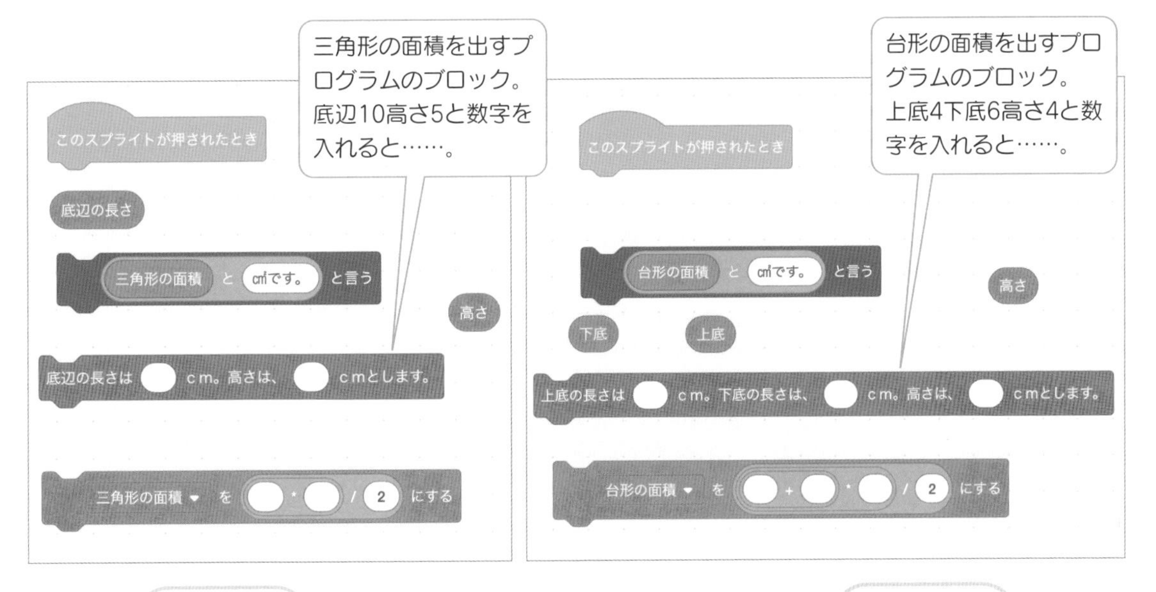

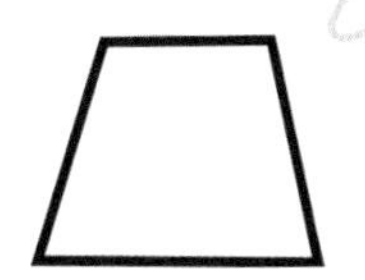

やり方

1 図形の面積を出すプログラムを組み立てる。

2 底辺と高さの数字を入れてから、図形のスプライトをクリックしてスタート。

3 図形の面積が出る。

プログラミングの工夫

- いろいろな図形の面積を出すプログラムを作ることができる。
- プログラムを考えやすいように、ある程度まとまりを作っている。
- 辺の長さなど、数値を変えて面積を求めることができる。

※三角形、長方形、台形、ひし形のプログラムも同じように作る。

公式をプログラムにしよう。

第1学年 第2学年 第3学年 第4学年 第5学年 第6学年

チャレンジ★5-15

円と正多角形

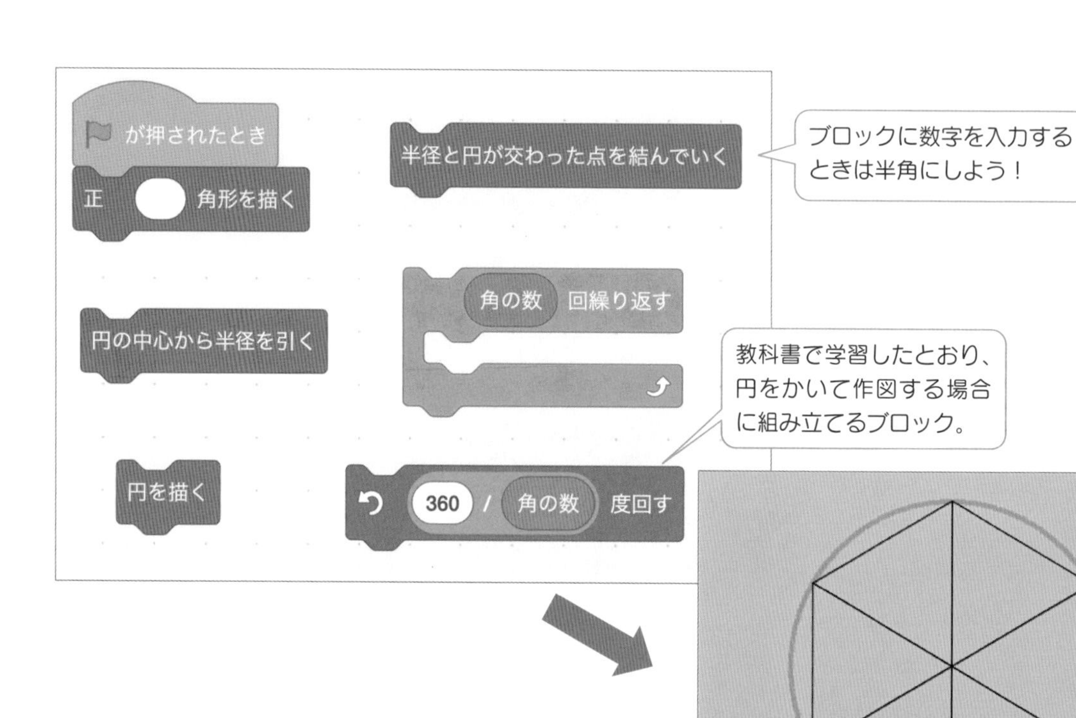

やり方

1. 正何角形をえがくか数字を入れ、「←」をクリックする。
2. 部品のブロックを組み立てる。
3. 緑の旗をクリックしてスタート。
4. 正しいプログラムが出来たら、「正○角形」の○の数値を変えて入力してみる。数字によっては、えがけないものや円に等しくなってしまうものもある。うまくえがけなかったら、組み合わせ方を変えてみる。

プログラミングの工夫

- ピンクのブロック（定義ブロック）を用意して、組み立てやすくしている。
- 難しい組み合わせの部分は、あらかじめ組み合わせてある。
- 角の数を自由に入力できるようにして、数値が大きいほど円に近づくことや、えがけない場合のメッセージが出るようになっている。

まず円をえがき、その円の半径を使ってえがく正多角形だよ。

6-1 分数と整数のかけわり算

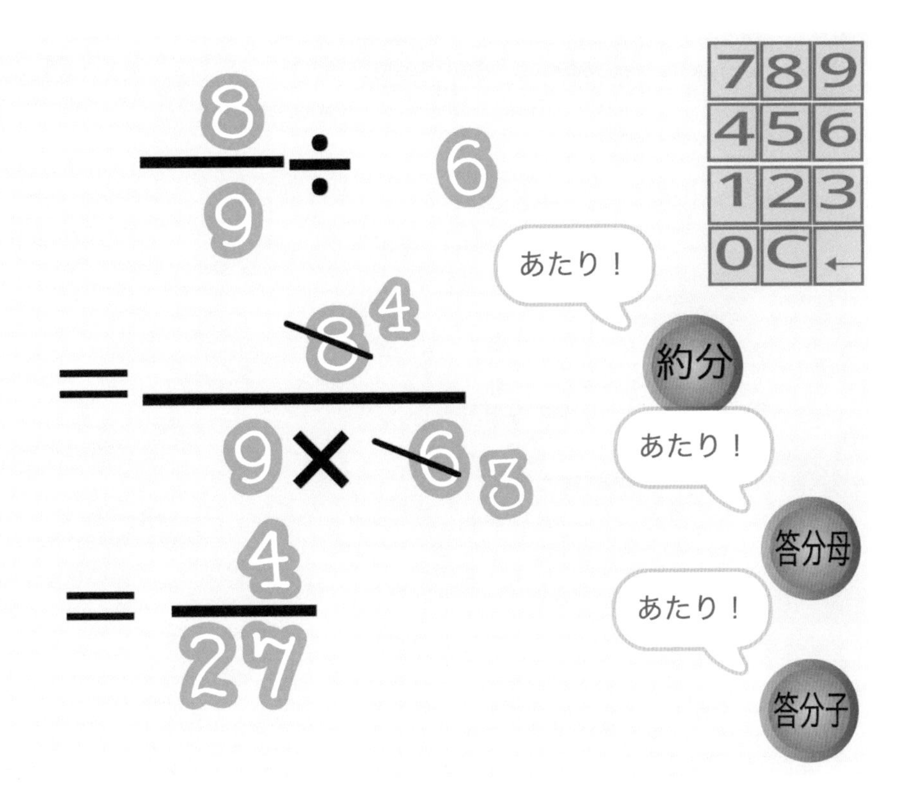

やり方

1 緑の旗をクリックしてスタート。

2 分数÷整数の割り算問題が出る。

3 「約分」のスプライトをおし、分母と分子をわる数字を数字入力ボタンから入れ、「←」をクリックする。

4 正解したら「あたり!」の字が出て、約分される。

5 「答分母」「答分子」の順で、数字入力ボタンから答えを入れ、「←」をクリックする。

6 正解したら「あたり!」の文字が出て、計算されて、答えが出る。

プログラミングの工夫

- 分数÷整数のいろいろな問題が出る。
- 約分、計算の各段階を確認しながら答えを出していく。
- 数字入力ボタンで答えを入れることができる。

わる数を、分母にかける前に、まず約分してから計算するよ。

第1学年 第2学年 第3学年 第4学年 第5学年 第6学年

6-2 対称な図形

赤スプライトで図を描き、停止して青スプライトで対称図を確認

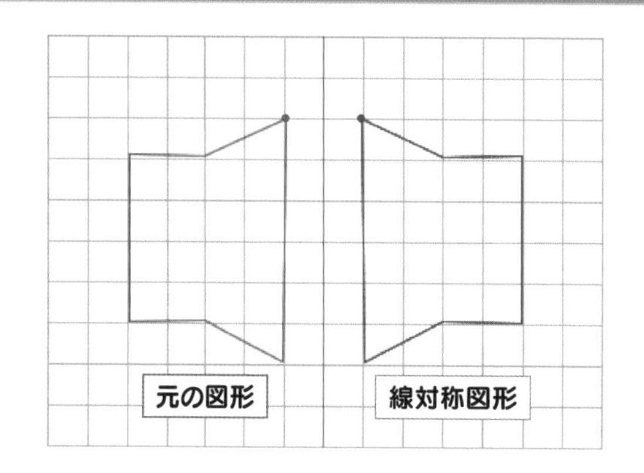

「編集」ボタンから「ターボモードにする」を選ぶと、方眼が速くえがけるよ。

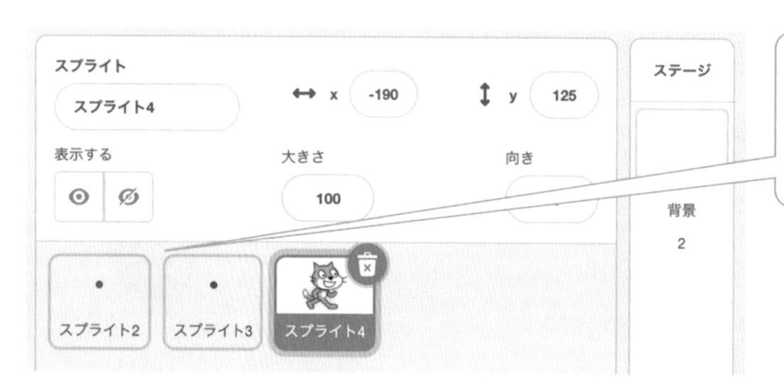

赤い点のスプライトが「赤筆」で、これで頂点をクリックして図形をえがこう。青い点は「青筆」で、対象図形をかく。

やり方

1. 緑の旗をクリックしてスタート。
2. 方眼と赤い対称の軸が出てくる。
3. 「赤筆」のスプライトで、「このスプライトが押されたとき」ブロックをクリックする。
4. 赤筆で頂点をクリックしながら、左側に図形をかく。
5. 停止の赤ボタンをクリックする。
6. 「青筆」のスプライトで、「このスプライトが押(お)されたとき」をクリックして図形をえがく。

プログラミングの工夫

- 方眼と対称の軸を用意して、図形をかきやすく、見やすくしている。
- クリックで元図形をかきながら、頂点の位置を記録している。

※点対称の図形をえがくプログラムもある。

これで、対象な図形がどうかかれるか確認しよう。

6-3 分数のかけ算

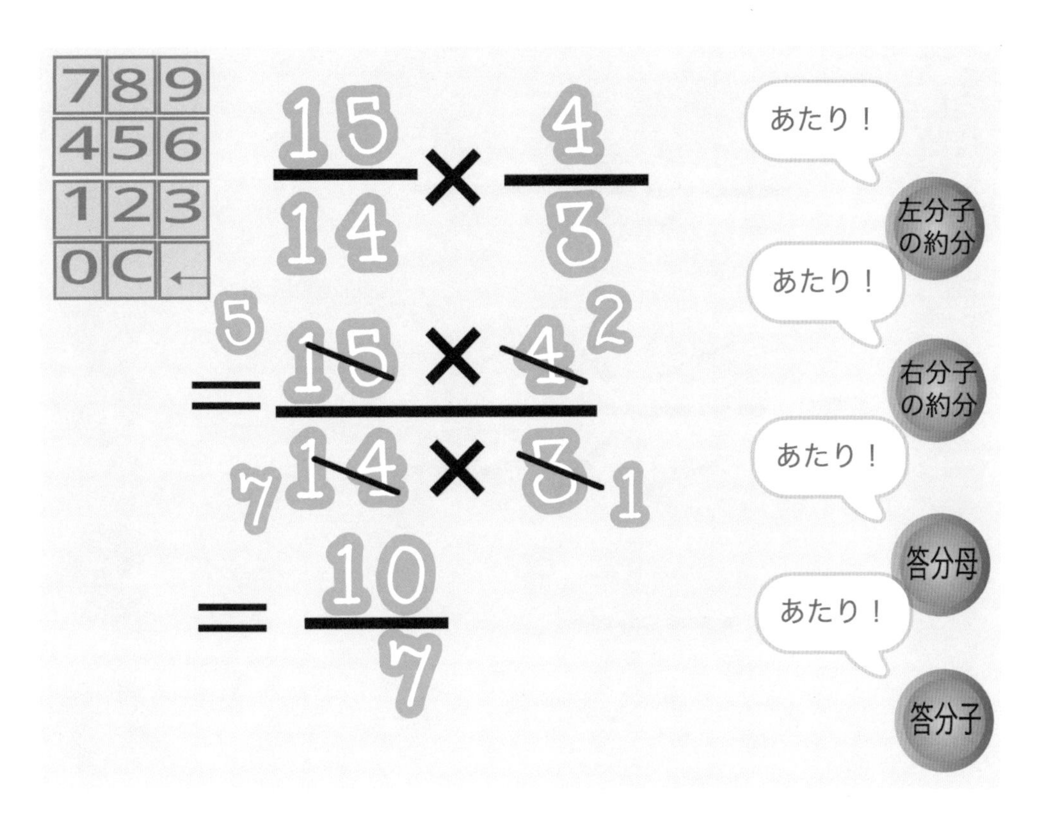

やり方

1. 緑の旗をクリックしてスタート。
2. 2つの分数のかけ算問題が出る。
3. 「左分子の約分」「右分子の約分」「答分母」「答分子」の順に、正しい数字を数字入力ボタンから入力し、「←」をクリックする。
4. 正解したら「あたり!」の文字が出て、計算がされる。
5. 約分で、分母が1の場合は、最後に整数で答えが表示される。

プログラミングの工夫

- いろいろな分数どうしのかけ算問題が出る。
- 左分子の約分、右分子の約分、答えの各段階を確認しながら正解を出していく。

ななめの数どうしで約分をして、分母どうし分子どうしをかけ算して求めるよ。

6-4 分数のわり算

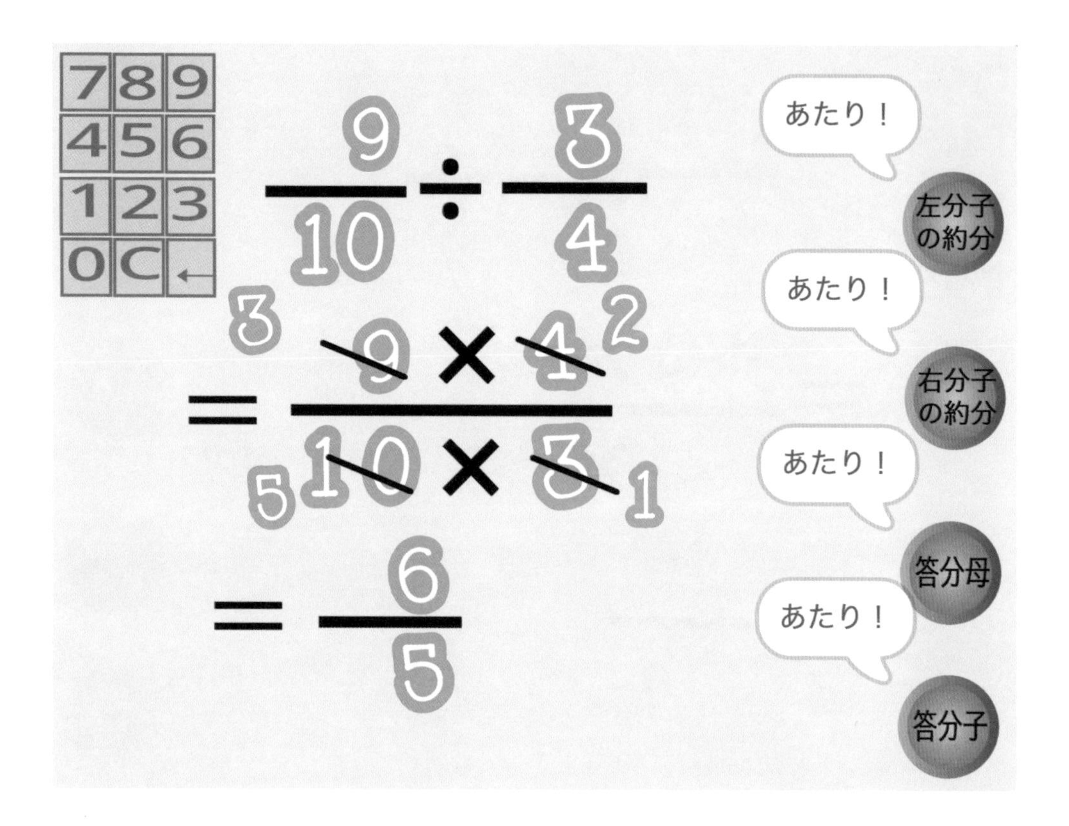

やり方

1 緑の旗をクリックしてスタート。

2 分数同士の割り算問題が出る。

3 割る分数の分母と分子を逆にしてかける。

4 「左分子の約分」「右分子の約分」「答分母」「答分子」の順に、正しい数字を数字入力ボタンから入力し、クリックする。

5 正解したら「あたり!」の文字が出て、計算がされる。

※約分で、分母が1の場合は、整数で答えが表示される。

プログラミングの工夫

- いろいろな分数どうしの割り算問題が出る。
- 約分、答えの各段階を確認しながら正解を出していく。

まず、わる数の分母と分子を逆にして、約分をしてから、かけ算をして計算しよう。

チャレンジ★6-5

円の面積

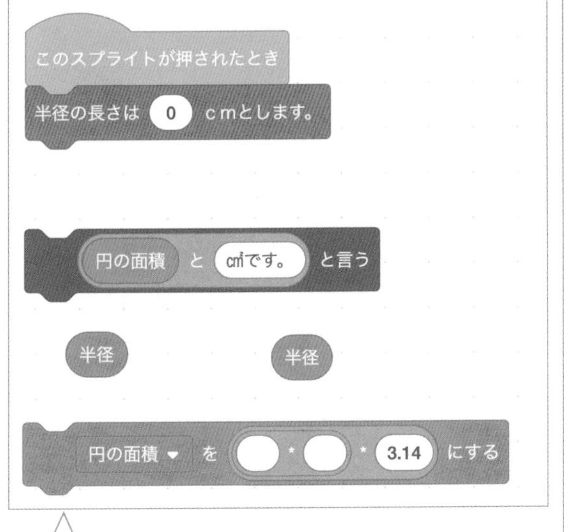

円の面積を出すプログラムを作るためのブロック。半径を5㎝とすれば、結果は下のように表示されるよ。

78.5㎠です。

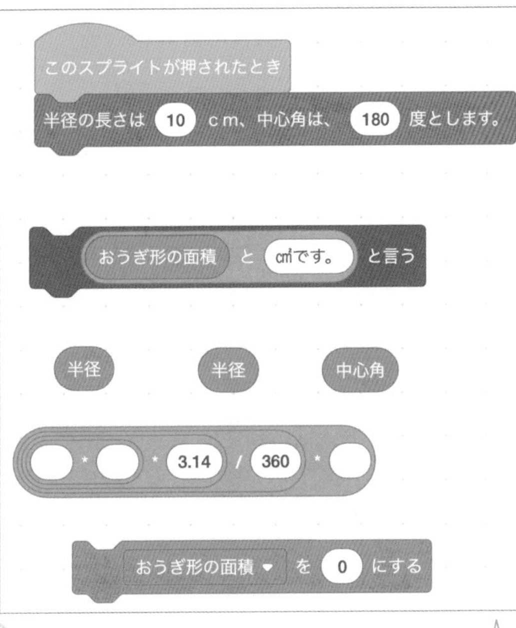

おうぎ形の面積を出すプログラムを作るためのブロック。

やり方

1. 図形（円・おうぎ形）の面積を出すプログラムを組立てる。
2. 図形のスプライトをクリックして、そこにあるブロック（部品）を組み立てる。
3. 数字を入れると、図形の面積が出る。

プログラミングの工夫

- 円・おうぎ形の図形の面積を出すプログラムを作ることができる。
- プログラムを考えやすいように、ある程度まとまりを作っている。
- 半径の長さなど、数値を変えて面積を求めることができる。

図形の面積の公式をプログラムにしよう。

6-6 比例と反比例

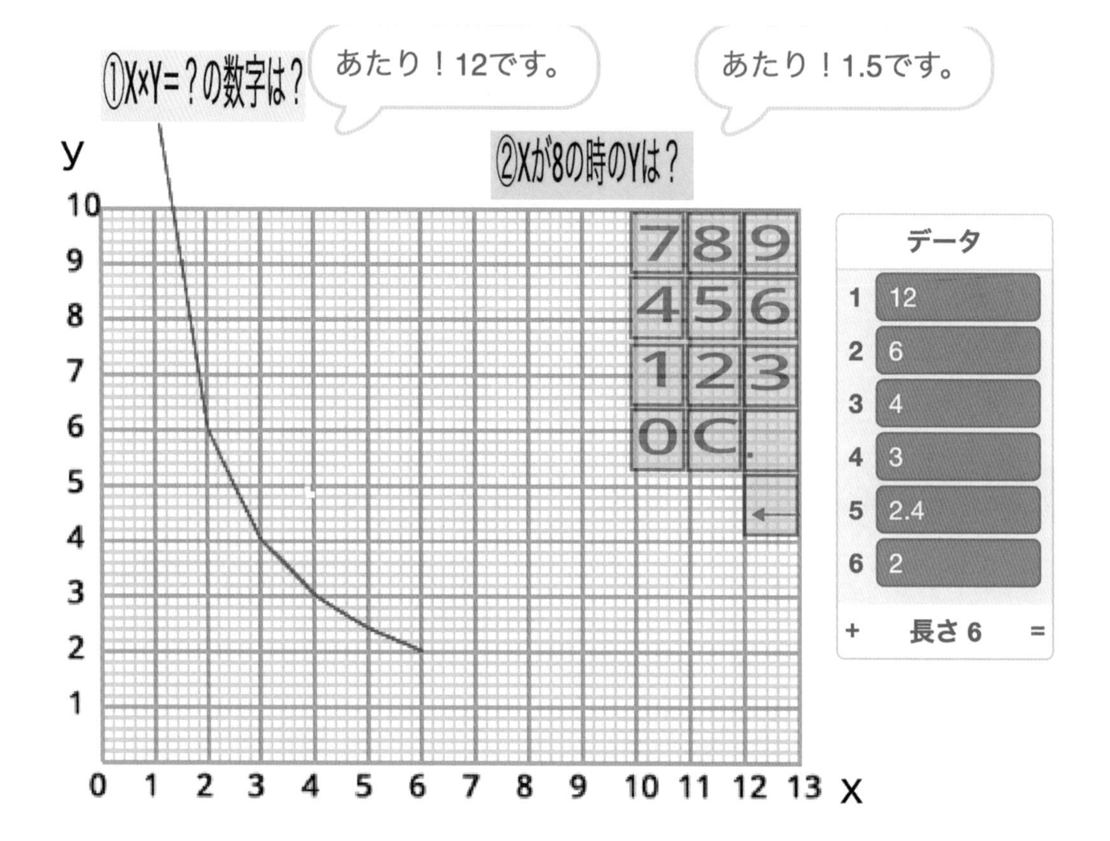

やり方

1. 緑の旗をクリックしてスタート。
2. XとYの関係を表した折れ線グラフがかかれる。
3. 「X×Y=?の数字は?」「Xが8の時のYは?」の順に、答えを数字入力ボタンから入れ、「←」をクリックする。
4. 正解したら「あたり!」の文字と答えの数字が出る。

データに入れる数字を変えて問題を作ることもできる。

プログラミングの工夫

- 「データ」リストに数字を入れることで、いろいろな問題が作れる。
- 数字入力ボタンで、答えることができる。

グラフの情報を読み取って、関係式や、XやYの数字を求める練習をしよう。

チャレンジ★6-7

角柱と円柱の体積

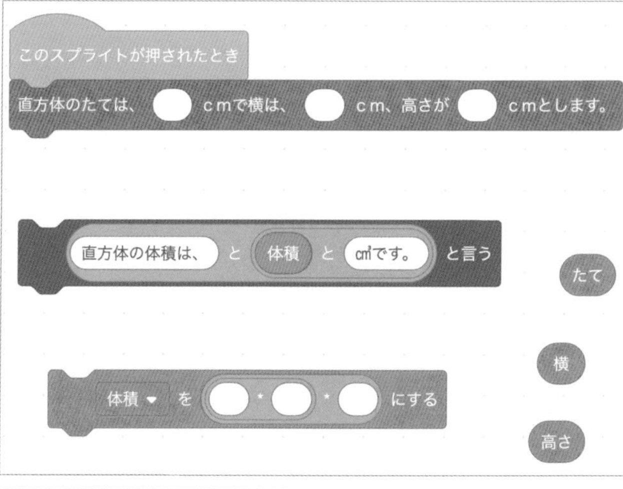

直方体の体積を出すプログラムを作るためのブロック

円柱の体積を出すプログラムを作るためのブロック。半径6㎝、高さ8㎝を入れた結果は……。

このスプライトが押されたとき
底面の半径は、 6 cmで、柱の高さは、 8 cmとします。
体積 を 半径 * 半径 * 3.14 * 柱の高さ にする
円柱の体積は、 と 体積 と ㎤です。 と言う

円柱の体積は、904.32㎤です。

やり方

1. 角柱・円柱それぞれの立体図形のスプライトをクリックし、体積を出すプログラムを組立てる。
2. 立体図形のスプライトか、「このスプライトがクリックされたとき」の黄色ブロックをクリックしてスタート。
3. 立体図形の体積が出る。

プログラミングの工夫

- いろいろな立体図形の体積を出すプログラムを作ることができる。
- プログラムを考えやすいように、ある程度まとまりを作っている。
- 辺や半径の長さなど、数値を変えて体積を求めることができる。

図形の体積公式をプログラムにしよう。

6-8 比

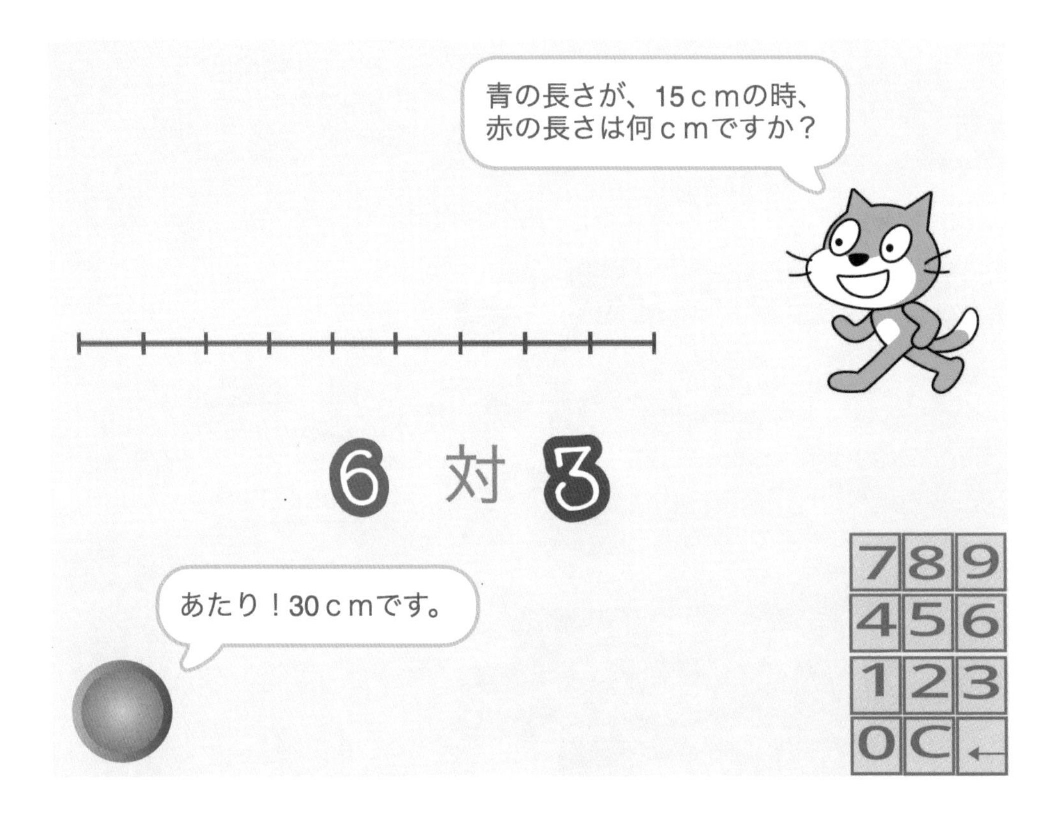

やり方

1 緑の旗をクリックしてスタート。

2 問題文と1本の線分図が出て、比が出る。

3 1目盛り分の値を出して、赤の割合分を計算し、数字入力ボタンから答えを入れ、「←」をクリックする。

4 正解したら「あたり!」の文字と答えの数字が出る。

プログラミングの工夫

- いろいろな比を使った問題が出る。
- 線分図に表され、考えやすくなる。
- 「数字入力ボタン」から、答えを入力することができる。

まずわり算をして、基準となる1つ分の値を出そう。次に、求める値が、そのいくつ分かを考えて、かけ算で出そう。

拡大図と縮図

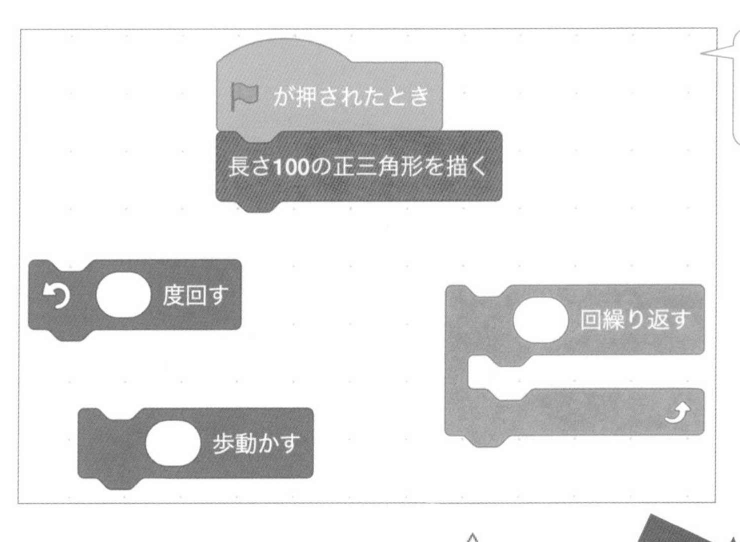

一辺が100の正三角形の拡大図を描くプログラムを作るためのブロック

辺の長さが2倍の拡大図を描くプログラム

プログラムで描かれた拡大図

やり方

1. 元にする図形の拡大図（縮図）を描くために部品のブロックを組み立てる。
2. 数字を入力する。
3. 緑の旗をクリックしてスタート。
4. 正しいプログラムが出来たら、辺の長さの数値をいろいろに入力してみる。
うまく描けなかったら、組み合わせ方や数字を変えてみる。

プログラミングの工夫

- ピンクのブロック（定義ブロック）を用意して、組み立てやすくしている。
- 辺の長さを自由に入力できるようにすることで、いろいろな拡大図や縮図を描くことができる（元の図形は赤むらさき色・拡大図や縮図は青色）。

拡大図や縮図は、角度が同じで、辺の長さが全部同じ倍率になるよ。

6-10 場合の数 —順列・組み合わせ

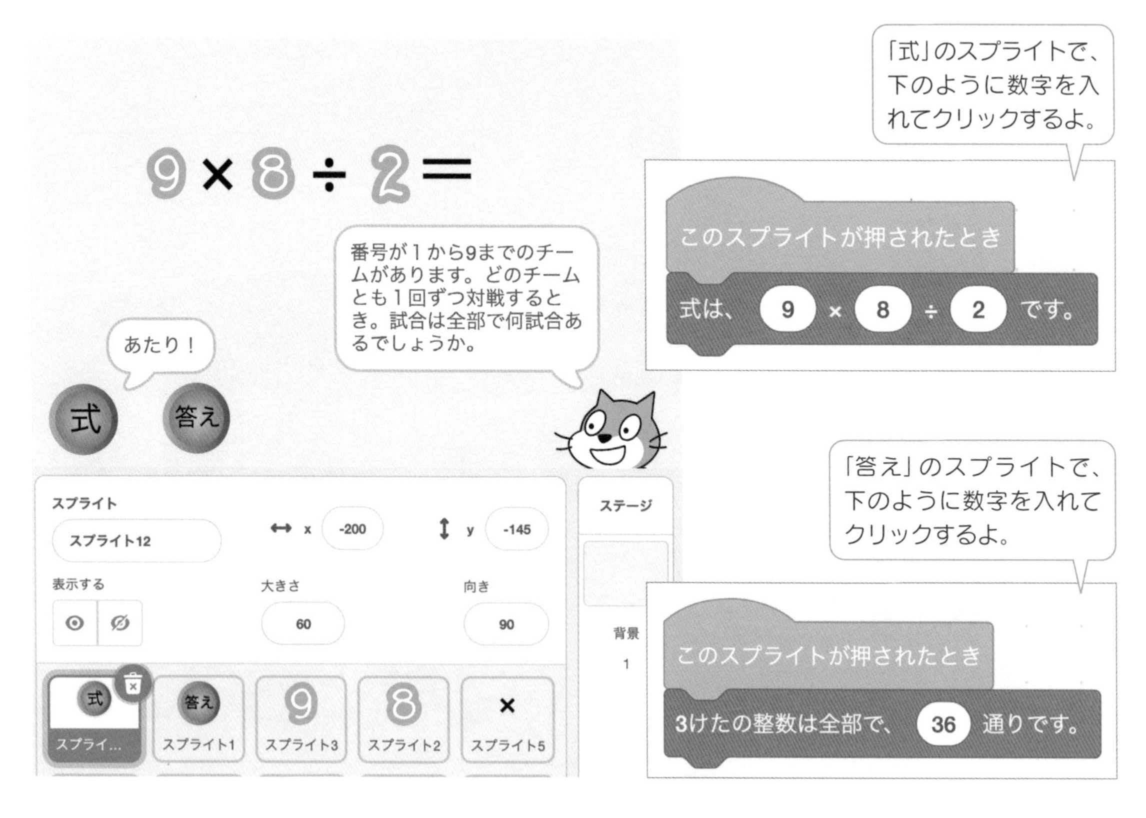

やり方

1. 緑の旗をクリックしてスタート。
2. 「?」で出来た式が出る。
3. 緑ボタンの「式」スプライトで、「?」に入る数字を入れて、ステージの「式」と書かれたボタンをクリックする。
4. 正解したら「あたり!」の文字と式にあてはまる数字が出る。
5. 緑ボタンの「答え」スプライトで、答えの数字を入れて、ステージの「答え」と書かれたボタンをクリックする。
6. 正解したら「あたり!」の文字と答えの数字が出る。

プログラミングの工夫

●いろいろな組み合わせの問題が出る。
●「式」「答え」と区切って確認できる。

組み合わせは、
チーム数×（チーム数－1）÷2
で出そう。

指導編

指導編の使い方

指導編では、指導者（教員や保護者など）にお読みいただきたいことをまとめました。
単元の目標や学習したいポイント、学習の流れとリンクしたプログラミング的思考、プログラムを組み立てる中で工夫している点、児童が学習するべき内容、教師として感じる学習時の留意点で構成されています。

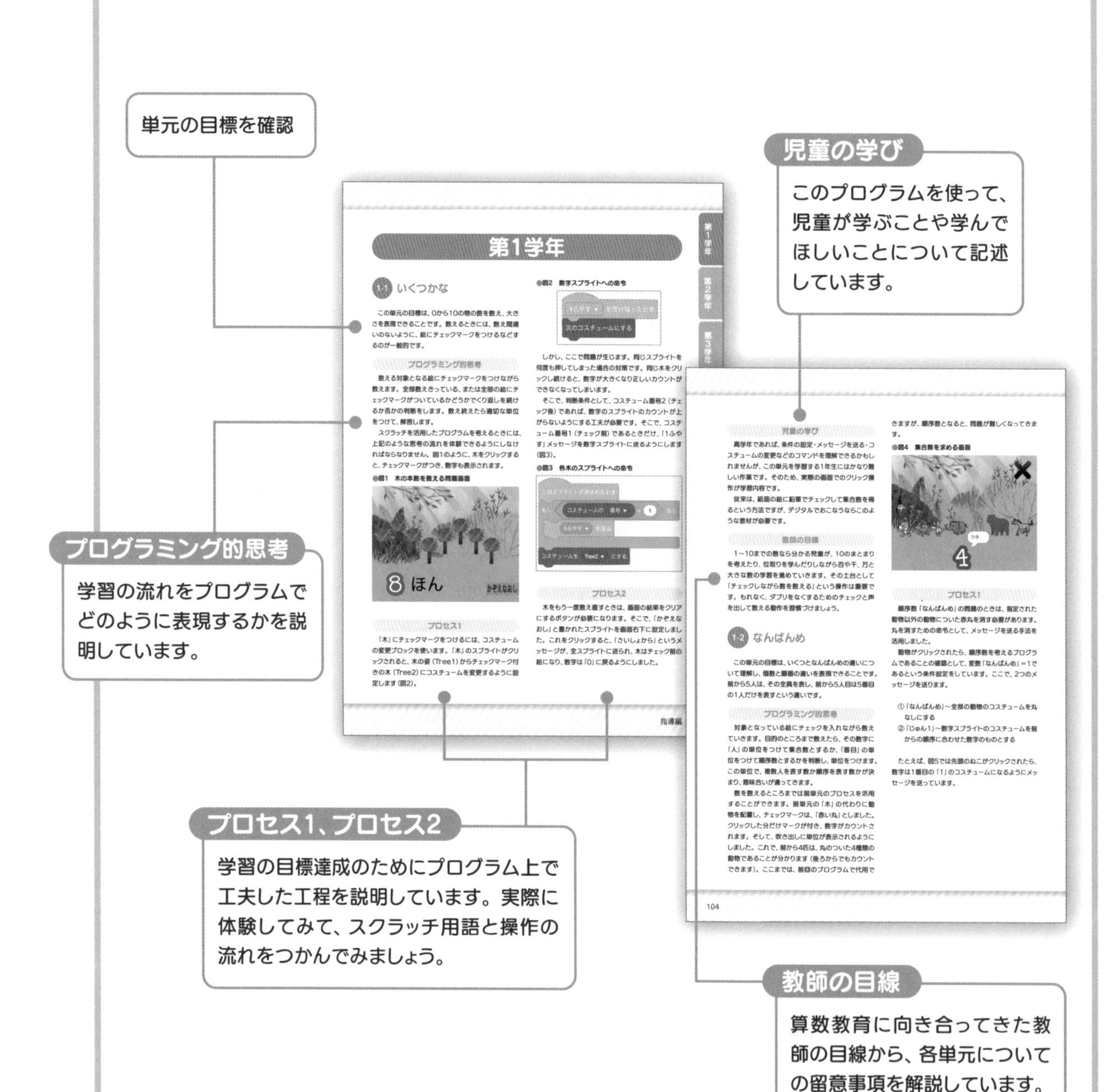

第1学年

1-1 いくつかな

この単元の目標は、0から10の物の数を数え、大きさを表現できることです。数えるときには、数え間違いのないように、絵にチェックマークをつけるなどするのが一般的です。

プログラミング的思考

数える対象となる絵にチェックマークをつけながら数えます。全部数えきっている、または全部の絵にチェックマークがついているかどうかでくり返しを続けるか否かの判断をします。数え終えたら適切な単位をつけて、解答します。

スクラッチを活用したプログラムを考えるときには、上記のような思考の流れを体験できるようにしなければならなりません。図1のように、木をクリックすると、チェックマークがつき、数字も表示されます。

●図1　木の本数を数える問題画面

プロセス1

「木」にチェックマークをつけるには、コスチュームの変更ブロックを使います。「木」のスプライトがクリックされると、木の姿（Tree1）からチェックマーク付きの木（Tree2）にコスチュームを変更するように設定します（図2）。

●図2　数字スプライトへの命令

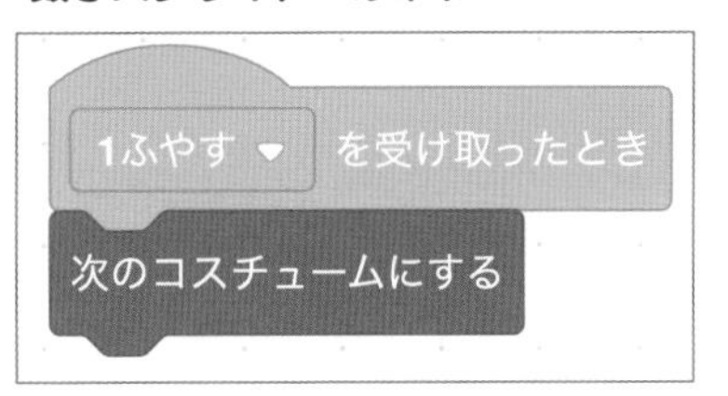

しかし、ここで問題が生じます。同じスプライトを何度も押してしまった場合の対策です。同じ木をクリックし続けると、数字が大きくなり正しいカウントができなくなってしまいます。

そこで、判断条件として、コスチューム番号2（チェック後）であれば、数字のスプライトのカウントが上がらないようにする工夫が必要です。そこで、コスチューム番号1（チェック前）であるときだけ、「1ふやす」メッセージを数字スプライトに送るようにします（図3）。

●図3　各木のスプライトへの命令

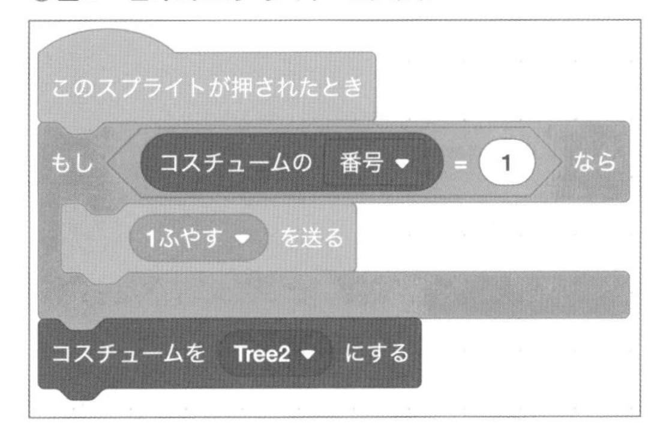

プロセス2

木をもう一度数え直すときは、画面の結果をクリアにするボタンが必要になります。そこで、「かぞえなおし」と書かれたスプライトを画面右下に設定しました。これをクリックすると、「さいしょから」というメッセージが、全スプライトに送られ、木はチェック前の絵になり、数字は「0」に戻るようにしました。

児童の学び

高学年であれば、条件の設定・メッセージを送る・コスチュームの変更などのコマンドを理解できるかもしれませんが、この単元を学習する1年生にはかなり難しい作業です。そのため、実際の画面でのクリック操作が学習内容です。

従来は、紙面の絵に鉛筆でチェックして集合数を得るという方法ですが、デジタルでおこなうならこのような教材が必要です。

教師の目線

1〜10までの数なら分かる児童が、10のまとまりを考えたり、位取りを学んだりしながら百や千、万と大きな数の学習を進めていきます。その土台として「チェックしながら数を数える」という操作は重要です。もれなく、ダブリをなくするためのチェックと声を出して数える動作を習慣づけましょう。

1-2 なんばんめ

この単元の目標は、いくつとなんばんめの違いについて理解し、個数と順番の違いを表現できることです。前から5人は、その全員を表し、前から5人目は5番目の1人だけを表すという違いです。

プログラミング的思考

対象となっている絵にチェックを入れながら数えていきます。目的のところまで数えたら、その数字に「人」の単位をつけて集合数とするか、「番目」の単位をつけて順序数とするかを判断し、単位をつけます。この単位で、複数人を表す数か順序を表す数かが決まり、意味合いが違ってきます。

数を数えるところまでは前単元のプロセスを活用することができます。前単元の「木」の代わりに動物を配置し、チェックマークは、「赤い丸」としました。クリックした分だけマークが付き、数字がカウントされます。そして、吹き出しに単位が表示されるようにしました。これで、前から4匹は、丸のついた4種類の動物であることが分かります（後ろからでもカウントできます）。ここまでは、前回のプログラムで代用できますが、順序数となると、問題が難しくなってきます。

●図4　集合数を求める画面

プロセス1

順序数「なんばんめ」の問題のときは、指定された動物以外の動物についた赤丸を消す必要があります。丸を消すための命令として、メッセージを送る手法を活用しました。

動物がクリックされたら、順序数を考えるプログラムであることの確認として、変数「なんばんめ」＝1であるという条件設定をしています。ここで、2つのメッセージを送ります。

① 「なんばんめ」〜全部の動物のコスチュームを丸なしにする
② 「じゅん1」〜数字スプライトのコスチュームを前からの順序に合わせた数字のものとする

たとえば、図5では先頭のねこがクリックされたら、数字は1番目の「1」のコスチュームになるようにメッセージを送っています。

●図5　各動物スプライトへの命令

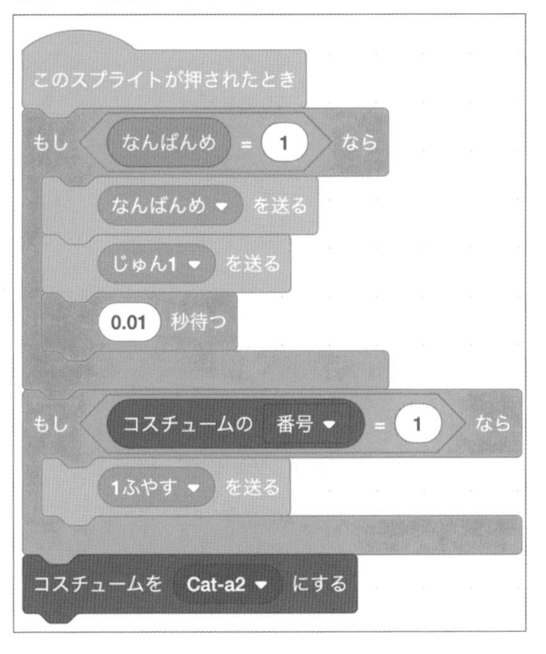

ここで、プログラムの進行にストップをかける「待つ」のブロックを挟んだのは、コスチュームの変更に処理ミスが起きないようにするためのゆとりを持たせるためです。正しいプログラムを組んでいても、丸印を消す、また丸をつけるなど立て続けに命令するときには時間的余裕が必要です。

プロセス2

●図6　集合数か順序数のいずれかを求める選択をするブロック

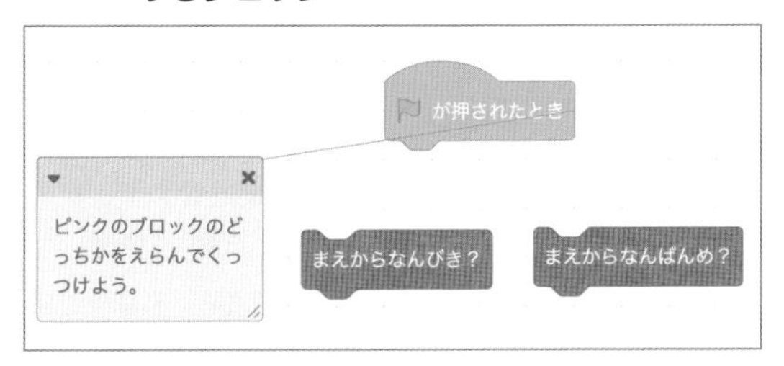

プログラムを読み込んだときに、最初に表れる画面を数字のスクリプトとしました。ここに、さまざまな命令が集中するからです。

「まえからなんびき？」と「まえからなんばんめ？」の2つのオリジナル定義（ピンクのブロック）を作成しました。プログラムを最初に動かすときに、いずれかのブロックを緑旗のスタートブロックにくっつけて開始します（図6）。

この命令で、変数＝0なら集合数、変数＝1なら順序数を扱えるように分岐させました。また、表示される数字スプライトにセリフのようにふき出し内に単位を乗せました。

●図7　集合数を扱う命令

●図8　順序数を扱う命令

児童の学び

児童には、集合数か順序数のどちらを求めるかを決め、ブロックをくっつけて、プログラムをスタートする操作を体験させることができます。

マウスまたは指でのドラッグ&ドロップの操作ならば容易にできますし、2つの数字の数学的な考え方をあらかじめ意識することになり、単元の目標ににもつながります。前回同様に動物たちをクリックすることで答えが分かります。

教師の目線

おやつの飴を数えるとき、拾ったどんぐりの数を数えるときは集合数としての数の捉え方をします。そのため、基本的に児童は、「前から○匹」という集合数を捉える問題は十分に理解しています。

この単元で難しいのは「前から○匹目」という順序数の問題です。日常生活で、順序数を意識するのは、クラスで一列に並んだとき、「ぼくは、前から何番目だよ」と話すときでしょうか。

「左右上下から何番目」という問題は、この単元以外では、ほとんど出題されません。

しかし、4年生ごろからのグラフなどで座標を学ぶときには、「左右の動き」は、Xの大小であり「上下の動き」は、Yの大小です。つまり、(3, 2)という座標位置は、原点(0, 0)から右へ3番目の目盛りを上へ2番目の目盛りまで進んだ位置ということになります。この考え方は、中学・高校へと続く大切な学習です。

1-3 なんじ

この単元の目標は、日常生活と関連づけながら、「何時」や「何時半」という時刻を読むことができることです。まず短針の指し示す時刻を読み、次に長針を読みます。長針が12を指しているか、6を指しているかを確認し、12なら「○時」、6なら「○時半」と読み方を対応させて答えます。

プログラミング的思考

時計の短針が数字と数字の間にある場合は、小さい方の数字を読みます。次に長針の示す数字が12を指していれば「○時」、6を指していれば「○時半」と読みます。

まずは、背景の文字盤と2つの針を用意して、模型時計のように、自由に時刻を表現できるようにプログラムを組みました。これには、乱数の活用が不可欠です。

●図9　変数「ふん」を決める定義ブロック

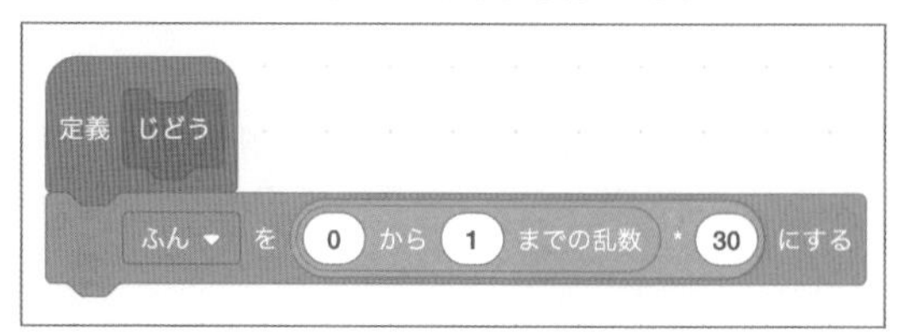

変数「ふん」と「じ」を作成し、それぞれ0から1までの乱数と0から11までの乱数がプログラムの開始とともに自動で設定されるようにしました。また、計算式で、真上から右周りに進む角度を算出しました。

まず、長針の「ふん」については、「じどう」という図9のような定義のブロックを作成しました。これにより、変数「ふん」の角度の数値が出ます。12時半の場合は、乱数が1でその30倍は30、つまり変数「ふん」の数値は、30です。小学1年生のこの単元では、「何時」または「何時半」しか学ばないので、乱数は0か1の2択となるようにしました。

●図10　変数「じ」を決める定義ブロック

次に、短針の「じ」について「じどう2」という定義ブロックを作成し、変数「じ」の角度の数値を設定しました。この場合は、乱数が0から11なので、30倍すると0または330です。図10の場合は、乱数が1で30度です。 緑のスタート旗をクリックするたびに、「じ」と「ふん」の数値がランダムに設定されて、次のプログラムに代入されて、針を傾ける角度が算出されます。短針は、「じ」+「ふん」÷2です。ちょうどの「○時」であれば、「ふん」=0なので、0÷2=0となり、短針を傾ける角度は、変数「じ」のままで30の倍数です。

もし、「半」であれば、30÷2=15となり、12時半の場合は、0+15=15度の傾きです。したがって、文字盤の12と1のちょうど真ん中を指します。

一方、長針は変数「ふん」に6度をかけて傾けます。

「半」の場合は、30×6＝180度となり、文字盤の6を指します。

プロセス1

●図11　短針を動かすプログラム

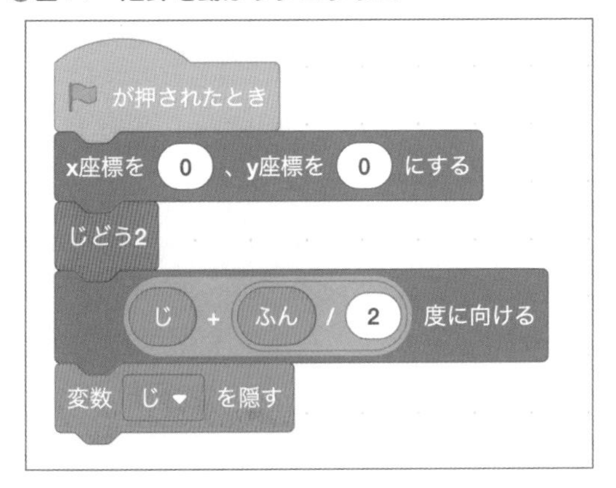

この単元の目標は、時刻を読むことです。読んだ時刻を児童に入力させるには、指で当てはまる答えをはめ込む方法が一番簡単な方法だと考えました。12時半の場合、定義ブロックの変数「時」のところに「12」の丸ブロック、変数「分」のところに「はん」の丸ブロックを指で動かしてはめると、「0」と「30」がはまり、正解です。そこで、定義「じゅんび」を作り、変数「1」は「30」、変数「2」は「60」とし、「はん」は「30」となることを規定しました。なお、「○時」ぴったりの場合は、「ふん」が「0」となるので、「分」の初期値を「0」となるようにしました。

プロセス2

「じ」の数字と「ふん」の数字が時計表示とぴったり合っている場合、「あたり!」と吹き出しが出て、そうでない場合は、「うーん」と出るように、条件分岐の「もし……でなければ」ブロックを活用しました。

●図12　時計の読みを判定するプログラム

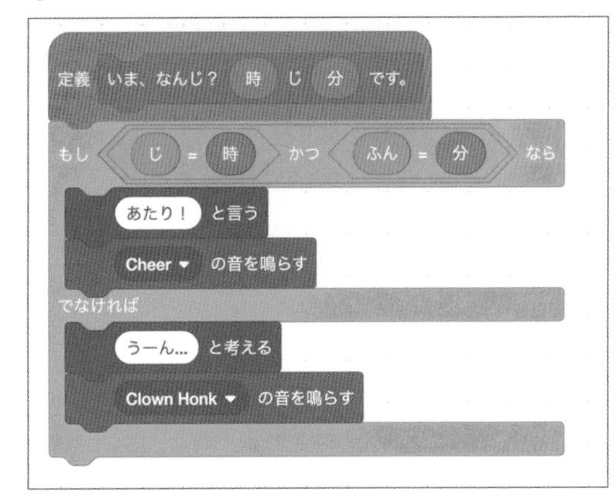

「いまなんじ?　○じ」の丸のところに「12」の丸ブロック、「○です。」の丸のところに「はん」の丸ブロックを当てはめると、条件に適合しているので、「あたり!」と表示されます（図13）。効果音をつけると、より意欲が高まります。

●図13　「なんじ」の解答画面

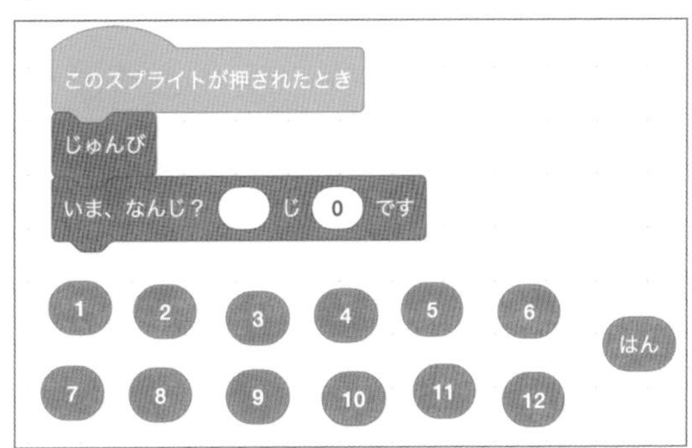

児童の学び

いろいろな時刻を表示し、それを読む練習が1クリックでできます。また、丸ブロックを当てはめてステージ上の緑ボタンを押すと、答え合わせができます。模型時計による学習により、効果的な自主学習ができます。

教師の目線

アナログ時計は「ある時刻までの時間」や「過ぎてしまった時間」などが分かりやすいためか、学校、駅、公園など公共の場によくあります。時間を意識しながら行動するという基本的な能力を身につけることは、生活していくために欠かせないものです。何度も読む体験を重ねて時刻の理解をしましょう。

この教材では、読み取りだけに特化していますが、算数セットの模型時計などで針を動かす操作も大切です。

1-4 いくつといくつ

この単元の目標は、5から10までの数について、分解や合成をすることができることです。足し算や引き算をできるようにするには、この数字の分解や合成を理解していることが基本です。学校では、この数字の分解を「さくらんぼ」の2粒になぞらえて理解させています。2粒を束ねている部分が合成された数字で、左右の粒が分解したそれぞれの数字に当たります。

プログラミング的思考

元になる数字は固定で表示され、左の数字は乱数を用いて表示されます。元の数字－左の数字が自動的に右の数字です。数字に合わせてコスチュームを変化させて、数値を表示できるようにしました。この右の数値を解答させる定義ブロック「もう1つのかずは？　○です。」の○に、当てはまる丸変数ブロックをはめて答える形式としました。正解であれば、「あたり」の文字が表示され、不正解であれば「うーん」の表示がされる分岐処理がプログラムされています。

10の数字はあらかじめ表示され、続いてブロックがあらわれます。図14の場合、10個のブロックはすぐ表示されますが、6個と4個に分かれたブロックは間隔を空けて表示されます。その後、さくらんぼの左側に「6」の数字があらわれて右側に入る数字をたずねる問題が出ます。児童は、定義ブロックに答えの数（この場合は4）を入力して解答し、ステージ上の緑ボタンを押すことで答え合わせがされます。正解であれば、緑ボタンから「あたり!」の吹き出しが出て、さくらんぼの右側に「4」の数字が表れます。

●図14 「いくつといくつ」の評価画面

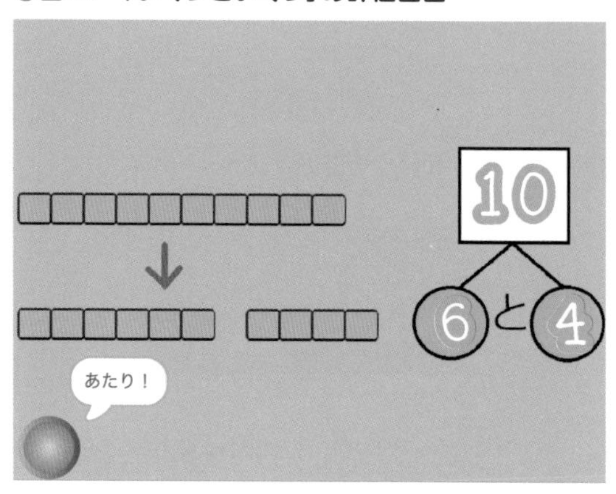

プロセス1

乱数のブロックを活用しながら、元の数・左の数・右の数を設定していくのは難しくありません。その数値を使って、拡張機能の「ペン」を利用し、「スタンプ」ブロックでコスチュームの絵（黄色いブロック）を並べていきました。この拡張機能は、絵や図などを描写させることができるので便利な機能です。

プロセス2

●図15 ブロックを10個表示

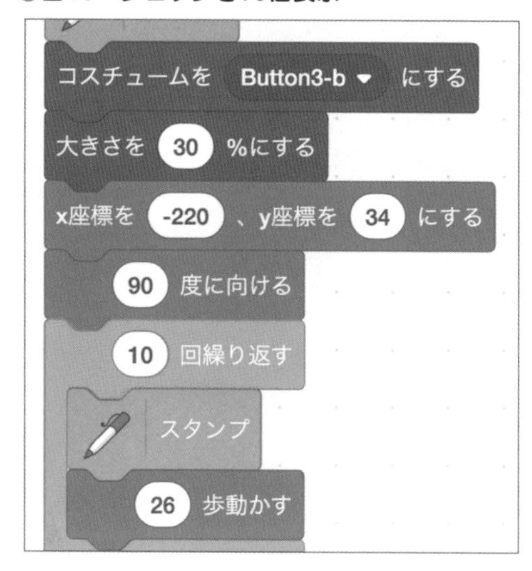

定義ブロックを活用し、児童に変数丸ブロックを当てはめさせて答えが合っているか確かめる流れです。このような場合には定義ブロックが有効です。児童

が意欲的に取り組むために効果音を加えることも大切です。

スプライトをどのように配置するかはとても重要なポイントです。変化しない「10」の文字、「6」および「4」は、送られたメッセージにしたがって変化させました。メインのスプライトは、最初は黄色ブロックのコスチュームをまといブロックの分解を表現し、のちに緑色のコスチュームに変化して、左下に表示して解答を待つ形にしています。問題の提示までは、緑の旗でプログラムを処理させ、解答は緑ボタンのクリックとする二段構えでプログラムを作成しました。

5から10までの数について、分解した数値の片方を求めるプログラムは、工夫によっては1つのプログラムで事足りると思われますが、ここでは数値ごとにプログラムを分けています。

児童の学び

時計の学習同様に、丸ブロックを当てはめて解答し、緑ボタンを押して答え合わせをするという体験学習を組むことができました。数字がどのように決められ、黄色ブロックがどうやって並び、当てはめた数値ブロックが正しいかをどのように判定するのかなど、プログラムの流れを理解することや作成することは、低学年には困難です。よって、数字が分かれていること、正しい数字を入れると「あたり」になることの説明にとどめるのが適切です。むしろ、理解と練習を兼ねて、何度も操作することがよいでしょう。

教師の目線

数字の分解についての学習です。分解と合成は反対の作業ですから、この学習は、足し算と引き算の両方を理解するために有効です。5から10までの数が、さくらんぼのように何と何に分解されるかを理解します。具体物からブロック（半具体物）、そして数字（抽象物）へと変化させて学んだり、その逆をして学んだりする場合もあります。

九九の暗唱のように、数字のペアを暗記することは、将来の学習に大切な力です。たとえば、発展して15と15で30になることや25が4つ合わさって100になることなども体験から暗記できます。

1-5 ぜんぶでいくつ

この単元の目標は、1桁の数と1桁の数の繰り上がりのない足し算の意味を理解し、計算できることです。文章から場面を想像し、与えられた数値やどんな計算方法かを示唆するキーワードから、式にします。つまり、具体的なことを数値と式という抽象的なものに変換します。そして、抽象化したものを再びブロックという半具体物で置き換えて計算をし、答えを求めるという手順です。

どのような問題でも黄色ブロックに置き換えて考えられるということが重要です。

プログラミング的思考

分かっていることや求めたいことに注意をしながら、与えられた数値とキーワードから式を立て、立てた式にそって、黄色ブロックで表現し直します。

ブロックの操作をして、答えを導き出します。「ぜんぶでいくつ」では、「ふえる」「ぜんぶで」「みんなで」「くる」「いれる」など、数値が増加したり、数値と数値を合わせたりする場面の計算を練習します。

緑の旗をクリックすると、乱数を使って自動で繰り上がりのない足し算の問題文が表示されます。その後、「へんしん」と表示されたボタンを押すと、みかんが黄色ブロックに変化します。黄色ブロックを動かして全部の数を考え、計算式と答えの定義ブロックに数値丸ブロックをはめて、ステージ上の緑ボタンをクリックすると、正解や不正解の答え合わせをすることができます。

●図16 「ぜんぶでいくつ」の問題画面

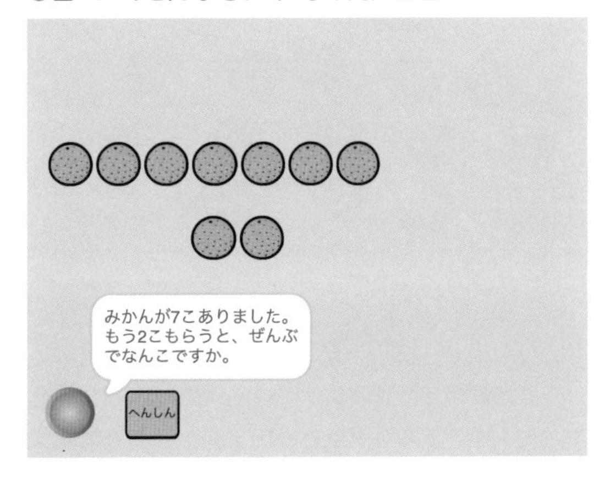

みかんの数と問題文は連動していて適切に提示されます。黄色ブロックに変化させたあとは、ドラッグ&ドロップで動かして自由に整頓することができます。

プロセス1

出題する問題の自由度を高めるため、乱数を用いて、スタートするたびにいろいろな数の問題文とみかんを配置することができるようにしました。前後のテキスト文と足される数・足す数のブロックを演算ブロックでつなぎ合わせることとしました。このとき、数値専用の演算ブロックでは、文字部分の認識がされず問題文の表記がうまくいかないことが分かりました。そこで、文字同士をつなげる「appleとbanana」のブロックを活用しました。

ついでに述べておきますが、プログラム文の中で、数値が数値として認識されるためには、大文字ではなく小文字の半角表記になっていなければなりません。プログラムがうまく処理されなかったときには、全角なのか半角なのかを調べてみてください。

プロセス2

定義ブロックを使って、2つの数値と演算記号、答えを入力し、ステージ上の緑ボタンを押して答え合わせをする仕組みになっています。

足される数と足す数、演算記号および答えが全て合っていれば正解の表示が出るようにしました。

●図17　足し算の式と答えを入力する

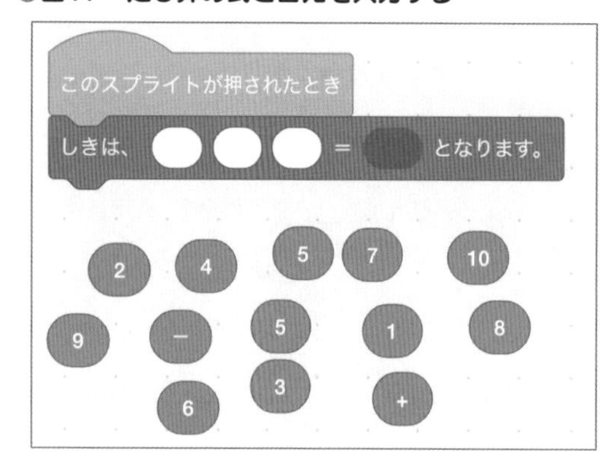

児童の学び

立式と解答だけではなく、みかんをブロックに変化させて、並べ替える操作もできます。手動で問題文を作り替えることもできますが、その場合はスプライトの数を修正する必要があり、みかんアイコンを右クリックして複製したり、×マークで削除したりする必要もあります。その操作は、低学年には難しいので自動での出題としました。

教科書では、単に出された問題を解くばかりではなく、作問する技能も求めています。そのような場合の対応として、緑の旗をクリックして問題文を変えたり、スプライトのコスチュームを変更して違う果物や生き物などに変化させることもできます。

低学年の場合、プログラミング教育では個々人の作業を1人1台のタブレットでできる場合もありますが、大きな電子黒板を用い、一斉授業の中で、複数の児童の発表や操作による授業展開を実践することもできます。後者の方が、低学年の学習スタイルとしては適しています。

教師の目線

問題文を読み取って足し算の式を立て、その計算をブロックなどの半具体物で表して解いていきます。この場合、出てくる2つの数値の式における順番は、交換法則により、どちらが先であっても間違いとは言えません。しかし、通常は問題文に出てくる通りの順です。元々の数値が増加したり、つけ加わったりして全体数が大きくなるという意味合いから、足す数は増加分・追加分の数値とすることが問題文にも合致しているからです。交換法則で逆にすることは、次の段階としては問題ありませんが、当初の式としては問題文の意味を大切にしたいです。

1-6 のこりはいくつ

この単元の目標は、10または1桁の数－1桁の数の引き算の意味を理解し、計算できることです。残りを求めたり、補う数字を求めたりする問題です。足し算同様に、問題文から数値とキーワードを探し、立式をします。

プログラミング的思考

思考の流れは足し算同様で、計算方法だけが異なります。2つの数値を捉え、基本的に大きい数値から小さい数値を引く式を立てます。また、答えが元の数値よりも小さいかどうかをよく見極める検算的なことも大切になってきます。「少なくなったのだから、小さい数字になっているはずだ」という数量感覚が問われます。

引かれる数は、1から10までの乱数で、引く数は1から9までの乱数としました。答えも演算ブロックで算出しておき、それが1以上であれば出題文の表示とみかんの配置へと進み、条件に合わなければ、もう一度「じゅんび」のプロセスに戻り乱数を再選出しました。

●図18　引き算の出題文プログラム

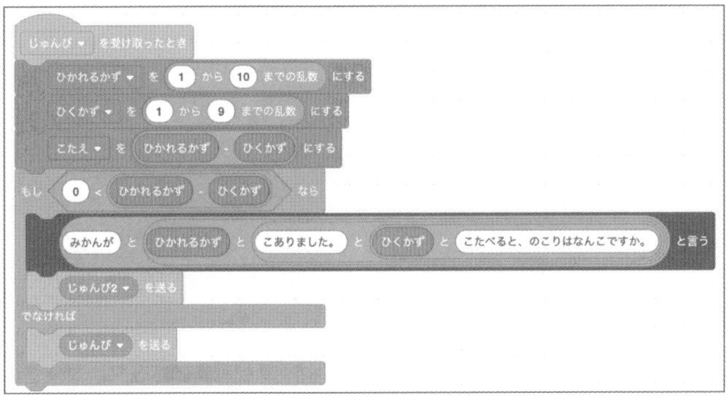

なりません。また、この単元の場合には、本体を隠さなければ「引かれる数＋1」のみかんが出現してしまい、1個多くなってしまいます。

●図19　みかんの増殖プログラム

プロセス

足し算のプログラムが完成していれば、演算ブロックを引き算に改めたり、変数を10まで大きくして用意したりなどのわずかな修正で引き算用のプログラムが完成します。

足し算のところでは触れませんでしたが、ここで「クローン作成」の命令ブロックについて説明しておきます。上記のみかんのように同じ処理（変身して黄ブロックになる）をする多数のスプライトの配置が必要であるとき、このクローン命令が効果的です。

まず、本体となるみかんのスプライトを非表示にします。次に、指定の場所にみかんの姿にして引かれる分のクローンを作り、X座標を40ずつ加えながら横に配列します。

その後、「クローンされたとき」ブロックを用意し、ここで表示させると、クローンに対する命令を一括で組むことができます。本体にもクローンと同じ処理をさせるには、そのようにプログラムを加えなくては

児童の学び

足し算同様に、ブロック操作や立式、問題づくりが可能です。

教師の目線

問題文を読み取って引き算の式を立て、その計算をブロックなどの半具体物で表して解いていきます。「残り」「食べる」「減る」などの言葉から減少する話だと推測できます。「引く」は、「分ける」と近い意味があります。たとえば、「食べる」ということは、何個かはそこに存在し、何個かはお腹の中にあると言い換えられます。つまり、テーブルとお腹の2カ所に「分けた」のです。ここで、単元1-4「いくつといくつ」で学んだ数の分解という学習が生きてきます。

1-7 どれだけおおい

この単元の目標は、10または1桁の数－1桁の数を求める引き算の意味を理解し、計算できることです。すなわち求差の問題です。問題文から、数値とキーワードを押さえ立式します。ブロックで引き算を視覚的に分かりやすくして、差を求めます。

プログラミング的思考

2つの数値を見つけ、どちらが大きいかを比べます。大きい数値－小さい数値という式を立て、ブロックなどで比較して差を求めます。求差の問題はこのような流れで思考しますが、このプログラムでは、どちらがどれだけ大きい数値かを探るために、線や矢印などで1対1対応的に結ぶことによって、結ばれない状態で残されている数分だけ大きいという意味を理解させます。

まず、8と5の数値と「－」の記号をはめます。次に、へんしんボタンを押して、果物をブロックに変化させ、さらにそれらを1対1でつないでいきます。

すると、つながれなかった3つのタイルが残されます。そこから、引き算の答えである3という数値が導きだされます。

●図20　「どれだけおおい」の問題画面

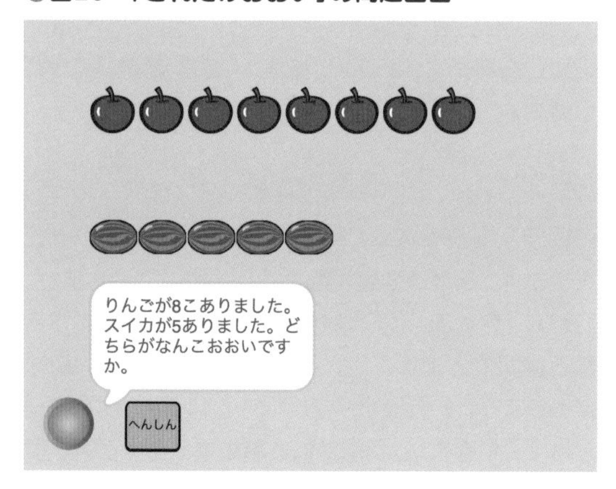

プロセス

1-6「のこりはいくつ」(p.110)のプログラムを応用することで作成できます。

問題文を修正して、2種類の果物スプライトを用意します。問題は、このスプライトのコスチュームチェンジにあります。りんごとスイカの両方がまったく同じ黄色ブロックに変化したのでは、2種類の違いがなくなってしまうからです。そこで、スイカが変化するブロックを緑色ブロックとしました。さらに、黄色ブロック（りんご）と緑色ブロック（スイカ）の間に、結ぶための線を出現させなければなりません。この問題を解決するために、りんごとスイカの間に、コスチューム1番が絵なしで、2番で線になるスプライトを配置しました。へんしんボタンで、隠れていたスプライトを線にして登場させるわけです。

へんしんブロックからメッセージを送り、形を変化させるようにしました。一目瞭然で、りんごが3個多いことが見て取れました。

●図21　ブロックと線に変身したスプライト

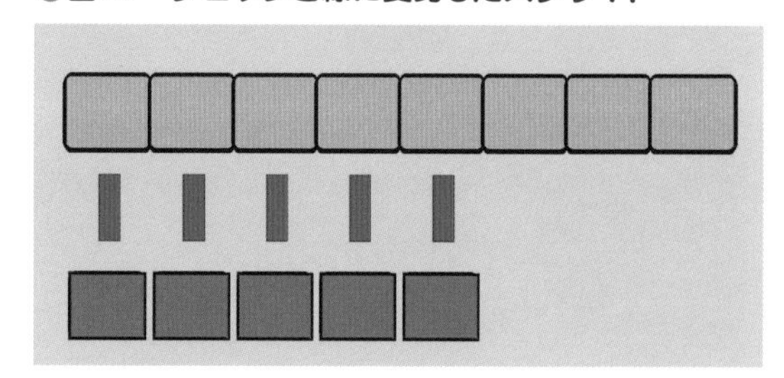

児童の学び

前単元同様に、立式やブロックを用いた思考、解答の判定、問題作りなどをすることが可能です。個人でするよりも一斉授業で取り組む形がおすすめです。

教師の目線

引き算には減少した残りと、2つの数値の違いを求める2種類の問題があります。この場合には、2つの物を1対1対応のルールで線で結び教えることもあります。結んでいって、残ってしまった物が求める差です。物の数を数えるときには、一つひとつをチェックしていきますが、差を求める場合は1つと1つをつないでいくことで違いを求めています。

上の学年では2つ以上の数の関係を考えていくことになりますが、1年生ではこの大小比較がはじめての問題です。ここでは、違いを求めるには、大きい数値－小さい数値という原則も学びます。

1-8 10より大きいかず

この単元の目標は、30までの数について、数えたり表したり比較したりすることや、繰り上がりのない2桁の数と1桁の数の加法および減法の計算技能の習得です。学習内容としては幅が広いですが、プログラミング教育としては2桁の数の分解という形で、さくらんぼ計算の穴埋めをするプログラムで考えました。

プログラミング的思考

元の数となる10いくつの数を乱数の活用で表示させ、そこから左右どちらかの数を10として表示します。残りの数は、10いくつ引く10の答え、すなわち元の数の一の位の数値です。

定義ブロックの空欄に、残りの数値丸ブロックをはめ込み、緑ボタンを押して答え合わせをします。「あたり」の文字と、残りの数が表示されます。

この場合、スプライトを移動させることで、左右どちらも10にすることができます。

単元「いくつといくつ」(p.108)のプログラムを活用し、黄色ブロックの表示をやめ、さくらんぼを中央に大きく配置しました。元の数を11から20までとして、片方の数を10に限定しました。2桁の数が、十の位の数と一の位の数から成り立っていることを確認するには簡単な数から練習することが重要であると考えたからです。

図22の場合、元の数が19とされ、左の数字は、10に固定されています。右の数字を問う問題です。定義ブロックの空欄に9の変数丸ブロックをはめて、緑ボタンを押すと、答えを確かめることができます。

シンプルではありますが、練習としては十分成果が出るはずです。

●図22 「10より大きなかず」の問題画面

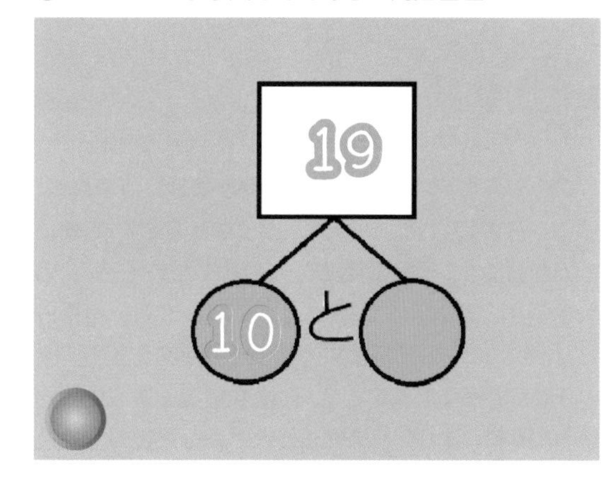

プロセス

このプログラム作成に当たっては、コスチュームの追加をする程度で、容易に組み立てることができます。

児童の学び

10いくつの一の位の数値を定義ブロックに丸ブロックではめる作業です。とても簡単で、低学年にも十分操作可能です。

教師の目線

10進法、位取り記数法の原理を学ぶ単元です。十のまとまりになると1つ上の位になります。したがって、十のまとまりとそのほかという考え方が重要になってきます。十のまとまりを考えるには、チェックして数えたあとに、それらを丸でくくる必要が出てきます。このまとまりの数によって十の位の数が決まります。「17は10と7」ですが、「と」という言葉が出てきて数値をつないでいるだけです。

しかし、児童にとってはこれまで連続していた数をなぜ10でまとめるのかという疑問が出てきます。たとえばコンピュータの2進法、時計の60進法など、いろいろな数を表す方法があるわけで、なぜその中から10進法を採用するのか疑問に思う子もいます。

教育現場では、卵のパックを例として挙げることがあります。卵が1パック10個入っており、数えやすい・まとめやすいと理由づけします。でも、世の中で10進法を採用する決定的な理由は定かではありません。そこを頭のやわらかい小学生は疑問に思い納得できないのです。

1-9 かずのせいり

この単元の目標は、ものの個数を整理して表現し、個数を読み取れることです。グラフや統計の素地になる学習です。何の項目がいくつあるかを把握し、最大や最小、違いや多い順などを理解します。将来的には、棒グラフの見方に共通する部分もあります。

5種類の果物を例にとり、自由な個数で表を作れるように準備しました。また、表示された果物の個数に対して、最大や最小およびその差を求める問題を3つのスプライトで用意しました。

プログラミング的思考

丸型のスプライトをクリックすることで、コスチュームが果物の絵に変化します。それぞれの果物の数だけクリックをくり返し、表を完成させます。このとき、それぞれの果物の個数が変数として記憶されます。その後、3つの設問に答えていきます。このとき、不等号のほかに論理演算の「かつ」を活用します。最大ー最小が違いです。

低学年児童には、クリックで表が完成することや、設問に応じた定義ブロックに引数となる選択肢をはめ込み、正解していれば「あたり」、不正解であれば「うーん」と表示される処理の流れについて説明し、実践することでプログラムの流れや面白さを体験させることが重要です。

プログラムを組むことはできなくても、プログラムの一部分に適切なブロックをはめ込み、処理の流れに導き成果を確認することは、プログラミング的思考を育む素地になるのではないかと考えています。

最初のスプライトに、表を作成させます。続いて次のスプライトのコスチュームを果物名（ひらがな）にして、次々とスタンプして書き込んでいきます。その表の中に、6×5＝30個のスプライトを配置します。コスチュームの1番目は、薄灰色の丸型で、2番目を果物の絵とします。1クリックで果物に変化します。「いちばんおおいのは？」「いちばんすくないのは？」「ちがいはいくつ？」の3つのスプライトを用意し、穴埋め問題に取り組むことができます。

●図23 「かずのせいり」の問題画面

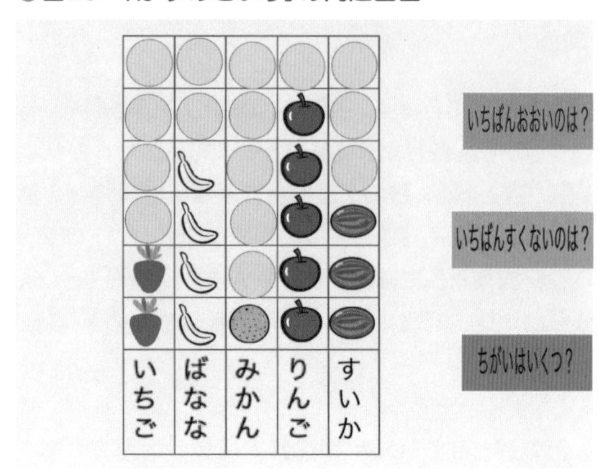

プロセス1

●図24 果物の出現と消失プログラム

表枠を背景画として一気に表示させるか、「ペンをおろす」ブロックを使い、スプライトの動きで描かせるかで悩みましたが、仕上がりのきれいさとくり返し命令の活用で後者の方法をとりました。また、個数を変化させて、いろいろな数値で扱うことができるように1クリックのコスチューム変化で表示を工夫しました。もう一度クリックすればやり直しが可能となるところも便利です。やり直しに合わせて、個数の変数もプラス1になったり、マイナス1になったりするように

して、表示されている絵の数と個数がマッチするようにしました。

1年生最初の単元「いくつかな」で、木のコスチュームにチェックマークをつけた工夫から、このアイディアを思いつきました。

プロセス2

●図25　最大個数の果物を求める条件文

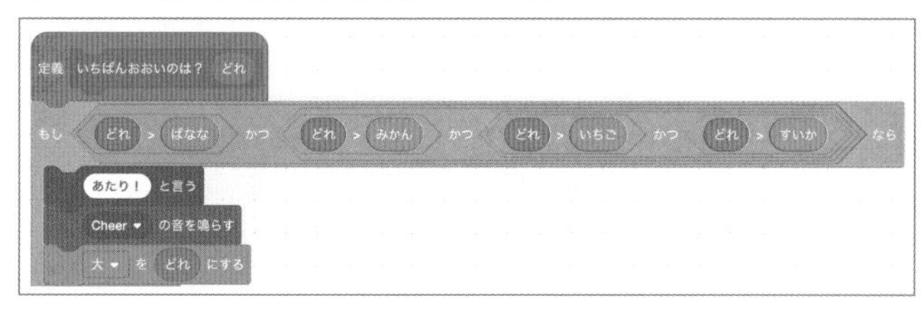

最大個数の果物を見つけ出す設問をどのようにプログラムするか検討しました。数値の大小や最大値を求めるような便利な既成のブロックもなかったため思案しましたが、結果、「解答した果物の数値＞他の果物①の数値」かつ「解答した果物の数値＞他の果物②の数値」かつ……と、解答ではめ込んだ果物の数値がほかの全ての果物の数値よりも大きければ、全体の中で一番大きいという条件文を作り、条件分岐ブロックにはめました。

図23の場合は、「りんご」が最大個数の果物です。つまり、解答で定義ブロック「いちばんおおいのは？○」の○部分に「りんご」の変数丸ブロックを当てはめると正解です。合っていれば「あたり!」の文字が出ます。定義ブロックの引数「どれ」を変数ブロック「大」に入れることで、「りんご」の個数の数値が「大」に代入されます。

最小値を求める場合は、全ての果物より小さいということになり、不等号の向きを逆にした条件文です。そして、「どれ2」が「小」に入力されます。「大」－「小」の答えが、両者の差の値です。定義ブロックでは、「どれ3」と命名しました。

児童の学び

数種類の果物がぐちゃぐちゃに置かれている絵から、種類別に数を数えながら表に整理していく作業をすることができます。また、表から最大や最小、違いを求めることが容易になるというこの単元のねらいに沿った演習もおこなうことができます。

教師の目線

数を表やグラフに整理すると、最大値や最小値、その違いや平均値など、さまざまな情報を読み取りやすくなります。ここでは、その基本を教えるために、具体的な物の絵を用いた棒グラフでのまとめ方を学びます。ここから、グラフの学習に発展していくのです。

近年の学力テストの傾向として、グラフから読み取れることを記述式で解答させるパターンが多くなってきています。高度な情報化社会となった今、情報を的確に捉え分析・解釈し判断することが求められていると捉えていいと思います。思考力を鍛える問題形式は、単に算数・数学にとどまらず、社会や理科、国語などでも多く取り上げられてきています。

1-10 かたちあそび

この単元の目標は、具体物を使って形を作ったり、分解したりすることです。箱やさいころ、筒、ボールなどの形に仲間分け分類できる理解力も問われます。

日常生活の中から、上記の4種類の形に属するものを2種類ずつ選択し、プログラム化しました。

プログラミング的思考

4種類の形に属する、日常生活でよく見る物をそれぞれ2つずつ選択し、ワードでくりぬき画像として用意します。画像をくりぬくには、白紙に画像を挿入し、図の書式設定から「背景の削除」ボタンを押す→境界の保持・削除マークで微調整したあと、「変更を保持」ボタンでくり抜く→それを右クリックで「図として保存」してください。

くりぬいた物をスプライト化して表示し、定義ブロックで4種類に当てはめ、正解・不正解の表示処理をするようにプログラミングします。

●図26 「かたちあそび」の問題画面

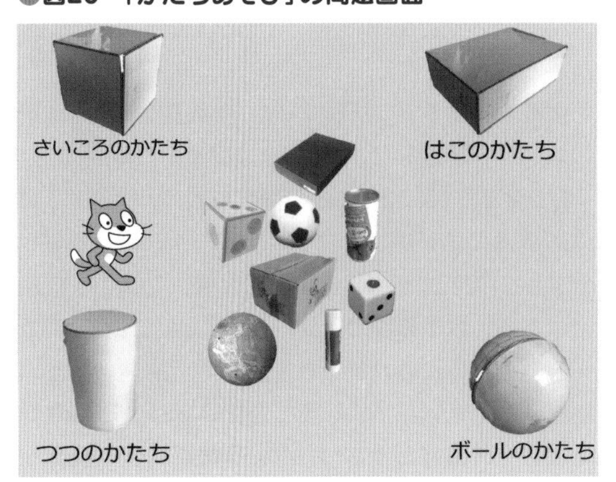

形をその特徴に着目して分類する問題です。できるだけ日常生活で見かけるものをそのままの形で取り入れることで、分かりやすさを重視することとしました。中央に配置した8つの具体物を4つの分類コーナーに分別します。いつものように、「あたり!」または「うーん」の表示のほかに、グループに所属したか否かを判定する方法として、位置の移動を考えました。正解ならば、その形の近くにとどまり、不正解であれば元の中央に戻ります。

プロセス1

各スプライトの元々の位置（不正解の場合に戻る位置）をブロックリストの中の「動き」グループから持ってきました。画面に配置した場所のXY座標が自動的に書き込まれているので便利です。正解した場合の配置場所もこの仕組みを活用してあらかじめメモしておきます。

プロセス2

正解と不正解の判定に使うブロック「もし◇なら～」「でなければ～」に、判定の視点として設定したのは、「○○に触れた」というブロックです。これは、「調べる」グループにあって、各スプライトを指定することができます。

●図27 「触れた」判定の活用プログラム

図27の場合、スプライト「サッカーボール」に対する指令として、スプライト「ボールのかたち」に触れると判定するようにしました。正しいスプライトまでドラッグ&ドロップして、「このスプライトが押されたとき」命令でクリックすると、言葉の表示と位置の移動が起こります。判定のツールとしては、大変便利であり、小学生向けの水準となっています。

4つの分類スプライトに触れたかどうかの判定には、たとえばアイコンの絵の範囲を指定し、それをクリックすると違う画面に飛ぶというリンクジャンプの処理を利用することができます。この場合は、アイコンとマウスの接触を判定するものですが、スクラッチではそれ以外にもアイコン（絵）同士の接触を判定できる点が優れています。範囲指定などという面倒な条件プログラムを書かなくとも簡単に実現できるコマンドが備わっています。

児童の学び

実際の授業場面では、家庭からさまざまな形の箱などを持ってきて分類する方法をとることができますが、電子の画面上でこの操作をすることができれば、大変手軽で便利です。1人1台のタブレットで操作すれば、理解が格段に進むことは間違いありません。指で動かして叩くだけで、判定し答え合わせをします。

教師の目線

いろいろな立体の特徴を理解し仲間分けをする問題です。長方形で囲まれているか正方形なのか、曲面で囲まれているのか平面もあるのかなど、特徴によって4種類に分類します。立体に関する問題を学んでいく準備段階の学習です。

1-11 3つのかずのけいさん

この単元の目標は、3口の数の足し算・引き算の意味や式について理解し計算ができることです。最初の2つの数について計算し、その答えと3つ目の数を計算し答えを求めます。順序良く2回の計算を進めて解にたどり着くようにします。

プログラミング的思考

最初と2番目の数の計算をして、それが正しくできたかどうかの判断により、もう一度計算し直すか、さらに3番目の数との計算を進めるかを判定します。本プログラムでは、最初の2数の計算結果を提示し、最終的な解答を求めるという二段構えの流れとなっています。

●図28　3口計算の問題と評価画面

最初の計算は、赤い矢印マークをクリックすることで表示されます。この段階で不正解であれば、計算し直すことになります。最終的に、数字丸ブロックを定義ブロックの答えのところに当てはめて、緑のボタンをクリックして答え合わせをします。正しい解答であれば、所定の場所に正しい答えの数値が表示されます。乱数を使うと、さまざまな計算式を練習することができます。

プロセス1

まずは以前活用した、乱数によってコスチュームの番号を変化させて数字を表示させるプログラムを再度利用します。演算記号「+」を1、「−」を2としました。

ここでポイントとなるのは、計算式に条件をつけることです。乱数とランダムな演算記号により、さまざまな3つの数の計算（三口計算）が表出することになりますが、1年生のこの時期として、繰り上がったり繰り下がったりするような計算は避けなければなりません。また、答えが1から19までの整数になることも条件に加えました。このことを実現するためには、演算ブロックや論理演算「かつ」、条件ブロックを駆使しなければなりません。

●図29　表出する計算式に条件をつけるプログラム

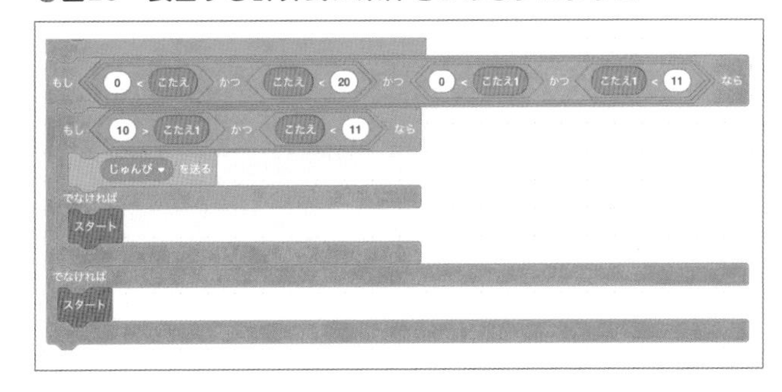

変数「こたえ」は全体の解で、「こたえ1」は最初の2つの数の計算の解です。全体の解が1から19の間の数であり、なおかつ最初の2つの数の解が1から10までの数値であるという条件を規定しています。その条件が整っていれば、「じゅんび」のメッセージを各スプライトに送り、計算式が提示されます。条件に合わない不適切な計算式であれば、定義ブロック「スタート」により、もう一度乱数の選択がなされます。

この条件1つで不適切な問題は大幅にカットされますが、たとえば2+3+9のように5+9となり繰り上がってしまう計算も出てきてしまいます。4+6+9であれば10+9となり繰り上がることはありません。

そこで条件2として、最初の2数の計算の解が10未満である場合に限り、全体の答えが11を超えない、つまり繰り上がらないというものをつけ加えました。こうすることで、2つの条件をクリアできない（これまでの学習からみて適切でない）問題を削除することができます。なお、次の単元の「たしざん」とその次の「ひきざん」において、繰り上りおよび繰り下がりを学習するので、児童の実態に合わせて、条件を緩めていく必要があります。

プロセス2

赤矢印をクリックすると、「じゅんび2」のメッセージが送られ、2つの数の計算値を表すスプライトのコスチュームが変化して計算値が表示されます。

メッセージが送られる前は、□のコスチュームで表示されています。また、図28の問題画面でいうと、「−4＝」の部分は変化しません。そこで、「−」と「4」と「＝」の3つのスプライトには、上段の式の位置で、コスチュームを「スタンプ」して残し、下段の式の位置に移動するようにして、スプライトの数や命令などを少なめにすることにしています。利用できるものは、なるべく利用するという考え方が大切です。

児童の学び

数多くの問題を解くことができます。また、矢印クリックで、途中までの計算が正しいかをチェックしながら、最終的な解答へと進めることができます。

この三口計算は、まさに順次というプログラミングの考え方がよく当てはまる学習です。順序良く段階を追っていけば正しい解にたどり着くことができます。

教師の目線

問題文に3つの数値が登場してきます。それらの数値が加減計算される式が立てられます。問題は、このような三口計算をどのように解くかということです。手順としては、数値の1番と2番についての計算をし、その結果と3番の数値を計算します。順序よく、正しく計算することが求められます。最初の計算が正しくなければ、次の計算が正しくても不正解となってしまうからです。

学年が上がってくると、加減法の交換法則、つまり、足してから引いても、引いてから足しても結果は同じになることを学びます。そうすれば、おのずと計算しやすい部分から計算を進めていくという流れに変化します。

1-12 たしざん

この単元の目標は、1桁の数+1桁の数で繰り上がりのある足し算について理解し、正しく計算ができることです。繰り上がり計算には、加数分解（足す数を分ける）と被加数分解（足される数を分ける）の2通りの計算があります。ここでは、加数分解で解く場合のプログラミング教育を考えました。足される数にあといくつ足せば10のまとまりになるかを考えて、足す数を分解します。そして、10のまとまりと残りで10いくつと答えを出します。このとき、分解する形がさくらんぼの2粒に似ていることから、通称「さくらんぼ計算」とも呼ばれています。

プログラミング的思考

いずれかの数をさくらんぼの粒のように2つの数字に分解します。その片割れと元々の式の片方の数とを合わせると10になるようにします。図30の問題の場合、教科書の手順は、

① 9はあと1で10
② 6を1と5にわける
③ 9と1で10
④ 10と5で15

となっています。

●図30 「たしざん」の評価画面

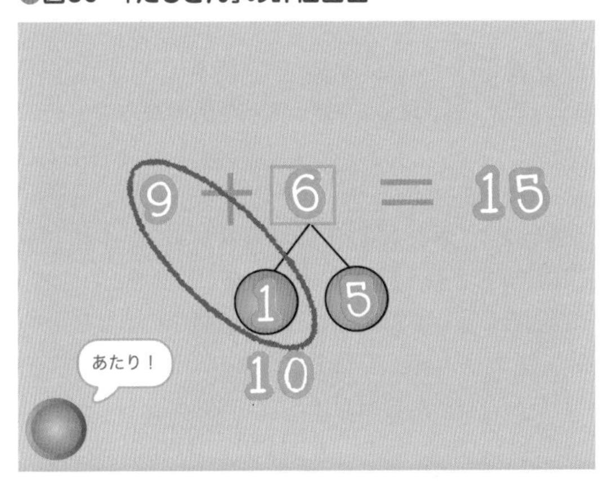

単元「3つのかずのけいさん」で活用したスプライトを改良して、乱数の足し算を表出できるようにしました。このときの条件としては、2数の合計が11以上になることとし、そうでない場合は、もう一度乱数を取り出すループとしました。

また、「いくつといくつ」では、背景画にさくらんぼなどの変化しない絵を加えて表示しましたが、今回はさくらんぼらしい色合いや図の丁寧さを優先して、スプライトのコスチュームの組み合わせで表現しました。数字9と1を囲って10と標記する部分もコスチュームを使用しています。背景画でもできなくはないですが、コスチュームのほうが数字とズレて表示されることなく、適切に配置されます。

プロセス

●図31 「？」スプライト

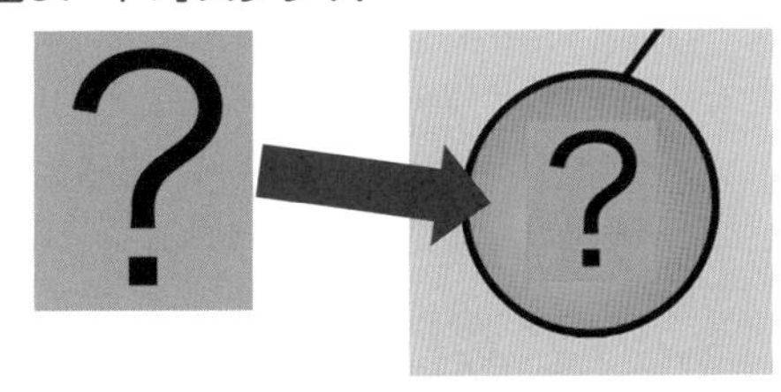

さくらんぼの2粒に当たる、分解したそれぞれの数値はスプライトにしましたが、はじめのコスチュームは、「?」マークとしました。そして、これをクリックすると数字に変化する形としました。しかし、マーク自体に触れないクリック（文字周辺の空白のクリック）では、反応しないことが分かりました。そこで、目立たないようにピンク塗の長方形の上にマークを配置することとしました。こうすることで、マーク周辺をクリックすると反応して数値に変化させることができました。

右のさくらんぼをクリックすると数字が大きな楕円で囲まれて10のまとまりができた様子を表現するようになっています。それを確認してから、「こたえは○」の定義ブロックに数値丸ブロックをはめ込み、緑ボタンで判定することにしました。正解ならば、「あたり」の文字が出て、正しい足し算の答えも出てくることになっています。

児童の学び

緑の旗をクリックして、さまざまな問題にチャレンジできます。さくらんぼに分けた数値を確かめながら、最終的な解を選択し当てはめて答えを確かめることで、思考の流れを整理することができます。

教師の目線

問題文を読み、立式をして解くという本格的な計算の最初の単元です。繰り上がりも含んでいるので、10進法の考え方が使われます。これまでの学習が生かされる算数ならではの学びです。

通称「さくらんぼ計算」と言われるこの計算では、足される数か足す数のどちらかを分解し、もう1つの数と組み合わせて10のまとまりを作ります。そして、「10といくつで十何」と答えを導くのです。ここで重要なのは10のまとまりを作ることです。したがって、単元「いくつといくつ」で学んだ10になる数の組み合わせの理解が大切になってきます。低学年の算数において、かけ算の九九の暗唱は重要事項ですが、その前に、1年生にとっては、この10の分解が九九並に大切なのです。

1-13 ひきざん

この単元の目標は、10いくつ－1桁の数の、繰り下がりのある引き算について理解し、計算ができることです。この計算には、減加法（10から1桁の数を引いて、一の位と足す）と減減法（10いくつ－1桁の数の一部－1桁の数の残り）の2通りの計算方法があります。ここでは一般的な前者の方法で説明します。

プログラミング的思考

引かれる数を、さくらんぼの粒のように10と一の位の数字に分解します。10－引く数の計算をし、その答えと先ほどの一の位の数字とを合わせる流れです。教科書の手順は、

⑤ 12は10と2
⑥ 10から4をひいて6
⑦ 6と2で8

となっています。

●図32 「ひきざん」の問題画面と評価画面

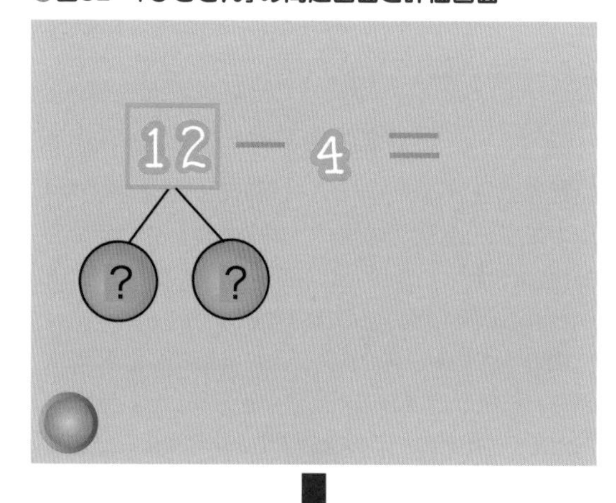

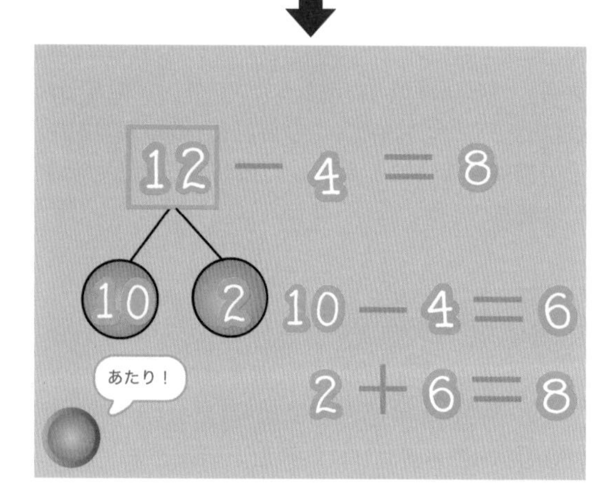

図32のように出題され、まずは12をいくつといくつに分解するかを聞いてきます。「?」のところをクリックすると、10と2があらわれ分解されます。10から4を引いた6と、2を足して8が正解です。

プロセス

乱数で11以上18以下の数字を選択し、引かれる数にします。引く数は、1から9までの乱数とします。このとき、繰り下がりになるように引かれる数の一の位の数は、引く数よりも小さくなるようにします。左さくらんぼは、常に10とし、右さくらんぼは、引かれる数－10で出します。あとは、「たしざん」同様に定義ブロックに適切な変数丸ブロックをはめ込んで、ステージ上の緑ボタンをクリックして答え合わせをします。正解すれば、「あたり」の文字と、正しい答えの数字が出てきます。

児童の学び

緑の旗をクリックして、さまざまな問題にチャレンジできます。さくらんぼに分けた数値を確かめながら、最終的な解を選択し、当てはめて答えを確かめることで、思考の流れを整理することができます。

教師の目線

繰り下がりのある問題です。引かれる数を10とそのほかに分解する部分は「さくらんぼ計算」です。手順としては、①10から引く数を引き、②その答えと10を分解した片割れ（一の位）を足して解答を出します。10の分解が大切であるという部分は足し算と同様ですが、問題は②の足し算にあります。引き算の学習をしているはずなのに、最後に足し算が出てくるのはなぜなのか、児童の頭を悩ませる要素です。

これを「分け算」と考えれば、10いくつの引かれる数が、「引く数」と「10の補数」と「いくつ」（10いくつの一の位）の3つに分けられたと整理がつきます。3つのうち「引く数」が引かれたので、残りは「10の補数」と「いくつ」です。だから、最後にこの2数を足すのです。引き算の困難さを少しでも少なくしたいと考えるとき、「分ける」という考え方は重要です。10を分解せずとも、「いくつ」の部分から引いていく方法も学びます。

1-14 くらべよう

この単元の目標は、長さやかさ、広さなどの量の大きさを比べられることです。比較の方法は、直接比較からはじまって、間接比較、そして任意単位へと進んでいきます。ここでは、方眼のマス目の数を調べて物の長短を比較します。

プログラミング的思考

任意単位としてのマス目を活用し、縦に置かれたものや横に置かれたものの長さを比較します。マス目の数が大きいほど長く、小さいほど短いことになります。これが、1cmなどの長さの単位につながっていきます。本プログラムでは、5つの物体を縦や横に配置して、それをクリックすることで、マス目を数える数字が表出するようにしました。その数字をもとに、長い順に定義ブロックに物体の名前丸ブロックをはめ込んで答え合わせをします。

●図33 「くらべよう」の問題画面

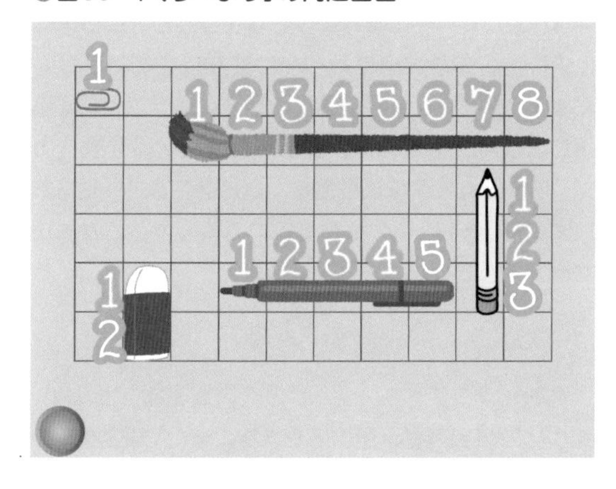

図33のように、物体の脇に数字が表示されて長さを比較することができます。全ての物体の長さを調べてから、緑ボタンに配置されたプログラムで、定義ブロックに正解をはめ込んでクリックし、正解や不正解の答え合わせをします。まずは、背景を透過させた文房具のカット絵を用意する必要があります。倍率などを調整しながら、マス目にはまるように配置します。

プロセス

数字のスプライトは、上から下、左から右へマス目の幅だけ移動するようにしました。そのとき、数字の形を「スタンプ」して、コスチュームを変化させながら動かしました。また、マス目を数えるように、プログラムの間に「1秒待つ」を加えて動きをつけました。これを加えないと、瞬時に全ての数字が出てしまい、数えている感じが表現できません。

解答方法として、定義ブロックに当てはめる丸ブロックは、数値ではなく「えんぴつ」「けしごむ」などの物体の名前としました。あくまで変数ブロックとして作成しているので、これらの丸ブロックにマス目の数の数値を当てはめました。定義ブロック「ながいじゅんにいいましょう。ふで・あかぺん・えんぴつ・けしごむ・くりっぷ」は、「8・5・3・2・1」となり、数字がこの順でなければ不正解とみなすプログラムになっています。

児童の学び

まずは、物体をクリックせず自分の力でマス目の数を数えます。そのあと、物体をクリックし数字で確認をします。そのうえで、数字の大きい方、つまりマス目の数が多くて長い方から順に、解答を選びはめ込んでいきます。カット絵の準備などが必要なので、練習をたくさんくり返すことは難しいです。この例題で学んだら、紙面上で練習をくり返すのが現実的です。

教師の目線

教科書では、長さ・かさ・広さなどのいろいろな数量の大小を比べる学習となっています。ここでは、長さに焦点を当ててプログラム化しました。マス目の上に置かれた文房具の長さをマス目の数を調べて比較しています。比較方法の1番手は、直接に物同士をくっつけて比較する直接比較です。つぎに、紐やテープなどの道具を用いて間接的に比較する間接比較です。最後に任意単位を利用した比較をすることです。これがマス目であったり、長さの単位であったりします。1cmが3個あれば3倍の3cmです。任意単位を利用した比較は、割合の考え方のもとになる学習です。単位量というものがはじめて登場し、「1あたり」「1つ分」という考え方を学びます。今後の算数・

数学の学習理解を左右する割合の考え方が出ているという点で、とても重要な単元です。

1-15 大きなかず

この単元の目標は、99までの数の数え方、読み方、表し方、十進位取り記数法の基礎を理解できることや、2桁の数と1桁の数の加法および減法ができることです。また、10が10こで100になることの理解も必要です。位ごとに正しく計算することが大切であり、繰り上がりや繰り下がりの計算までは求めません。

プログラミング教育の実践としては、2つの2桁の数または3桁の数の大小比較問題を取り上げます。乱数を活用して作成された2数を提示して、大きい方の数字を定義ブロックに当てはめて答え合わせをします。正解すると、大きい数に赤丸印がつきます。

プログラミング的思考

●図34「大きなかず」の問題画面

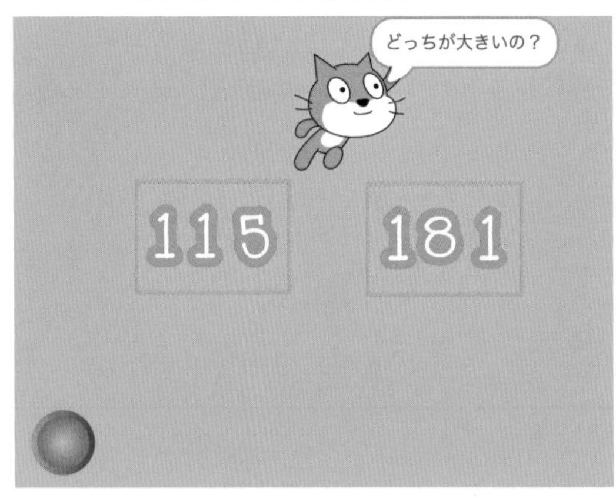

2桁の数から3桁の数（199まで）の数を乱数を用いて2つ表出させます。そして、大小比較をする問題を提示し、大きい方、「ひだりのかず」または「みぎのかず」の丸ブロックを定義ブロックに当てはめて答え合わせをします。合っていれば、猫が赤丸に変身して、数字に丸をつけます。

数値の表出は、乱数の定義と3つのスプライトで表しました。百の位のスプライトは、0または1の乱数により、0の場合は形なしのコスチュームとなるようにしました。十の位のスプライトは、百の位が0だった場合、0とならないように条件づけしました。

乱数で問題を出題する場合には、あってはならない表記にならないように条件を考えてプログラムしなければなりません。012とか05とかにならないように注意する必要があります。

0にならないように、乱数を1からに設定することもできますが、そうすると105と150のように判断を混乱させる力試しの要素がある問題がカットされてしまい面白さが半減します。

プロセス

このプログラムの場合は、前出の数字コスチュームを使い、3桁の数字を3つのスプライトで表すことで、比較する2つの数字を設定することができます。ただし、乱数の設定や条件づけの部分に工夫が必要です。また、各位の乱数を100倍、10倍して足し合わせ、数字全体の値を演算ブロックで作っておく必要もあります。

最後に、答え合わせで、「あたり」の文字が出るだけではなく、教科書にあるように丸をつけるという形にしました。猫が数値の真ん中に移動して丸の形に変化するように、「〇〇へ行く」という動きブロックを活用しました。指定のスプライトの場所へ移動するので、それぞれ十の位に配置しているスプライトを指定しました。XY座標の指定でもできますが、この方法が簡単です。

児童の学び

乱数により多くのパターンの数値が表出するので、大小比較の練習が十分にできます。また、丸変数ブロックの当てはめで解答ができるので、ドラッグ&ドロップの操作練習にもなります。

教師の目線

大きな数の大小比較プログラムとしました。大きな位の数から比較していき、大小を求めます。

1-16 なんじなんぷん

この単元の目標は、時刻を読めるようになること、日常生活と関連づけられるようになることです。「なんじ」の単元と同様ではありますが、分が1分単位で細かく設定されるところが異なります。60分で1時間という換算も学びます。

プログラミング的思考

●図35 アナログ時計の問題画面

時計の短針に注目し、何時なのかを調べます。このときに、数字と数字の間に針がある場合は、基本的に小さい方の数字を読みます（12時と1時の間はのぞく）。次に長針の示す数字が0から59のどこを指しているかを読みます。文字盤の数字は、5分ごとに配置されているので、5とびの数で読むこともできます。

まずは、背景の文字盤や2つの針を用意して、模型時計のように、自由に時刻を表現できるようにプログラムを組みました。そのためには、乱数の活用が不可欠です。変数「ふん」と「じ」を作成し、それぞれ1から12の乱数と0から59までの乱数がプログラムの開始とともに自動で活用され、計算式により、真上から右周りに進む角度を算出することとしました。まず、長針の「ふん」については、乱数に6度をかけることで傾ける角度が算出されます。次に、短針は、（じ＋ふん÷60）×30の計算式で出すことができます。

プロセス1

●図36 目盛りをつけるプログラム

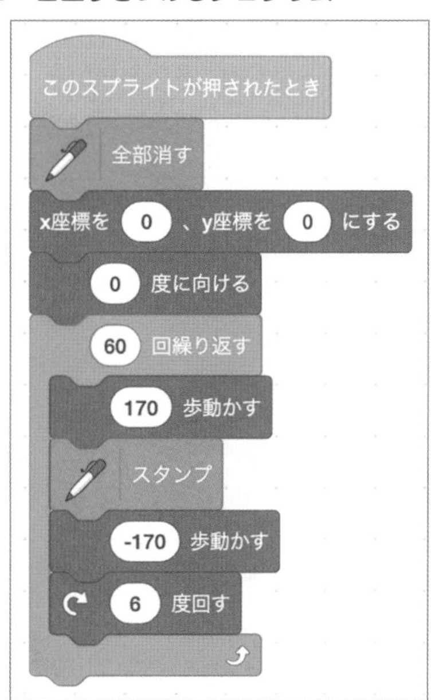

「なんじ」のときとの違いは、細かな分を読むことです。したがって、時計の文字盤には1分刻みの目盛りをつけることが必要です。そこで、薄紫色の点をコスチュームしたスプライトを用意し、以下のプログラムで60個の点をスタンプしました。

まず、スプライトを中央に配置し、角度を12時の方向（真上）とします。半径の長さ（170歩）だけ進み「点」のコスチュームをスタンプします。最後に中央に戻って6度右に傾けます。これを60回くり返すことで目盛りをつけることができます。

プロセス2

緑の旗をクリックすることで、いろいろな時刻の問題が出題できます。そして、定義ブロック「いま、なんじ？　○じ○ふんです。」のところに直接数字を入力し、緑ボタンを押して判定するようにしました。選択肢の丸ブロックを使わなかったのは、分に当てはめる数値が60種必要で、プログラムが長く複雑になることやドラッグ&ドロップも容易ではなくなるためです。

ただし、ここで留意したいのは、入力する数値は半角でなければならないということです。文字は全角、数値は半角でないと正常な動作をしないという基本も身につけられます。

児童の学び

ランダムに出題される時刻を読む練習をくり返しおこなうことができます。また、正解・不正解時に流れる効果音も学習意欲を高めます。普段デジタル時計に慣れている生活をしている家庭では、アナログの読み取りの理解と練習が不足している可能性があります。模型時計を用いた一斉指導ではなかなか練習できない部分も、これならば手軽に何度でも練習できます。

教師の目線

前出の単元「なんじ」から、さらに細かな分を見て、時刻を読み取る学習です。時は、左回りで最初に見つかる数字です。つまり「もう○時を過ぎているが○＋1時にはなっていない」ので、左回り隣の数字が時です。分の方は、5・10・15……と5飛びの数で読み取ります。将来的には、この5飛びの数が2年生の九九の学習へとつながります。

1-17 かたちづくり

この単元の目標は、平面図形の基礎として、三角形の板などの具体物を用いて形を作ったり分解したりすることができ、また、形の特徴や構成について考える力を身につけられることです。

プログラミング教育では、色の違う三角形を組み合わせて、蝶やヨット、車、飛行機などさまざまな形を構成します。そして、同時に同じ動き方をさせることで、構成した物体を動かす体験をします。自由な発想で、いろいろな物を分解状態から構成する体験を提供します。その中で、形の特徴や性質を学び、平面図形の学習の素地を作ります。

プログラミング的思考

●図37　自動車の形

三角形の「同じ長さの辺同士でなければ接合できない」というルールを理解し、形を構成していきます。なるべく違う色同士が隣り合うようにして、全体を構成している単位の形を明確にさせます。形ができたら、動かしてみます。

三角の形を動かしたり、回転させたりしながらほかの三角形と組み合わせていきます（移動はドラッグ＆ドロップで、回転はクリックするたびに45度左に回る）。丸はタイヤとして利用します。

緑の旗をクリックすると、左に10上に10動いた座標と、右に10下に10動いた座標の位置に交互にずれるようにしています。

プロセス

三角形を組み合わせるためには、45度ずつ回転させる機能が必要です。そのために、スプライトがクリックされたときに実行するブロックを活用しました。クリックして回し、ドラッグして移動します。また、緑のスタート旗をクリックすると、行ったり戻ったりの座標の移動をずっとくり返すようにしました。積み木でもブロックでも、作ったあとは動かしたくなるものです。

児童の学び

形を組み合わせて新たな形を作ることで、形の特徴や分解と合成の理解をすることができます。積み木やブロックではないデジタルの中で命令によって組み合わせていけることを体験します。1つに付加した命令を複製して集団全体にも命令できることを知ります。

教師の目線

色板などで図形を作ったり、分解したりします。数値の計算に足す・引くがあるように、図形もくっつけたり分解したりすることで、その特徴が明らかになることがあります。面積や体積を求めるとき、展開したときの長さなど、図形を動かして触ることで図形について考える素養が身につきます。

第2学年

2-1 グラフと表

この単元の目標は、簡単なグラフや表について理解すること、データを整理する観点に着目して、身の周りの事象についてグラフや表を用いた考察をする力を身につけることです。1年生の単元「かずのせいり」同様に、数値を棒グラフ状にして、大小の比較をしやすくします。その上で、最大や最小、そして違いを求めていきます。

プログラミング的思考

●図38　クラスメイトの誕生日の整理

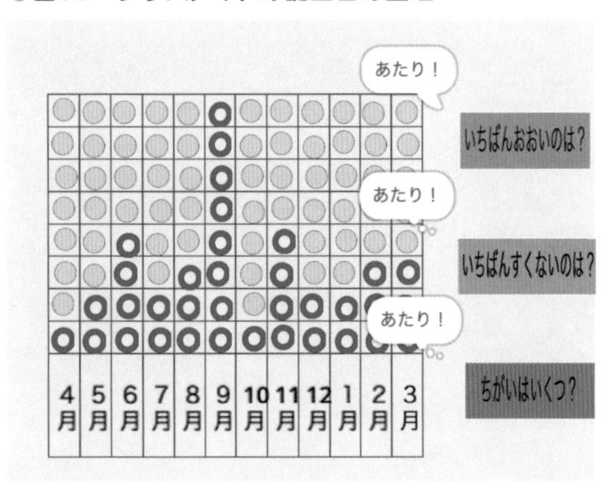

数値がばらばらに存在するよりも表やグラフとして整理されている方が特徴を合理的に把握しやすいという考え方を知り、そのために数値を赤丸などのマークの数でグラフ化するという考え方を学びます。

2年生では、項目や数値が大きくなっているので、その分スプライトの数を増やしました。条件にはめ込む論理式（演算式）も複雑化します。

手間がかかるだけでプログラムの原理は同様です。教科書では、項目や数値の低い食べ物の例が出ていましたが、ここではあえて大きな数を扱っている例を取り上げました。

プロセス1

1-9「かずのせいり」（p.114）と同様です。

児童の学び

灰色の丸スプライトをクリックして、月ごとの数値を赤丸で表しました。その後、各設問を解きます。えんぴつと紙でグラフを作る時のように、一つひとつ取り組むことができるので、操作体験活動としては、アナログ的にできます。スマート化することだけが良いことではないという考え方も知る必要があります。

教師の目線

1年生の単元「かずのせいり」と同様の内容ではありますが、項目の数が増え、数値も大きくなっています。徐々に、本格的なグラフへと学習が進んでいきます。

2-2 時間と時こく

この単元の目標は、時間と時刻の意味、時間の単位「日、時、分」について知り、日常生活の中で用いる力を身につけることです。1年生の学習内容から発展し、時刻と時刻の間の時間を、時間の単位に気をつけながら求めることになります。

12時をまたいでいたり、時や分の両方が変化している場合については、高度な内容となってしまうので、プログラミング教育としては、同じ時で何分か経過している状態のアナログ時計2個を表示し、2つの時刻の間の経過時間（何分か）を求めることに特化したプログラムとしました。変数丸ブロックをはめ込んで解答し、答え合わせをします。

●図39　時間を求める問題画面

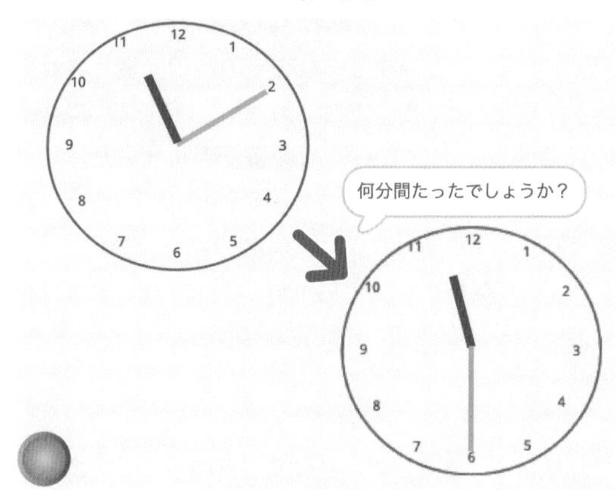

まずは、最初の時刻を読み取り、次に経過した時刻を読み取ります。その後、2つの時刻について、変化があった分に着目し、何分経ったかを計算して求めます。右まわりに回転した角度を意識しながら算出します。

図39の例で考えると、最初の時刻が11時10分で、次の時刻が11時30分です。一見すると、短針が11と12を指しているように見えて、実はどちらも11時台であることが分かります。それを、次の時刻の短針が11を超えているけれど12まで届いていないことから理解できるように指導する必要があります。このことが確認できたら、あとは10分と30分の違いを30－10で計算し、20分です。

プロセス1

出題する時刻は、長・短針ともに乱数を用いて設定します。

短針は、1から12までの乱数に、長針の数字を60で割ったものを加えて、全体を30倍することで算出します。これは、1年生の時と同じです。

次に長針については、2年生のレベルを考えて5分刻みの場所のみ出題できるようにしなければなりません。したがって、0から11までの乱数に5をかけた数字を6倍して角度を算出します。これで、たとえば23分などという半端な時刻が表出することを避けることができました。

プロセス2

●図40　次の時刻の長針設定のプログラム

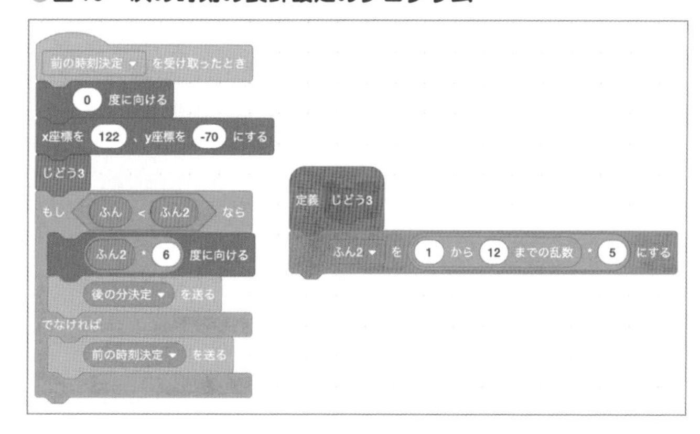

最初の時刻より、次の時刻は時間が経過していなければならない上に、1時間未満の違いを設定しなければなりません。したがって、次の時刻の「時」は、最初の時刻の「時」と同じ数値としました。

問題は、次の時刻の「分」の設定です。最初の時刻の「分」より大きい数字である必要があります。また、乱数の表出は少し間を与えなければ正常には処理できないということを考えて、定義「じどう3」という乱数を抜き出すプログラムを多用して連続処理させることを避ける必要がありました。そこで、「メッセージを送る・受け取ったとき」のブロックを活用し、処理にゆとりを持たせました。

また、「分」に設定される乱数をプロセス1では0から11の数字範囲にしていましたが、それでは最初の時刻が10時40分、次の時刻が11時のような場合に0－40となってしまい、「分」同士の引き算が成り立たなくなってしまいます。あくまで10時から11時の1時間の中で60－40＝20（分間の経過）とするために、11時0分を10時60分と考え、次の時刻の長針のプログラムは乱数を1から12と設定しました。

児童の学び

答えの丸ブロックを定義ブロックにはめ込んで答え合わせをします。このプログラムで、1時間未満の時の経過を、5分刻みで、アナログ時計の針の具合から読み取る練習をくり返しおこなうことができます。時刻の読み取りや時間の計算の実力をくり返しの練習で大きく伸ばすことができます。

教師の目線

時刻と時刻の間の時間を求める問題です。ここでは、1時間以内の時間差で設定しています。問題によっては、○時前に何分あり、○時後に何分あるかを調べ、それを合わせなくてはなりません。メモを取らずに頭の中で計算することはより高度なことです。

2-3 たし算

この単元の目標は、2桁の数の加法について理解し、計算できるとともに、図や式などを用いて計算のしかたを考える力を身につけることです。簡単に言うと、一の位が足し算によって繰り上がる筆算のしかたを理解する単元です。

プログラミング的思考

●図41 「たし算」の問題出題画面

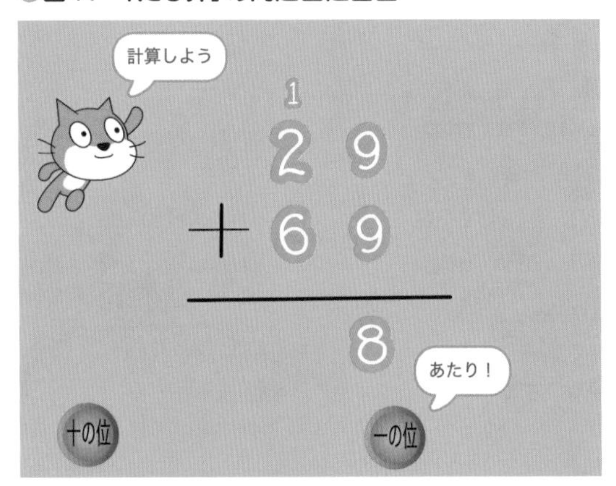

問題提示→一の位の計算→十の位の計算と処理が進んでいきます。

まず、緑の旗クリックでランダムな2桁＋2桁の筆算が表示されます。続いて、定義ブロックに、一の位の足し算「9＋9」の答えを入力し、一の位の定義ブロックを押すと、「あたり」の表示とともに、8の数字と繰り上がりの1が小さく出現します。

続いて十の位ボタンも同様に十の位の計算1＋2＋6がなされて、9の数値が「あたり」の言葉とともに表示されます。

プロセス

一の位の計算については、繰り上がる場合と繰り上がらない場合に分けて条件分岐命令を用意しました。9以下であればコスチュームをその回数分変化させて数値を表記させ、そうでない場合は、10を引いた残りの回数分変化させて一の位の表記をしました。さらに、繰り上がりの1を表出させ、十の位のコスチューム変化回数に1を加えました。また、繰り上がっても98より大きくならないように条件づけし、繰り上がりは一の位のみになるように設定しました。

児童の学び

乱数によりさまざまな数値で2桁の数＋2桁の数の筆算を体験することができます。学年の習熟度に合わせた出題範囲を設定しているので、安心して練習することができます。また、繰り上がった1の表記場所や重要性についてもくり返し練習して理解度を高めることができます。

教師の目線

2桁同士の足し算筆算をする問題です。繰り上がった10＝1を小さく表記するなど、一の位十の位と順に考えていきます。繰り上がりのルールをしっかり身につけることが筆算で失敗しない秘訣です。

2-4 ひき算

この単元の目標は、2桁の数の減法について理解し、計算することができるとともに、図や式などを用いて計算のしかたを考える力を身につけることです。十の位から1おろして引き算をする、繰り下がる筆算のしかたを理解します。

プログラミング的思考

●図42 「ひき算」の評価画面

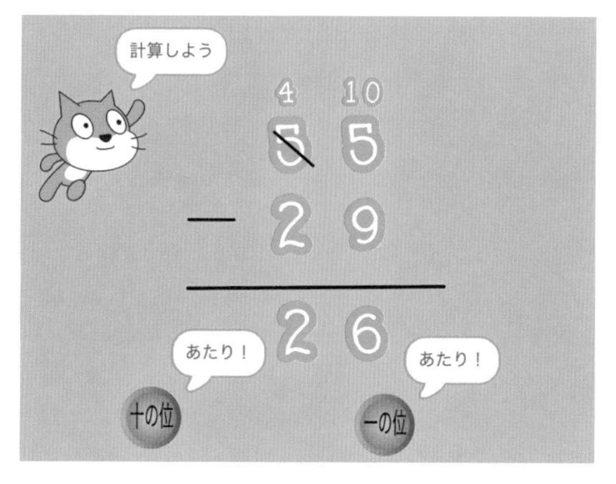

問題提示、一の位の計算、十の位の計算と処理が進んでいきます。

まず、緑の旗クリックでランダムな2桁引く2桁の筆算が表示されます。続いて、定義ブロックに、一の位の引き算15−9の答え6を入力し、一の位の定義ブロックを押すと、「あたり」の文字と、6の数字、繰り下がり処理による斜線、1小さい数および10が小さく出現します。続いて十の位ボタンも同様に十の位の計算4−2がなされて、2の数値が「あたり」の文字とともに表示されます。

プロセス

足し算同様に、乱数で計算問題を出題し、繰り下がらない場合と繰り下がる場合に分けて条件分岐の処理をします。一の位は、引かれる数が大きければ、そのまま「上の一の位の数−下の一の位の数」だけコスチュームを変化させます。繰り下がる必要がある場合には、上の一の位に10を足した数から引き変化させます。合わせて、斜線や小さな数字も出現するようにしました。十の位は、そのままの引き算の結果を使うか、さらに1引いた数字を使うかを場合によって使い分けました。

引かれる数が引く数より大きくなることや十の位が0表記にならないようにするなどの条件を整えました。

児童の学び

乱数により、さまざまな数値で、2桁の数同士の引き算筆算を体験することができます。学年の習熟度に合わせた出題範囲を設定しているので、安心して練習することができます。また、繰り下がった数字の表記場所や重要性についてもくり返し練習して理解度を高めることができます。

教師の目線

2桁同士の引き算筆算をする問題です。繰り下がるときに、数字が1減り、一の位に10が小さい数字で下りてきます。この繰り下がりのルールをしっかりと身につけて一の位から順序よく計算していくことが肝心です。

2-5 長さ

この単元の目標は、長さの単位「cm、mm」について知り、測定の意味を理解し、単位を適切に選択して長さを測定する力を身につけることです。ものさしという道具を使って、任意の単位により、全ての物の長さを測ったり、線を引いたり、長さを比較することができます。

プログラミング的思考

ものさしを使い、全体の長さをmmでとらえます。その後、十の位の数値をcmとし、一の位の数値をmmとして表しました。

10mm＝1cmという単位の換算についても学習します。

●図43 「長さ」の評価画面

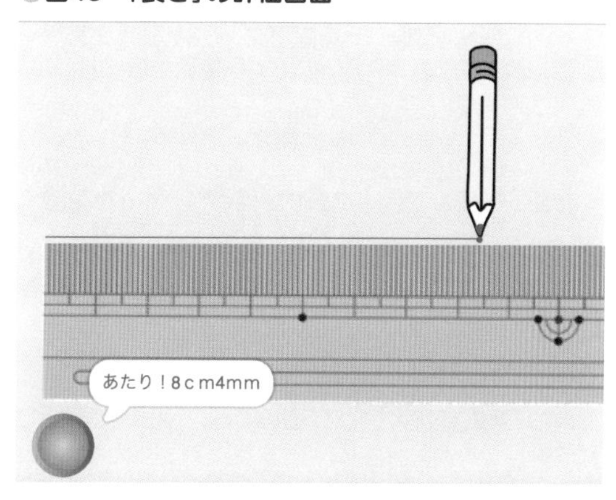

図43のように、乱数で1mmから100mmの範囲でランダムな長さを設定します。その長さに合わせて、鉛筆と赤い点を移動させ、赤い点のスプライトには赤い直線を描かせます。

児童は、この直線の長さをものさしで読み取り、定義ブロックのcmとmmの場所に適切な数値を入れて、ステージ上の緑ボタンを押して答え合わせをします。正しければ、「あたり」の言葉と正しい長さが表示されます。ものさしの使い方や読み取り方が学習できます。

プロセス

「ペンを下ろす」命令で、移動した分の直線を引く拡張機能があります。この線は、スプライトの中央の位置から出てくる仕様となっています。したがって、鉛筆スプライトに線を引かせると、物差しの位置から鉛筆の半分の長さの位置に横線が引かれることになります。そこで、スプライト自身からきちんと線を描かせるためには、小さな点のようなスプライトを用意する必要があります。

もう1つ気をつけるところは、「〇歩動かす」の命令では、1歩の長さが1ピクセルとなっています。この長さを物差しの1目盛りに合わせるために、筆者のパソコン上でしっかりと合うように歩数を4.19で調整しました。条件の変化でずれることもあるので正確な数値とは言えませんが、小学生レベルの学習では、十分です。

児童の学び

問題が豊富なので、長さの読み取りの練習になります。また、「〇秒待つ」ブロックを活用すれば、ものさしによる線引きのやり方がじっくり確認できます。

教師の目線

物差しを使って長さを調べ、何cm何mmかを答える、物差しの目盛りの読み取り方を練習するプログラムです。どこがcmでどこがmmを表しているのかをはっきり区別します。cmがなくmmだけだったとしても、0cm〇mmと解答することになっています。ただし、最終的な答えの吹き出しでは、〇mmと表記されます。

 100より大きな数

この単元の目標は、3桁の数までについて、十進位取り記数法による数の表し方を理解し、大きな数の大きさの比べ方や数え方を考える力を身につけるとともに、十や百を単位として、何十、何百の加法および減法の計算のしかたを考える力を身につけることです。十や百の単位の計算は、位ごとに正しく計算することが大切です。

プログラミング教育の実践としては、2つの3桁の数の大小比較問題を取り上げます。乱数を活用して作成された3数を提示して、適切な向きの不等号を定義ブロックに当てはめて答え合わせをします。

プログラミング的思考

●図44 「100より大きい数」の評価画面

3桁の数（999まで）の数を乱数を用いて2つ表出させます。そして、大小比較をする問題を提示します。大きい方に不等号が開くように「<」「>」の丸ブロックを定義ブロックに当てはめることで答え合わせをします。合っていれば、「あたり」の文字が出ます。

数値の表出は、乱数の定義と3つのスプライトで表しました。百の位のスプライトは、0とならないように乱数を1からとしました。十と一の位のスプライトは、0から9とします。

プロセス

数字コスチュームを使い、3桁の数字を3つのスプライトで表すことで、比較する2つの数字を設定することにしました。また、各位の乱数を100倍、10倍し

て足し合わせ、数字全体の値を演算ブロックで作っておきます。最後に、答え合わせで、「あたり」とメッセージを言わせるだけではなく、教科書にあるように不等号をつけるという形にしました。猫が2数の真ん中に移動して、不等号の形に変化するようにしました。

児童の学び

乱数により多くのパターンの数値が表出するので、大小比較の練習が十分にできます。また、丸変数ブロックの当てはめで、答え合わせができるので、ドラッグ&ドロップの操作練習ともなります。不等号の意味を確認し理解を深める手助けです。

教師の目線

2つの数値のうち、どちらが大きいかを解答する問題です。百の位から順に大きさを比べることになります。

2-7 たし算とひき算

この単元の目標は、百の位に繰り上がる2桁の数などの加法およびその逆の減法や、百の位への繰り上がり・繰り下がりがない3桁の数の加法および減法について理解し、計算することができるとともに、図や式などを用いて計算のしかたを考える力を身につけることです。

足し算では、2桁の数と2桁の数または3桁の数と2桁の数の繰り上がりが発生する筆算について、そのやり方を理解し正しく計算できることを目指してプログラムを作成しました。

プログラミング的思考

一の位の計算で、繰り上がった1を十の位の上部に小さい文字で「1」と書いておくやり方を十の位の計算でも同様におこない、最後に百の位に反映させます。この手順は、位取り記数法によるものであり、論理的思考に沿って計算を進めていく方法として、重要です。

計算の順序としては、一の位から順に進めていきます。図45では、一の位の計算結果が10となるので、一の位に0を書き、繰り上がった1を十の位の上部に書きます。十の位は、繰り上がった1と5と6を合わせて12となり、百の位に1繰り上がります。

数字入力ボタンで、位ごとに数値を入力して答え合わせをします。

●図45 「たし算とひき算」の評価画面

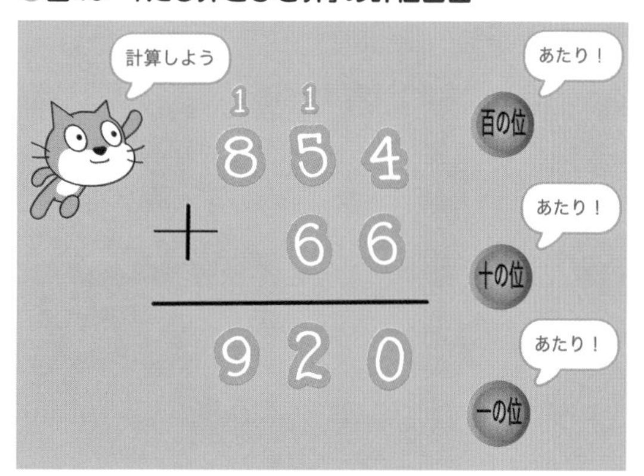

引き算では、3桁の数－2桁の数の場面を設定し、繰り下がりが1回または2回ある計算を想定してプログラムをおこないます。斜線を引いて数字を減らし、下の位に10下ろすという手順をしっかりと理解します。プログラム自体に工夫は特にありませんが、あらゆる数字の場面で正しい答えとなるようにバグを修正し続けることが大切です。いつかは、正しいプログラムになります。

●図46 「たし算とひき算」の評価画面その2

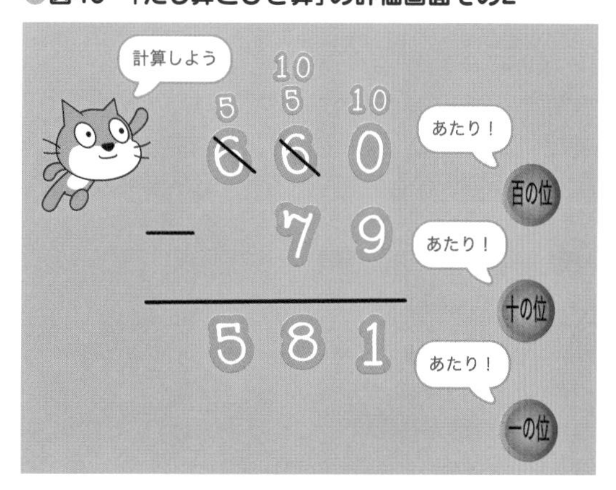

プロセス

特別なコマンドがあるわけではなく、素晴らしい工夫があるわけでもありません。さまざまな数字の場面において正しい表記がされるように、ただひたすら修正するのみです。条件分岐が複雑化してくると、その修正は非常に難しくなります。プログラムを眺めていても改善できないときには、算数・数学で言う「しらみつぶし法」にしたがって、とにかくプログラムを実行し続け、間違いを確認して訂正していく方法をとることが近道な場合もあります。

泥臭いやり方で、プログラムは美しい記述になっていないかもしれません。それでも正しい処理はされますし、この作業をすることで間違いを発見できます。

児童の学び

あらゆる数字の計算パターンが自動で練習できます。繰り上がりや繰り下がりのときの記述や手順が明快で、やり方の理解が進みます。教師の例示用としても活用できます。

教師の目線

3桁足す2桁、あるいは3桁引く2桁の筆算問題です。繰り上がりや繰り下がりに気をつけることが大切です。あとは、一の位から順に計算していきます。

2-8 かさ

この単元の目標は、かさの単位「L、dL、mL」について知り、測定の意味を理解し、単位を適切に選択してかさを測定する力を身につけることです。具体物として、Lますと水を使って計測しながら単位の意味を理解していくことが一番理解しやすく、大切ですが、デジタルの表現を活用すれば、道具がなくても疑似体験はできます。そこにプログラミング教育のよさがあります。

プログラミング的思考

まずは、水のかさ全体を絵から確認して、1Lますが何個と半端な量がいくらあるかを順に調べていきます。1Lますの数で何Lかが分かり、半端の量にはdLの単位をつけて表しました。10dL＝1Lという単位の換算の考えが使われています。

本プログラムでは、1Lます10個を用意し、合計10L（100dL）までを表すことができるようにしました。メッセージ「水入れ」を各ますのスプライトに送って、水色の四角を順次コスチュームの変化で増やしていき、水の入る様子を表しました。

●図47 「かさ」の評価画面

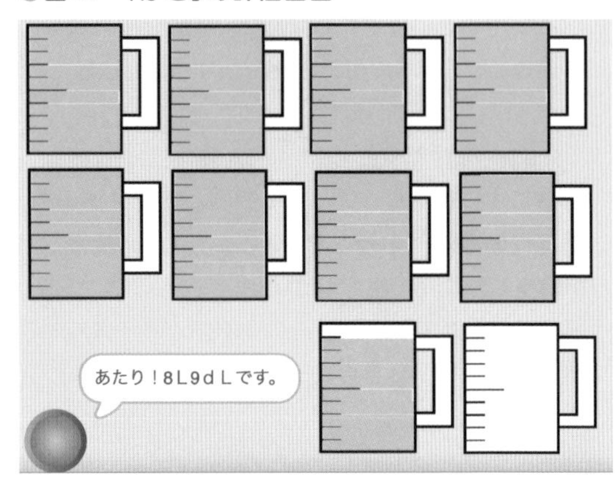

1から100までの乱数を選出し、全体をdLで捉えます。次に、最初のますには、全体が10以上であれば全部水で埋め尽くし、9以下であればその分を埋めることにしました。次は20以上であれば埋め尽くし、そうでなければ全体から最初のますの10を引いた分だけ埋めることとしました。以下、30と20……と設定していきます。

プロセス

水の埋め方は、前述の通りであり、全体量の乱数を設定したあとは、メッセージを送って各ますに水を埋めていってもらうだけです。Lの数字は、全体÷10の切り下げた数値を演算ブロックで出し、dLの数字は、全体÷10の余りの数値としました。

定義ブロックに、適切な数字丸ブロックをはめ込んで答え合わせします。

このプログラムで一番苦心したところは、ますのカットを用意するところです。10の目盛りがついた分かりやすいますをエクセルの罫線を活用して作成しました。5目盛り目は、セル2つ分の罫線で長くすることができました。エクセルの標準画面に表示される縦横の薄い罫線をオプション設定から消した上で［Windowsキー］＋［Prt Sc］（Macの場合は、［Shift］＋［Command］＋［3］）でパソコン画面全体のスクリーンショットを撮り、ペイント（Macの場合はプレビュー）で編集して作成しました。このファイルをスプライト追加で読み込み、コスチュームタブでさらに加工しました（形の縁の空白を透過させます）。

児童の学び

1dLから99dLのかさをランダムに、1Lますを使って表示することができ、いろいろなかさを単位を用いて言うという練習が十分にできます。

教師の目線

1Lますが10個用意されていて、水が入っていきます。そのかさを解答する問題です。Lと10分の1であるdLの区別をしっかりとして、順に答えていくことが大切です。順に0L5dLと入力したとしても、正解の表記は5dLです。

2-9 三角形と四角形

この単元の目標は、三角形、四角形、長方形、正方形、直角三角形について理解し、図形を構成する要素に着目して特徴を捉え、構成のしかたを考える力を身につけることです。

プログラミング的思考

3つの頂点で囲まれた図形が三角形であり、4つの場合は四角形です。そのうち、角が直角であれば直角三角形や長方形です。さらに辺の長さも等しければ正方形です。このことから、図形を判別し分類するには、頂点や辺の数を把握し、角の大きさや辺の長さを調べるという手順が必要だと分かります。特徴を調べていくことで、図形は分類され名前が決まるのです。

●図48　評価、正解した画面

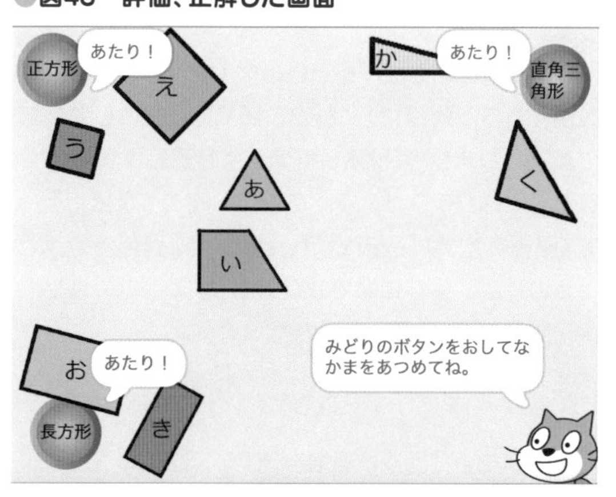

定義ブロックへ記号丸ブロックをはめ込むことで答え合わせをします。正解すると図48のように、図形が分類名が書かれた緑ボタンスプライトの周りに集まってくる仕組みです。どこにも属さない「あ」と「い」が中央に残っています。

プロセス1

このプログラムで手間のかかる部分は、図形のカットを用意するところです。ペイント（Macの場合はプレビューの作図機能など）を活用して形を描いたら、スプライトとして読み込みます。コスチュームのエディタで図形周辺の部分を透過色に指定し、色と記号をつけて仕上げます。

定義ブロックで、たとえば正方形であれば「正方形のなかまは？　○と○」ブロックを用意し、2つの穴埋めに「う」と「え」の変数ブロックをはめ込んで正解させるようにしています。このとき、児童によっては「え」「う」の順にはめ込むかもしれないと想定し、逆のはめ込み方でも正解になるように、論理演算ブロック「または」を使って条件づけしています。なお、「う」と「え」の組み合わせは必須なので、論理演算「かつ」を活用していることは前提条件です。

プロセス2

1年生の単元「かたちあそび」では、図形をドラッグ&ドロップして分類場所に移動させ、その図形をクリックして答え合わせをする方法をとりました。グループの場所に持っていく感覚の作業です。

2年生では、問題の形式を重視して、「うとえ」のように言葉でまとまりを表現するようにしました。正解したあとは、1年生同様に図形がそのグループへ移動することが必要ですが、これについては、単に座標の変更ではなく、「○秒で座標を変える」ブロックを活用し、図形がアニメ的に集合していく形をとりました。

児童の学び

図形の特徴を把握して分類をするという学習をビジュアル的に体験することができます。なおかつ、その解答方法は、あくまで記述式の方式で当てはめる形を取っています。

教師の目線

長方形・正方形・直角三角形に図形を分類します。辺の長さや本数、角度などで分けていきます。図形の定義や性質と名称をしっかり捉えます。

2-10 かけ算

この単元の目標は、乗法の意味や式について理解し、計算することができるとともに、図や式などを用いて計算のしかたを考える力を身につけることです。同じ数のまとまりを見つけて、1あたりと考え、それがいくつ分あるかで全体の数値を出すことができるようにします。九九の構成や暗唱、さらに倍の考え方を理解し、割合問題の理解へとつなげます。

プログラミング的思考

同じ数ずつあるまとまりを捉えることで、単位量を把握することができます。これが元にする量となり、かけられる数です。その単位量がいくつ分あるか、割合（倍）を見つけることで、同数累加（同じ数字を何度も足すこと）の考えで全体量を出すことができます。便宜的に、かけ算の答えは暗唱しすぐに数値を出せるようにした方がよいため、かけ算の式と答えを合わせて暗唱する形として九九ができました。

●図49 「かけ算」の出題画面

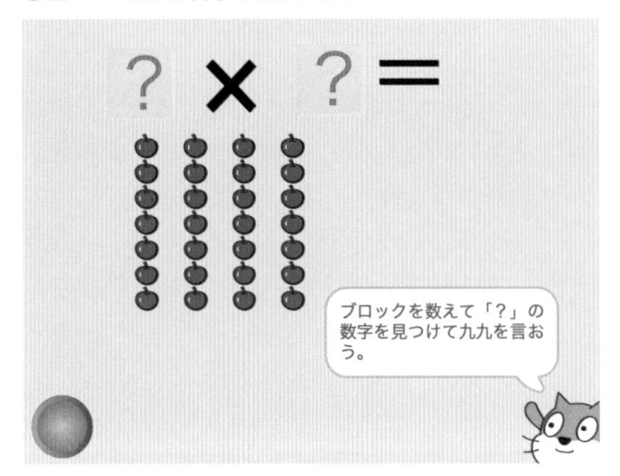

図49ではりんごですが、コスチュームタブで指定することでさまざまなキャラクターにすることができます。プログラムには、人・蝶・ひよこ・帽子・ボールなどを用意しました。緑の旗クリックで、問題文とキャラクターが表示されます。キャラクターは数秒後に黄色ブロックに変身し、児童は、「?」の数値を図を見ながら確認します。緑ボタンスプライトのスクリプトエリアで、定義ブロックに九九の解答を入力して正誤を確かめます。

プロセス

乱数1～9の指定で、かけ算を立式したり、その答えを位ごとに分けて決定したりするところまでは簡単に組むことができます。その後、かけ算の式をキャラクターで表示するところでは、「クローンを作る」のブロックが活用されます。

●図50 縦横並んだりんごを表示するプログラム

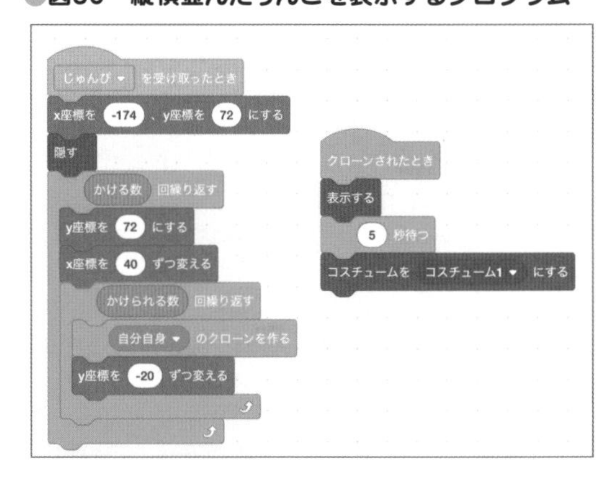

自らのスプライトを隠し、図49でいうと縦7つを一定間隔でクローン発生させます。これで一列目が表示されます。その後Y座標を元の位置に戻し、X座標を増やして2列目にクローンを並べます。このくり返しを4回おこなうと、7×4の表示ができあがります。その後、クローン全部に、「クローンされたとき」ブロックで、5秒後に黄色ブロックに変身する命令を伝達します。

縦横にりんごを並べるときの命令は、表などの罫線を引くときと同様に、くり返し命令を2重にして実行します。つまり、くり返し作業にくり返し作業を被せることになりますが、被せる前に、元のY座標に戻ってX座標を増やし、左へずれた状態で2列目を表示させるのです。少し複雑ですが、活用することの多いパターンなので、理解しておきたいです。

児童の学び

かけられる数とかける数を規定するブロックを、「1

から9まで」の乱数としていますが、かけられる数について、「2から2まで」とすれば、2の段のみの練習をすることができます。児童が学んでいる進度や理解度などの情報を的確に判断して設定することで、児童の実態にあった学習に取り組むことができます。個人での練習にも活用できるので、個人のタブレットで自習することも可能です。児童の意欲を上げるためにキャラクターを変化させたり、効果音をつけたりするなどの工夫も必要です。

ちなみに、筆者は正解時に九九が音声で再生できないか試みてみました。拡張機能の音声合成ブロックを出し、「○○をしゃべる」ブロックに「しちしにじゅうはち」などと入力しました。ところが「しちしに、じゅうはち」と実際と異なった区切りで読み上げてしまいます。「しちし、にじゅうはち」と句点を打っても「しちし、に、じゅうはち」と読み上げてしまい、なかなか意図する読み方とならないことが分かりました。正しい読み上げができたら、九九の暗唱的にも素晴らしい機能だと思うのですが、残念です。

教師の目線

リンゴを縦列に何個か表示し、それを横列分表示します。その全部の個数を出す方法として、足し算より合理的なかけ算を知るのが目標です。「1つ分」×「いくつ分」で全部の数が出ます。この関係式が、そのまま割合の関係式（基準量×割合＝比較量）となっています。九九の意味と暗唱も大切ですが、割合的な意味もここでしっかりと理解しておく必要があります。

2-11 長い長さ

この単元の目標は、長さの単位「m」について知り、単位を適切に選択して長さを測定する力を身につけることです。1年生で学習した何cm何mmから発展して、何m何cmで長さを表すことや、単位の換算、長さ同士の加減計算も学習します。

プログラミング的思考

長さの捉え方としては、物差しやメジャーなどを用いて、1mが何回入っているかを調べ、残りをcmで表しました。本プログラミングでは、cmで表された数値を何m何cmに換算する練習問題としました。数字のコスチュームを持ったスプライトを配置して、百の位の数字をmの数字、十の位と一の位をcmの数字として表すことは簡単にできます。

●図51　「長い長さ」の評価画面

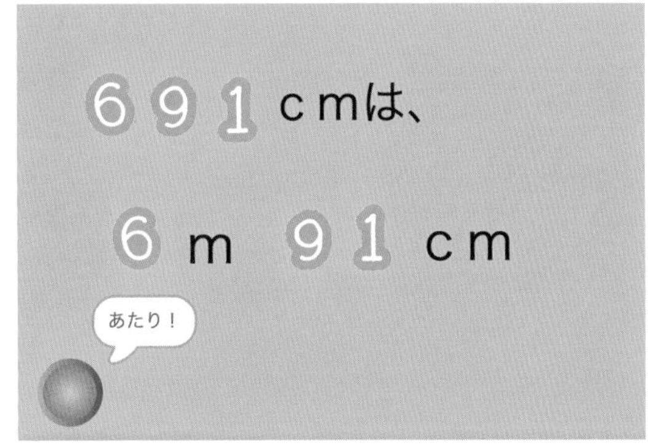

はじまりの段階でのコスチュームは、白紙で数字が出てこないようにします。乱数で数字を選出して、長さを確定し、定義ブロックで数値をはめ込み、答え合わせをするときにメッセージを送って5や80の数字を表出させるようにします。

プロセス

特別な工夫をしないでも簡単に作成することができます。画面の単位や文字については、コスチュームのみのスプライトで表現するのが簡単です。

児童の学び

本来であれば、双方向の換算をすることができるとよいですが、ここではメートルとセンチメートルに変換する方のみとしました。どの位の数値がどこに記載されるかという位置関係が理解できます。

教師の目線

メートルとセンチメートルに分ける換算をします。百の位がmとなり、十と一の位はcmです。

2-12 1000より大きな数

この単元の目標は、4桁の数までについて、十進位取り記数法による数の表し方を理解し、大きな数の大きさの比べ方や数え方を考える力、および百を単位としてみて、3桁の加法の計算のしかたを考える力を身につけることです。10が10個で100、100が10個で1000となる考え方を理解し、大小の比較や加減計算ができるようにします。

プログラミング的思考

大小比較の順序としては、まず千の位で比較し、次に百の位・十の位・一の位と大きな位から順に数字の大小を比較していきます。単元「100より大きな数」で用いたプログラムに千の位を加えて応用します。

千の位だけは、1から9までの乱数とすることで必ず4桁とします。

●図52 「1000より大きな数」の評価画

プロセス

作成の途中で、左右の千の位の数字が0か1にしかならない不具合が生じました。プログラムには、1から9までの乱数として指定しているのですが、そのように機能してくれません。原因を探しましたが、0および1に指定するブロックは見当たりません。もしやと思い、1および9の数字をよく見ると、ほかの位に入れた数値よりも幅広な感じを受けました。案の定、全角で数値を入力していました。くり返し述べますが、プログラム処理を正しくおこなわせるには、文字は全角、数値は半角でなければなりません。気をつけていてもつい間違えてしまいますので、もし動作が思うようにいかなければ、数字が半角で入力されているかどうかを確認してみてください。

児童の学び

さまざまな4桁の数値が表出するので、大小比較の練習になります。

教師の目線

問題文の数字の関係をテープ図に表しました。不明な場所の数字を求めるためには、足し算引き算どちらを使うのかを考えます。数字だけで思考しているよりも、はっきりと計算方法が見えてきます。

2-13 図をつかおう

この単元の目標は、加法と減法の相互関係について理解するとともに、逆思考の問題場面について、図に表したり、図と式を関連づけたりして解決のしかたを考える力を身につけることです。文章題と言われるものは、単に計算を正確にする能力だけでは解決できない設問形式です。文章から、「分かっていること」や「求めていること」などを的確に捉えて、立式につなげる必要があります。図や表で表すことで情報を整理して、解決への道筋を立てるための大事な段階です。この単元では、この部分に焦点を当ててプログラミング教育とのコラボレーションを図りました。

プログラミング的思考

プログラムでは、コスチュームを色付きの縦棒にし、数値の分だけクローンを作らせることでテープ図を表現しました。途中でコスチュームを変化させ、結果の数値と変化する数値のテープ部分の色分けをしました。さらに、数値も表示し、情報を整理した上で、ノートに立式し答えを求める形式としました。

●図53 全部の数を出す問題と変化した数を出す問題

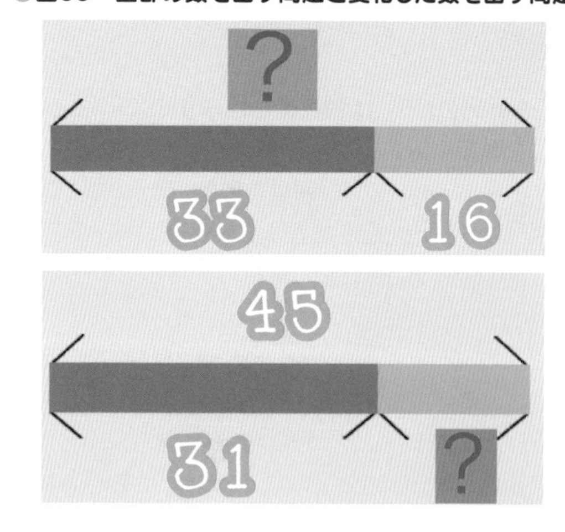

図を頼りに立式に結びつける部分が非常に重要であり、その部分はプログラミングではなく、手を動かして実際に書く作業としました。

プロセス

テープの範囲を示す曲線をどう表すか考え、クローンを増殖させる最初・途中・最後でコスチュームを半括弧の姿に変えてスタンプすることとしました。これにより数値の示すテープの範囲を表すことができました。また、この単元の問題としては、最初に増加の足し算問題が出題され、次に減少した残りの引き算問題が出題されています。前者は、結果の数値＋変化の数値であり、後者は全部の数値－結果の数値です。

両方を1つのプログラムで表すことは複雑になると考え、別プログラムとしました。

児童の学び

さまざまな文章題を乱数で提示することができ、それをテープ図に表すこともできます。この出題プログラムをくり返し学習することで、文章とテープ図と立式の一体化した理解ができるようになります。

よく、「文章題を解く能力は読解力だ」と、国語科の能力の必要性を語る場合がありますが、果たしてそれだけでしょうか。算数科には算数科独特の言い回しや算数用語があり、読解力だけでは解決できない問題もあります。

文章題の理解能力を高める方法は、くり返しの練習しかありません。練習することで考え方のパターンをつかむこと、そして、問題に対したときに、この問題はどのパターンかを瞬時に頭の中の分類グループから取り出すことができるかということです。何度となく取り組んだやり方の筋道は、それこそプログラム化されて脳に保存されているものです。

教師の目線

問題文の数字の関係をテープ図に表しました。不明な場所の数字を求めるためには、足し算を使うのか引き算なのかを考えます。数字だけで思考しているよりも、はっきりと計算方法が見えてきます。

2-14 分数

この単元の目標は、2分の1や3分の1など簡単な分数について知り、具体物を操作してそれらの大きさを作ることができるとともに、元の大きさに着目して分数の大きさを捉えたり表現したりする力を身につけることです。元の長さを折ったり、元の数を分けたりすることで、分数の表す数量を求めることができます。

プログラミング的思考

ここでは、いくつかに切り分けられたテープを表示して、その様子から分数を考えるというプログラムを考えました。

プログラムでは、2-13「図をつかおう」のテープ図表示の手法を生かし、スプライトのクローンでテープを表示しました。正しい分数の分母の数をはめ込むことができれば正解です。プロセスとして特別な手法はありません。

●図54 「分数」の評価画面

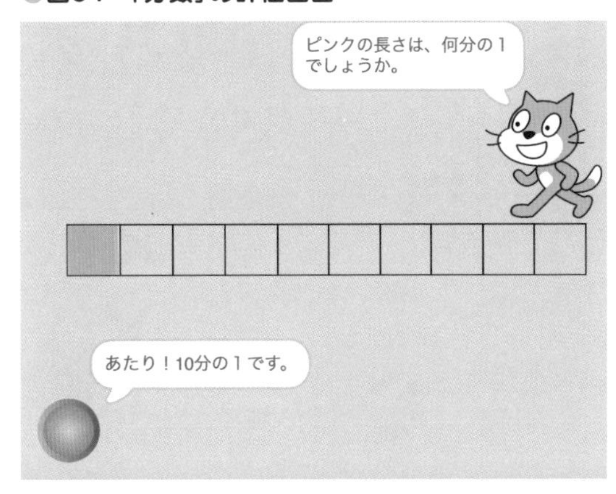

プロセス1

2-13「図をつかおう」(p.136)と同様です。

児童の学び・教師の目線

テープ図を利用して視覚的に分かりやすく分数を学びます。

第3学年

3-1 かけ算のきまり

この単元の目標は、乗法に関して成り立つ性質について知り、交換法則、結合法則、分配法則などが成り立つことを、図や式などを用いて理解する力を身につけることです。

アレイ図（丸などの図形を長方形に並べた図）にしてみると、交換法則は縦横の見方を逆にすればよいだけですが、結合と分配は、くっつけたり分けたりなどの動きが生じます。この「くっつける」「分ける」動きとプログラミングの相性が良いと考え、特に分配法則について作成してみました。

プログラミング的思考

●図55　分配したアレイ図と式の評価画面

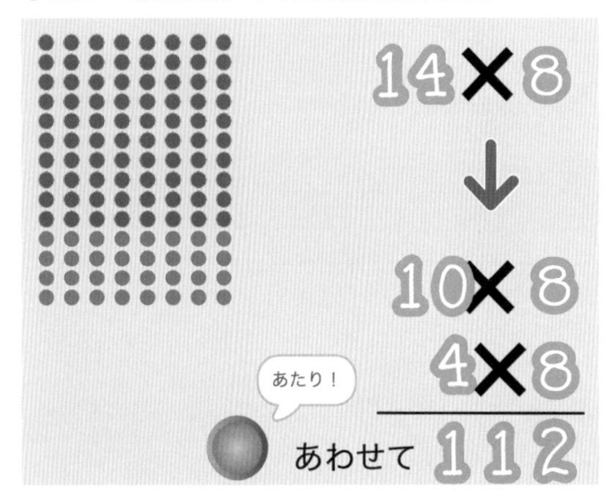

14×8の計算の場合、14は九九にはないので、10と4に分けて、10×8の答えと4×8の答えを合わせて、元々の式の答えを求めます。このやり方が、分配のきまりを使った計算方法です。アレイ図においても分配される「動き」を表現することで、理解が高まります。

旗をクリックすると、乱数で、かけられる数が11から19までの計算がランダムで選択されます。まず、アレイ図が表示され、それを確認しながら、立式をします。

「?」をクリックしていくと右側の一番上の式（図55では14×8）が現れます。そこから分配法則を使い、どう分けるのかを考え、「ピンク下向き矢印」をクリックすると、アレイ図が分離して計算式にマッチした配置に移動します。その図を見ながら、分配した式を明らかにして、最後に答えをはめ込んで答え合わせをします。

プロセス

アレイ図の表示は、2年生のかけ算で作成したりんごなどの図を活用しました。今回、アレイ図への変形はコスチュームを変えるだけでできましたが、10を超える部分だけを移動させるには、ひと工夫が必要でした。

●図56　クローンの制御プログラム

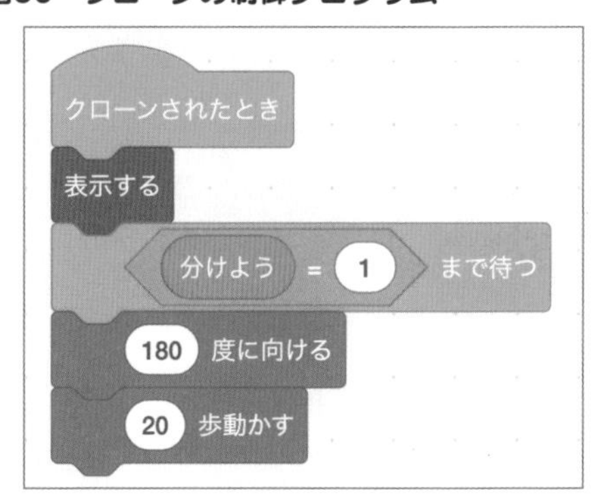

「クローンされたとき」の命令は全てのクローンが対象となってしまいます。そこで、上の数値例の場合、上から10個についてはクローンではなく「スタンプ」の命令を使いました。残り4個をクローンを発生させて表示し、見た目には縦14個が8列分次々と表示されているようにプログラムを組みました。

その上で、「ピンク下向き矢印」のスプライトをトリガーとして、ピンク矢印がクリックされると変数「分けよう」が1に変化し、4×8の32個のクローンが下向きに20歩進んで、本体と分かれるようにしました。準備段階では、変数「分けよう」に0を入力し、ピンク矢印がクリックされたときに1となるようにしておきます。ピンク矢印がクリックされるまで、クローンの動きをストップさせておく方法です。

児童の学び

子どもたちは、さまざまな数値で分配法則をアレイ図の動きとともに理解することができます。結合法則は、この逆パターンであるので作成することは容易です。

教師の目線

交換法則や結合、分配法則の3法則を学習します。アレイ図で表すことで、結合から分配への考え方を教えることができます。10より大きい部分のアレイ図を別の色にして配置しました。

3-2 時間と時こく

この単元の目標は、時間の単位「秒」について知り、日常生活に必要な時刻や時間を求めることです。3年生では、2〜3時間までの時間を求めたり、正午をまたいで経過した時間を求める問題も出題されています。

プログラミング的思考

●図57 「時間と時こく」の評価画面

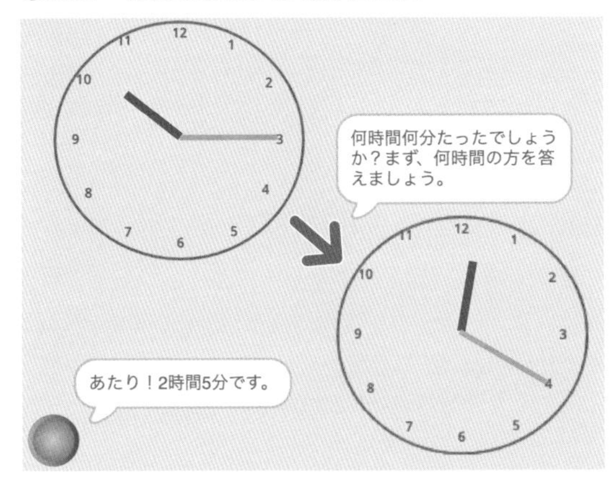

乱数の指定などで3時間以内の時刻の差を求める設定ができます。問題は、時間の計算をどのようにするかです。このときの計算の考え方は、図57の例で行くと、まず左上の時計が11時になるまでの時間（45分）と11時から12時までの時間（1時間＝60分）、最後に12時から過ぎた時間（20分）の3つの時間を足すことです。これらを変数と演算ブロックで表すと、次のプロセスのようになります。少し複雑ではありますが、一度作成すれば次回以下は自動計算してくれるところがパソコンの良いところです。

プロセス

●図58 答えの時間を計算する式と○時○分への変換

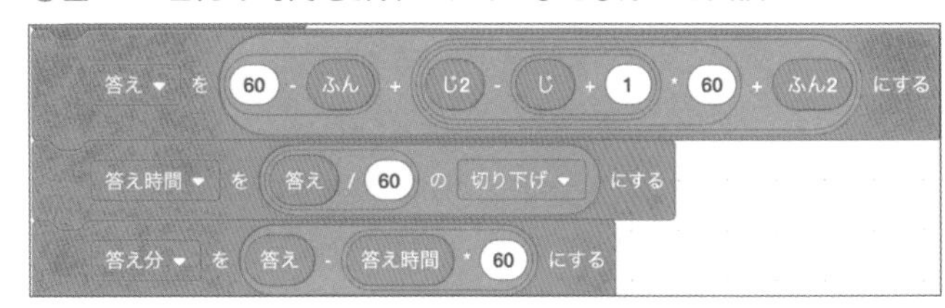

「60－ふん」「じ2－（じ＋1）×60」「ふん2」の3つを足して答えを求めます。

「じ」は左上の時計が示す時間（図57では10時）、「ふん」は左上の時計が示す分（図57では15分）、「じ2」は右下の時計が示す時間（図57では12時）、「ふん2」は右下の時計が示す分（図57では20分）に当たります。この計算式が少し複雑なだけであとは2年生のプログラムを代用できます。

児童の学び

このプログラムを活用すれば、何度でも時間計算の練習をすることができます。筆算的にすれば60進法的な形で繰り下がり計算ができますが、子どもたちにはやや難しい感があります。「ちょうどになるまで進み、何時間か経って、もう少し進む」という3段階に分けた時間計算をするのが妥当です。

教師の目線

2年生で学んだ時計の学習における、時間を求める問題の続きです。今回は、1時間未満という限定を外して、○時間○分まで求めることになります。こうなってくると、12時を境としたアナログの難しさもあり、何時間過ぎたのかという問題もあり、大人であってもよく考えないと難しい問題となってきます。

最初の時刻を○時ちょうどと仮定して、あとから何分かプラスしたりマイナスしたりする方法をとると分かりやすいですが、高度な考え方です。まずは、○分ちょうどになるまでの分を求め、そこへ○時○分経過した時間を加える、時間の足し算が基本です。日常生活においても考える機会がないというわけではありませんが、アバウトな扱いであり、計算まではしません。そこを厳密に求めるのですから練習が必要です。日常生活でも欠かせない力ではありますが、社会に出てからも、タイムスケジュールを立てることのできる力は重要です。

3-3 たし算とひき算

この単元の目標は、3桁の数や4桁の数の加法および減法について理解し、計算することができるとともに、図や式などを用いて計算のしかたを考える力を身につけることです。

2年生の2桁の数や3桁の数の計算から発展し、桁を増やした加減計算の筆算について理解をすすめます。繰り上がりや繰り下がりの基本的なやり方は同様ですが、プログラムとしては、さまざまな場合を想定し、条件づけなどの処理が難しく複雑です。可能な範囲で乱数を活用したプログラムを作成してみました。

プログラミング的思考

●図59 (1)　繰り上がりのあるたし算の評価画面

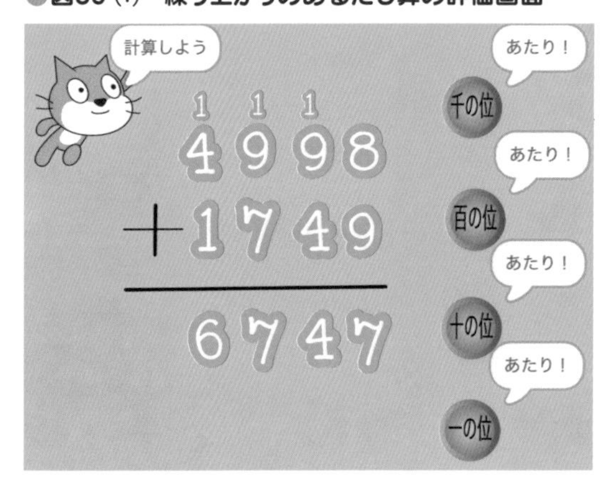

●図59 (2)　繰り下がりのあるひき算の評価画面

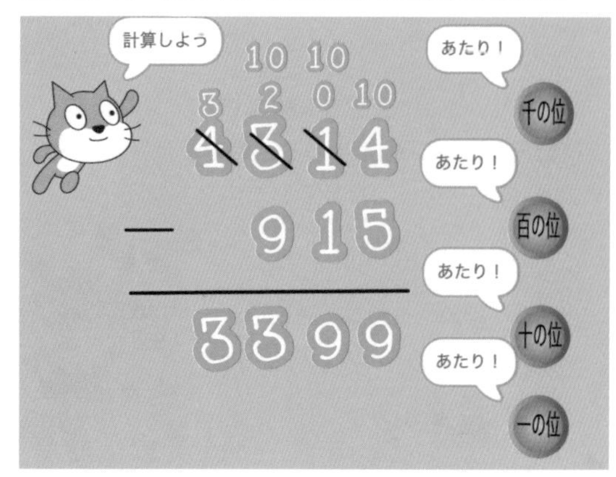

図59のように、繰り上がり繰り下がりが3回まである加減計算の筆算を提示できるようにしました。手順としては、10より大きくなったら、1つ上位の位に1加える、または上の数字から下の数字が引けないとき、1つ上位の位の数字を1下げて10を下ろしてくるという流れです。

プロセス

2年生のプログラムと同様の仕組みであり、特別な工夫は基本的にしていません。しかし、引き算において2つ上位の位から数字を下ろしてこなければならないパターンは表現が難しく、乱数範囲の指定により表しています。筆者は、独学によるプログラミングを試みているため、専門家と同等のパフォーマンスを実現することはできませんが、教育の専門家としての見地から現場で使えるプログラムを実現しようと苦心しているところです。

児童の学び

多くの練習問題を次々と体験することができます。繰り上がり・繰り下がりの処理をくり返し体験することで、実際にノートを使って筆算するときにも自然に自分1人でできるようになります。

教師の目線

4桁同士の足し算と4桁引く3桁の引き算の筆算を学習します。繰り上がり・繰り下がりの小さく表記する数字の扱いや書き方を丁寧にすることが、計算間違いを防ぐポイントです。また、それが位取り記数法の理解とつながっています。

3-4 わり算

この単元の目標は、除法の意味や式について理解し、除数と商がともに1桁の数である除法の計算が確実にできることです。また、簡単な場合について、除数が1桁の数で商が2桁の数の除法の計算のしかたを知ることです。除法は、乗法の逆で、乗法の3つの要素のうち、「かけられる数」または「かける数」のどちらかを求める問題です。割合的な考えで言うと、「1つ分」または「いくつ分」の数値を求める問題です。

プログラミング的思考

●図60 「わり算」の評価画面

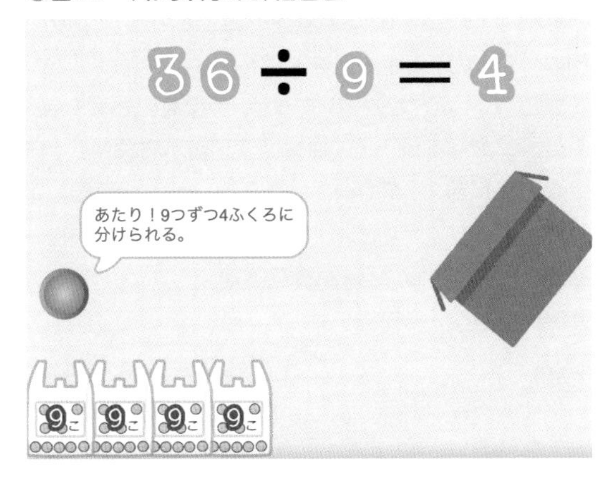

図60の場合、割られる数と割る数が表示され、箱から順に9個のみかんが出てきて半透明の袋に入っていくアニメを表示します。次に「何ふくろできますか。」と問題が出ます。そこで定義ブロックに4を入力すると、9個ずつ入った袋が4袋表示されて正解の言葉が出てきます。「9個ずつ袋に入れて分けていく」という操作が理解できることに重点を置きました。

プロセス1

1個のみかんがあらわれて、袋に入っていくのを9回くり返す表現に苦慮しました。「自分自身のクローンを作る」命令で、9個のみかんを出現させ、「○秒で○○へ行く」命令を2度使い、スムーズに半透明の袋のスプライトへ向かうようにさせました。みかんは、「最背面へ移動する」命令で袋の絵の後ろへ隠れるようにし、その代わり、袋の表に個数の数字が出るように組みました。

プロセス2

答え合わせでは、定義ブロックに正解の数値が入力された場合に、9個のみかんが入った4つの袋と「9」の数字が出てくるようにクローンを配置しました。

今回の工夫点は、「クローンされたとき」ブロックに続く命令としてどんな動きをさせるかということです。「箱からみかんを取り出して袋に入れて分ける」というこの表現を重要視しました。

児童の学び

9の段までを活用したさまざまな除法の場面を理解することができます。みかんを分けるアニメは、どこかぎこちなさは残りますが、できる限りの疑似体験となるように仕組みました。本来であれば、9個ずつ4つの袋に入るところまでを再現できると最適なのですが、クローン化の多用を避けることと、出題や答え合わせの時間短縮を考え省略しました。

教師の目線

袋に果物を同じ数ずつ分けて入れていく場面を設定しました。包含除の問題です。ここでは、袋の枚数が解答となるので、「いくつ分」(割合)を出す問題と考えられます。単に、○の段の九九を使って答えを求めるだけではなく、割合問題的に○袋分、○倍という捉え方ができるように、わり算の意味というものを理解させる必要があります。

3-5 長さ

この単元の目標は、長さの単位「km」、道のりと距離の意味、および巻尺について知り、計器を適切に選んで長さを測定する力を身につけることです。

プログラミング的思考

●図61 「長さ」の出題画面

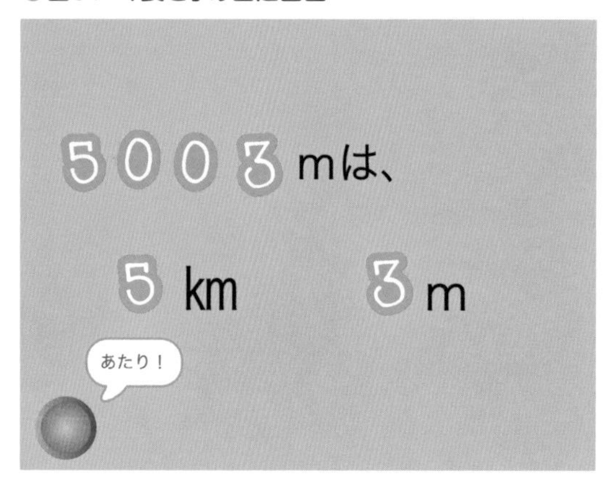

「m」で表された長さを「km」と「m」を使って換算するプログラミングをおこないます。千の単位が「km」になるという理解と、数字の頭についている「0」はつけないというルールを理解します。そのため、百や十の位の数字が「0」になった場合の条件づけをしなければなりません。

図61の場合、mが「3」であって、「003」と表記されないように組む必要があります。

プロセス

換算後の百の位は、換算前の百の位が0であれば、コスチュームが白紙になるように、また換算前の百と十の位がともに0であれば（論理演算ブロック「かつ」を使用）、換算後の百と十の位がともにコスチュームにおいて白紙となるように設定する必要があります。

児童の学び

児童が苦手とする「量と測定」分野では、単位の換算が重要なポイントです。この一見して無味乾燥な処理問題は、どうしても児童の興味を引き立たせるものではありません。しかし、現実では、建築や測量だけではなく、あらゆる仕事において必要な技能です。多くの問題に当たることで、換算アレルギーをなくすことができます。

教師の目線

メートルで表したときの千の位の数字が、キロメートルの数字です。

3-6 ぼうグラフ

この単元の目標は、棒グラフや二次元の表について理解すること、データを整理する観点に着目し、身の周りの事象について表やグラフを用いて考察できる力、分析したことを表現する力を身につけることです。

プログラミング的思考

遊びの「項目」と、それぞれに対応した「データ」をリストを作って入力します。

変数ブロックを画面表示させることで項目や縦の目盛り（単位）、表題などを配置します。

プログラムがスタートすると、罫線を引かせた後、クローン命令を使って、棒グラフが表示されます。3つの設問に答え、グラフから読み取れる内容を考えます。

●図62 「ぼうグラフ」の評価画面

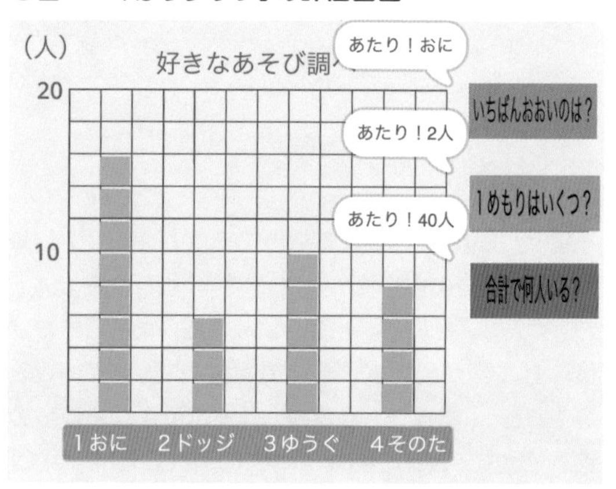

プロセス1

設問の1番目、データのうち最大値を求める問題を処理するには、図63のプログラムで、データを1つずつ調べ、最大値と比較して大きければ最大値を更新する方法でデータ内の最大値を確定します。

●図63　最大値を求めるプログラム

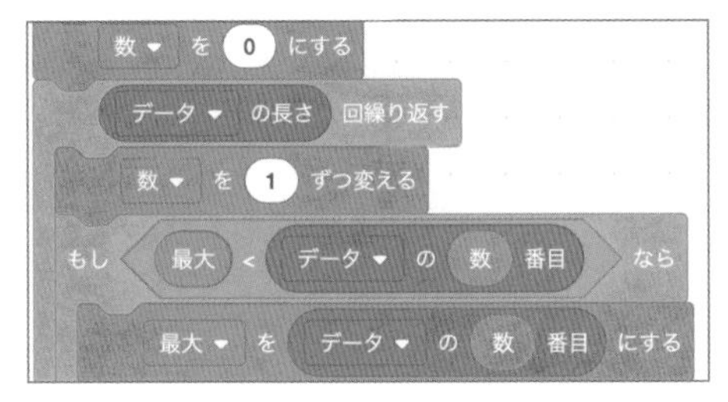

プロセス2

1目盛り分の数量を求めるには、10の目盛りを5マス分で割り、1マス分は2人であることを演算ブロックで算出します。また、合計は、「合計」という変数を用意して、順次2倍して加算していく方法で求めます。

児童の学び

さまざまなデータを活用して、グラフ化することで、調べたことの傾向や特徴を分析することができます。このような体験は、算数科にとどまらず、理科や社会科、国語科においても活用され、幅広い学習のためのツールとなりえます。

教師の目線

はじめて、正式なグラフの種類としての棒グラフを学びます。分析して特徴を捉える手段としてのグラフの意味を実体験から身につける必要があります。

3-7 あまりのあるわり算

この単元の目標は、余りのある除法の意味や式について理解し、計算することができること、図や式などを用いて計算のしかたを考えたり、計算の確かめ方を考える力を身につけることです。割られる数の範囲内で、割る数の段の九九を考え、その答えを引くことで余りを求めることができます。

プログラミング的思考

わり算で作成したプログラムを用い、その手順に従いますが、余りについての処理をする必要があります。

まず、大前提として乱数による九九の範囲内の設定数値から、3つの条件に当てはまる場合に、処理が進むようにしなくてはなりません。1つ目は割る数が割られる数より小さいこと、2つ目は商が9以下であること、3つ目は余りが発生することです。

●図64　「あまりのあるわり算」の評価画面

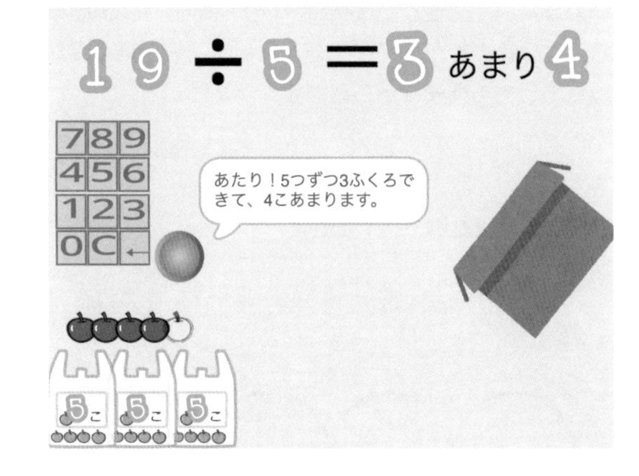

「切り下げ」ブロックを使い、九九の範囲内で商を定めます。割られる数－（割る数×商）で余りを求めます。余りの数値を表示させるとともに、余り分のりんごの表示を袋の上部にします。出題や答えも余りを加えたものに変更します。

プロセス

特別な工夫は必要としませんが、出題数値の3条件を設定することが重要です。

児童の学び

さまざまな数値で、ランダムな出題による練習をすることができます。

教師の目線

割り算に余りの要素を加えた問題です。ここで大切なことは、余りが割る数より小さくなくてはならないということです。余りは、袋に分けることが成立しない端の数量であるからです。分けられるのであれば、袋、つまり商の数字は1プラスとなるからで、本当の余りは、余り－割る数です。このプログラムでは、1袋に至るまで不足しているリンゴの様子を透明なリンゴの絵で表現しました。

3-8 円と球

この単元の目標は、円とその中心、半径、直径について理解し、図形の性質を見出したり構成のしかたを考えたりする力を身につけるとともに、円に関連して、球についても理解することです。

プログラミング的思考

●図65 「円と球」の評価画面

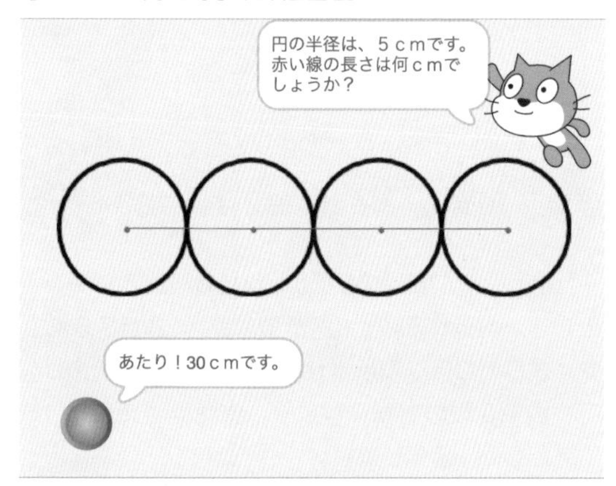

乱数によって円がいくつか描かれます。次に、円の中心を結んだ赤線が表示され、この長さを問う問題が出題されます。長さは、直径の（円の数－1）倍で計算し、定義ブロックに正解の長さを入力して答え合わせします。特別に難しい工夫は必要としません。

プロセス

特殊な命令の工夫はありません。

児童の学び

2から4個の円が描かれて、その中心を結んだ長さがランダムに出題されます。半径と直径の関係などを理解することができます。

教師の目線

円の性質を理解し、中心から外接点までの長さは、円の半径であることに気づかせます。

3-9 かけ算の筆算

この単元の目標は、2桁の数や3桁の数に1桁の数をかける乗法について理解し、計算するとともに、図や式などを用いて計算のしかたを考える力を身につけることです。

プログラミング的思考

一の位同士のかけ算をし、10以上の答えのときには、繰り上がります。

繰り上がった数字は小さく書いておきます。次に、十の位と一の位をかけ算し、さらに繰り上がった数字を足して、10以上であれば繰り上げます。最後に百の位と一の位をかけ、さらに繰り上がった数字を足して答えを出します。このくり返しの手順を正確に処理します。

●図66 「かけ算筆算」の評価画面

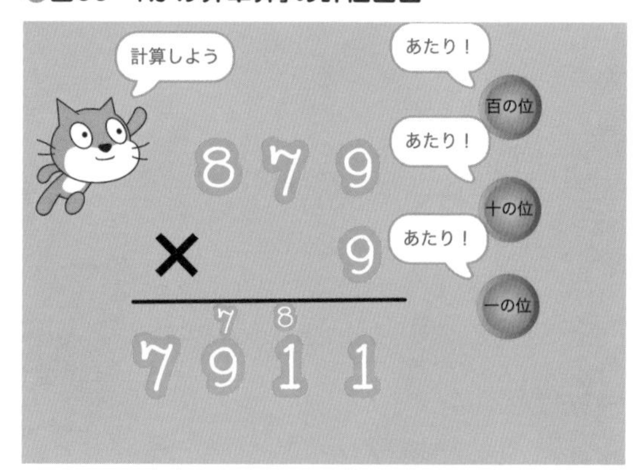

プロセス

難しい手順はありませんが、くり返しの処理を組んでいるときに、複雑にからみあって混乱してしまうことがあります。順序よく一つひとつ処理していくことが間違い発見につながります。

また、変数は、プログラムのスタートにおいてリセットしておくことが必要です。たとえば、繰り上がった数字など前回の処理で生まれた数字が、そのままデータとしてメモリーに保管され、次の計算に支障をきたす場合があります。必ずプログラムのはじめに、0にしておくなど、まっさらな状態を整えることが必要です。

児童の学び

3桁の数×1桁の数に限定した筆算の練習としました。ランダムな数字で多くの練習を積み上げることができます。位別に解答を判定していく形で、計算過程をきちんと理解できるようにしました。どこまで分かって、どこからつまずいたかが明らかになります。

教師の目線

3桁かける1桁のかけ算筆算の学習です。繰り上がった数字を丁寧に扱い、ミスをしないようにさせます。

3-10 重さ

この単元の目標は、重さの単位「g、kg」について知ること、測定の意味を理解し、単位を適切に選択して重さを測定する力を身につけること、長さ、かさ、重さの単位の関係を統合的に考察する力を身につけることです。

プログラミング的思考

時計の背景画を活用し、4kgの秤を作成しました。目盛りは、360÷40で9度ずつ回転させながら、コスチュームをスタンプして作成しました。長針を改良し、針としてスタートさせると乱数利用で重さが表示されます。

定義ブロックで用意した○kg○gのところに、解答を入力して答え合わせをします。

●図67 「重さ」の問題画面

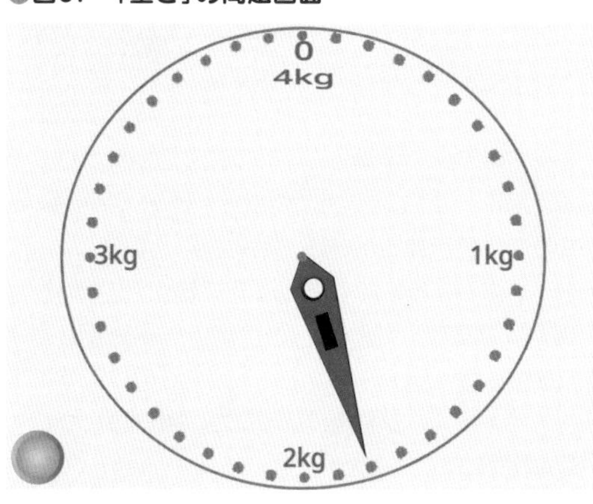

プロセス

時計のプログラムの改良なので、そう難しい工夫は必要としませんでした。背景画を重さ用に変更する手間だけです。

児童の学び

授業の演示や自己練習など、どんなパターンでも活用可能です。多くの問題にくり返し取り組むことで、確かな理解が得られます。

教師の目線

秤の針を読み取って、重さを答える問題です。1目盛りがどのくらいの重さとなるかを調べる必要があります。0kgから1kgまでに10個の目盛りがあることから、1000g÷10＝100g、1目盛りは100gであることをつかみます。目盛りの数により100×○gということになります。測定道具やグラフなどの問題では、この1目盛りがいったいいくらの数量を表しているのかをつかむことは重要です。

3-11 分数

この単元の目標は、分数の意味と表し方、および簡単な分数の加法、減法の意味を理解し、分数の大きさを比べたり、計算のしかたを考えたりする力を身につけることです。

プログラミング的思考

まずは、画面の端から端まで適度な長さのテープを「ペンを下ろす」命令と乱数を用いた分母設定で描きます。次に、ピンクコスチュームの細長い長方形を「クローンを作る」命令と乱数を用いた分子設定で所定の範囲内まで増殖させます。

表示されたピンク部分が全体の何分の何であるかを、定義ブロックに入力して答えます。

全部ピンクの場合は、「1」になることも押さえておきましょう。

●図68 「分数」の出題画面

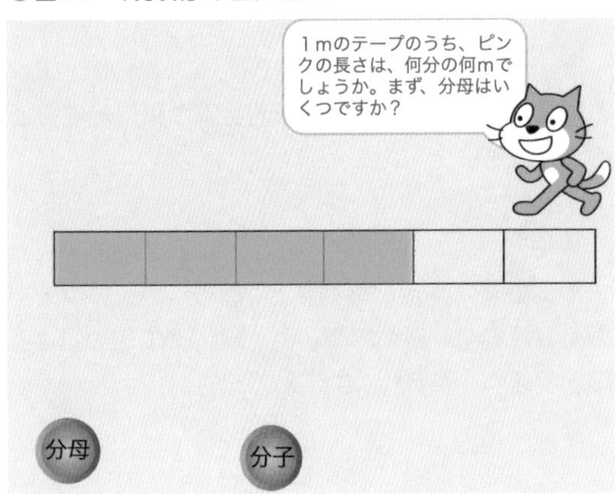

プロセス

一番表現が難しかったところは、ピンク部分を分子の数分塗ることです。テープ図やグラフのところで活用したミニ縦長長方形のクローンという手法で表現しました。しかし、適切なマス目で増殖がストップするように、所定のX座標未満であればクローンを作る命令が実行され、超えると正誤の判定処理が流れるようにしました。

また、ピンクの塗りつぶしが濃い色であれば、分母数で分けた縦線が消えてしまい分数の意味合いが分かりづらくなってしまいます。そこで、クローンされて表示する前に、「見た目」のコーナーから、「色の効果を○にする」ブロックを活用しました。色以外にさまざまな見た目の効果が選択できるので、その中から「幽霊」を選択し、ピンク色を半透過色として、全体を分けている縦線が透けて見えるように加工しました。

●図69 色の効果で半透過色にするプログラム

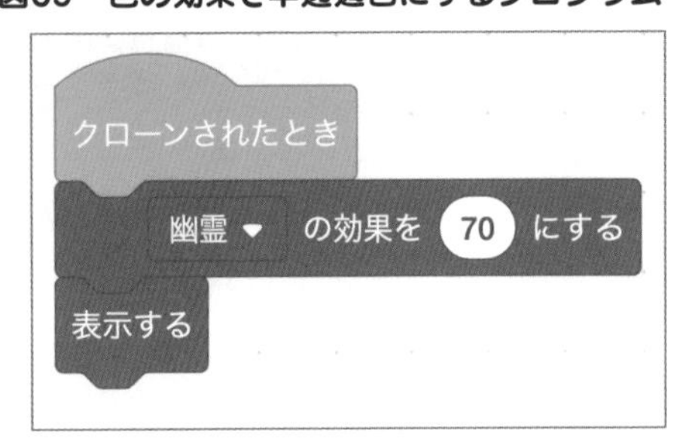

児童の学び

乱数で、2分の1から10分の10までの分数を表示でき、さまざまな「何分の何」を求める練習をすることができます。ビジュアル的に見てとれるので、分数の意味合いがよく理解できます。

教師の目線

2年生の単元「分数」の続きです。今回は、分子が1ではない量が登場し、何分の何であるかを求めます。「全体を○つに分けたうちの○こ分」と考え解答へつなげます。

3-12 小数

この単元の目標は、小数の意味と表し方、小数の加法、減法の意味を理解し、小数の大きさを比べたり、計算のしかたを考えたりする力を身につけることです。

プログラミング的思考

●図70 「小数」の評価画面

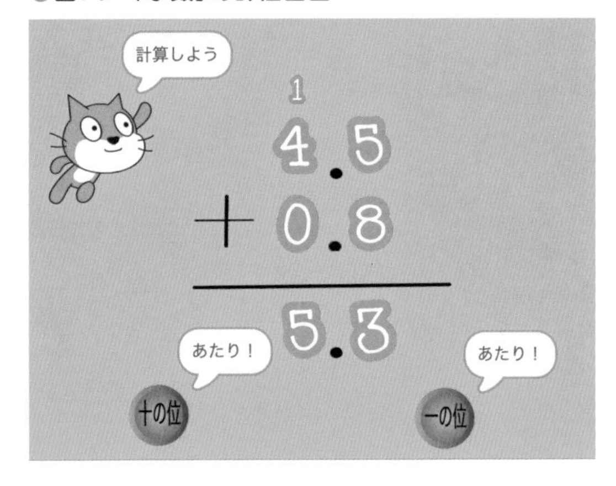

2年生の単元で学習した2桁の数の足し算プログラムを活用し、小数点を加えました。図70の場合、正解の5.3を表示するときに、最初に53と表示して、その後0.8のところにある小数点スプライトをその位置でスタンプさせ、3秒で5.3の位置まで移動する命令をします。アニメーションで、小数点を同じ位置に下ろしてくるイメージを表現しました。引き算についても同様です。

プロセス

小数点の扱いを加えるだけでほとんどは解決しますが、乱数利用で、0.8から「0」が消えて「.8」と表記されるバグが起こります。そこで、足す数の十の位のコスチュームに「0」も加えることとしました。

児童の学び

乱数利用をすることで多くの問題に当たることができます。また、小数点を下ろすというツメの作業を意識することができ、ミス防止にもつながります。

教師の目線

2桁足す2桁、2桁引く2桁あるいは1桁の小数の計算問題です。一の位から順序良く計算することや、小数点をそのまま下ろしてくることなどがポイントです。

3-13 2けたのかけ算

この単元の目標は、2桁の数や3桁の数に2桁の数をかける乗法について理解し、計算することができること、図や式などを用いて計算のしかたを考える力を身につけることです。

プログラミング的思考

●図71 「2けたのかけ算」の評価画面

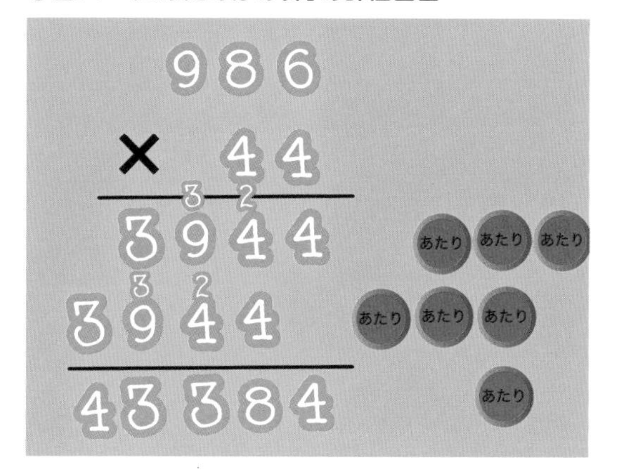

まず、かけられる数とかける数の、一の位同士をかけます。次に、かけられる数とかける数の、十の位同士をかけます。最初の計算の積と次の計算の積を足して、かけ算の結果を求めていきます。つまり、かける数を一の位の数と十の位の数に分けてかけることになり、これは分配法則の活用と考えることができます。

図71の場合、986と4をかけて3944の積を出し、次に、986と40をかけて39440の積を出します（この答えは、筆算上では「3944」と表すことに留意します）。2つの積を足し合わせて、43384の答えを導き出します。

プログラムでは、繰り上がりの様子も小さな数字で表し、位ごとの回答を答え合わせする形になります。計算の過程が大切なので、答え合わせするのは6つの場面のみとしました。答えのボタンで和が表示されるので、あらかじめ答えを出しておき自分で答え合わせすることもできます。

プロセス

桁数や表示される数字のスプライト数が多いため、プログラムも複雑になります。しかし、手順的には同じ処理のくり返しなので、工夫を必要とする部分はほとんどありません。混乱しないよう1桁ずつしっかり作り込んでいく必要があります。

工夫点として1つだけ、答え合わせにおける吹き出しが画面をさえぎり見づらくなるので、コスチューム自体を「あたり」の文字の入った赤色の丸にしました。吹き出しで表示されないので、画面の数字が見やすくなります。

児童の学び

乱数利用をすることで多くの筆算が経験できます。桁に応じて一つひとつ答え合わせするので、つまずく箇所が判明しやすく、深い理解につながります。

教師の目線

3桁かける2桁のかけ算筆算の問題です。繰り上がる数字に注意を払い、下の位から順に計算していきます。

3-14 □を使った式

この単元の目標は、数量の関係を表す式について理解し、未知の数量を□として式に表したり、式と図を関連づけて式を読んだりする力を身につけることです。また、この単元が2本の線分図を活用した割合問題への導入であることも押さえておきましょう。

プログラミング的思考

問題の文章から、数値やその関係性を読み取り線分図に表しました。次に、不明な数値を□として、数値の関係を乗法および除法の式にし、最後に逆算を使い不明な数値を求めるという処理になります。かけ算の立式であれば、わり算で答えを求め、わり算の立式であれば、かけ算で答えを求めることになります。

●図72 「□を使った式」の評価画面

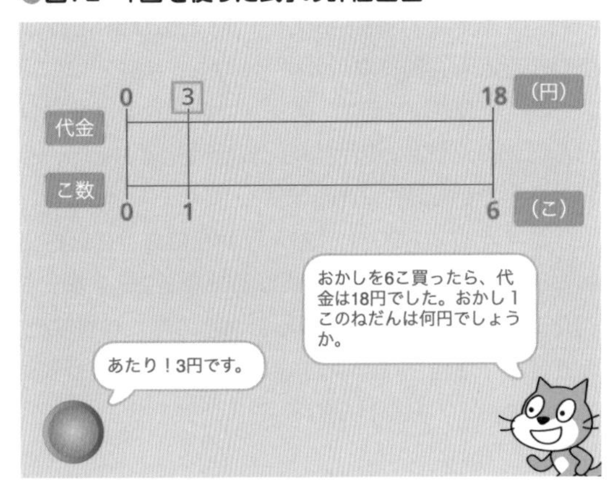

図72の問題であれば、分かっている数値、6と18から、

□×6＝18

と立式されて、18÷6により、3円という答えにいたります。これは、割合問題の「1つ分」(もとにする量)を出すことと同じです。6年生まで続く割合問題がはじめての図式で表現されました。

プロセス

スプライトにペンを持たせて、線分図を描かせています。数字は、コスチュームのスタンプで表しました。表示する位置を計算し、「1あたり量」「いくつ分の量」「全体の量」を適切な場所に表現できるようにしました。1つのプログラムができ上がれば、それぞれの量を求める3つのパターンを作り上げることは容易です。

「代金」「こ数」や単位などは、グラフの単元でも使った手法で変数を作成し、適切な位置に表示しました。

児童の学び

割合問題の3種類のパターンについて、線分図を見ながら□を使った式を考え、逆算で答えを出す練習をすることができます。これによって、問題文を図に表すことに慣れ、計算方法も身につけることができます。

教師の目線

2本の線分図と□で表した不明な数値、割合問題がはじめて登場です。割合問題は、中学まで続く重要な分野です。ここを丁寧に学習するか否かがのちの「方程式」(中学校で学習)の理解に影響を与えます。単にかけ算やわり算の問題として扱うのではなく、1つ分といくつ分という関係性を理解させることが重要です。

第4学年

4-1 大きな数

この単元の目標は、億、兆の単位について知り、十進位取り記数法についての理解を深め、大きな数の大きさの比べ方や表し方、計算のしかたを統合的に捉える力を身につけることです。

プログラミング的思考

●図73 「大きな数」で使用するブロック

図73のプログラムは、「0から9までの数を使ってできる数のうち、最も大きい数を言いましょう。」という問題を解くものです。

数字全部を使うわけではないので、求めたい数の桁数が問題となってきます。そこで手順としては、まず桁数を入力し、その回数だけ同じ処理をくり返すことになります。コスチュームが9・8・7……となっているので、最大値の9から順に、大きい方から選んで次々と表示していく処理です。

ここではスタンプ命令で数字を表示し、次の1つ下の位の場所へ移動する必要があります。必要な桁数だけくり返したあと、スプライト自身がその場に残っていては、桁が1つ増えてしまうので、自らは消えなくてはなりません。

プロセス

特別な工夫は必要ないので、手順通りに組み立てていく必要があります。4年生以上では、部品を論理的思考で手順通りに組み立てていく力も育成していく必要があります。児童の実態に応じて、ブロックの組み合わせを事前にどこまでにしておくかを判断しなければなりません。また、あえて上下に混ぜた状態でブロックを提示することも大切です。

児童の学び

この単元の問題では、プログラムが比較的簡単なので、実際にプログラムを組ませるプログラミング教育をすることが可能です。答えをはめ込む形式ではなく、ブロックを手順に基づいて組み立てていく過程を学ばせるよい教材です。

教師の目線

2つの数字の大小を比較する問題です。

4-2 わり算の筆算

この単元の目標は、除数が1桁の数で被除数が2桁の数や3桁の数の場合の除法について理解し、計算することができること、図や式などを用いて計算のしかたを考える力を身につけることです。商を立てて、かけ算をし、引き算をしてから数字を下ろすという手順のくり返しを正しくおこなうことで筆算ができます。この論理的な処理のくり返しを、思考順序とともにしっかりと理解することが大切です。

プログラミング的思考

●図74 「わり算の筆算」出題場面

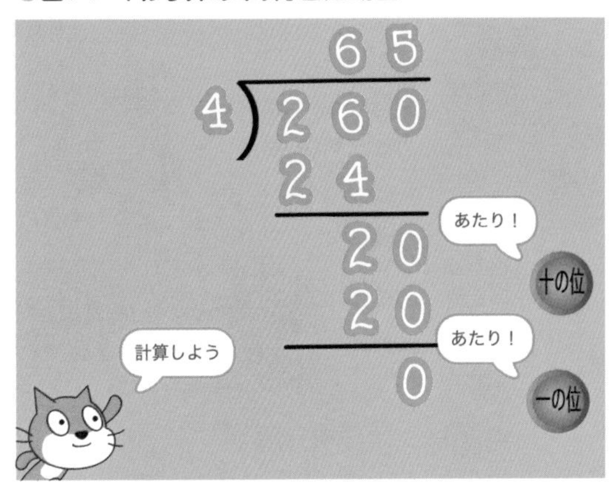

まずは、百の位の「2」に注目し、200を4つに分けると考えます。百のまとまりで考えると、200は100が2個あることになりますので2個を4つに分けることは叶いません。したがって、百の位の商は書きませんが「0」です。次に、十のまとまりで考えると、260は10が26個あることになります。26個を4つに分けると6個ずつになり、2個余ります。余った2個、つまり20を4つに分けると5となり、10が6個と5で65です。

プロセス

かけ算同様に、地道にプログラムを作成すれば、いつかはできあがります。しかし、どこかの位に0がある場合や計算の途中で割り切れてしまう場合など、どのような数字の状況でも正しい筆算となるようにするには、バグの修正が多く必要です。

また、特に百の位の商がない図74の場合などは、計算過程が少なくなるために、引き算が2回で済む場合があります。3回引き算する問題を想定してプログラムを組んだ場合、2回になると、問題と引き算との間に空白（空間）が生まれてしまい、筆算の計算跡としては不自然な表示です。そこで、百の位の答えを、「0」と入力した場合にだけ、問題部分をやや下の位置にずらす工夫をし、空白を縮めることとしました。その場合は、あわせて商の表示位置も下げることとしました。

児童の学び

乱数利用をすることでさまざまなパターンの筆算を体験することができます。また、わり算独自の「立てる・かける・ひく・おろす」という過程を位ごとにしっかりと確認できるため、どこからつまずいているのかを知ることができます。わり算の深い理解につながります。

教師の目線

3桁÷1桁のわり算の筆算方法を身につける問題です。百の位の数字の中に割る数が何回入っているかから順に考えていきます。立てる・かける・引く・おろすの一連の流れを計算処理手順として身につけることで、プログラミング的思考を鍛えます。

4-3 折れ線グラフ

この単元の目標は、折れ線グラフについて理解し目的に応じてデータを収集できること、データの特徴や傾向に着目しグラフで的確に表現できること、それらを用いて問題を解決したり、解決の過程や結果を多面的に捉え考察したりする力を養うことです。

数値をグラフ化することで物事の分析がしやすくなり、特徴を理解することができます。算数にとどまらず、国語・社会・理科などにも応用でき、学びにとって大切な手法の1つとなるツールです。

プログラミング的思考

時刻ごとのデータを入力し、スタートすることで、気温の変化が折れ線グラフ化されます。

その後、最高気温や最低気温などを読み取り、温度の特徴を調べる学習を進めます。

このプログラミング教育では、プログラムが複雑化するので、グラフ化する部分と、最大・最小の値を求めるにとどめます。

●図75 「折れ線グラフ」の問題画面

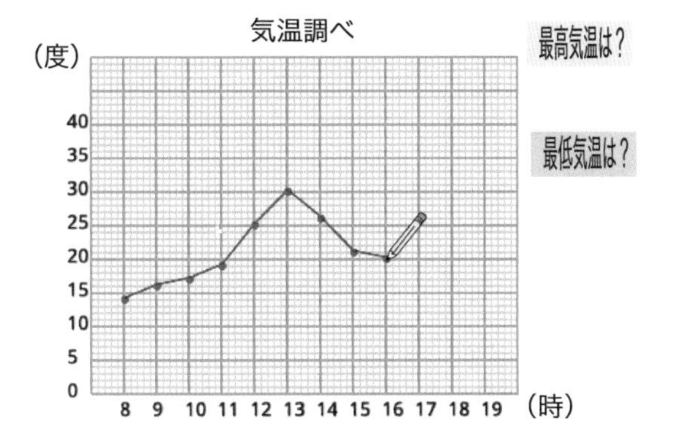

プロセス

温度の表示は変数で、時刻の表示はコスチュームのスタンプで表しました。鉛筆のスプライトに、データに対応した位置座標を1秒で移動させる命令を与え、滑らかなグラフ描きを表現しました。3年生で学習した棒グラフのプログラム（p.142）を活用し作成しました。

背景画として表示している方眼はマス目を細かくし、また5回ごとに赤線で引かせることで数値を分かりやすくしました（スクラッチのプログラムで描いた絵をペイントで加工）。

児童の学び

項目や縦軸の目盛りを変えることで、気温以外のグラフも作成できます。ただし、データ項目は13個までが限界です。その範囲内で、最大値と最小値を求めることができます。

教師の目線

気温の変化をグラフに表すときは、折れ線が適切です。数値を変えて、理科の学習にも活用できます。最大や最小を読み取るのに有効な表現方法であることを伝えます。

4-4 角

この単元の目標は、角の大きさについて理解し、測定したり作図したりすることができること、角の大きさを柔軟に表現したり、図形の考察に生かしたりする力を身につけることです。

角は、三角定規の角を活用して調べることもできますが、分度器で測定したり作図したりする場合が多いです。ここでは、分度器の使い方、読み取り方についてのプログラミング教育を考えます。

プログラミング的思考

乱数設定により、さまざまな角度の問題を出題し、分度器を用いて読み取ります。答え合わせのあと、正解していれば正解の表示がされるというシンプルな処理の流れです。背面に分度器の絵を表示し、赤い線で囲まれた角度にしているので、視覚的に分かりやすくなっています

プロセス

●図76 「角」の評価画面

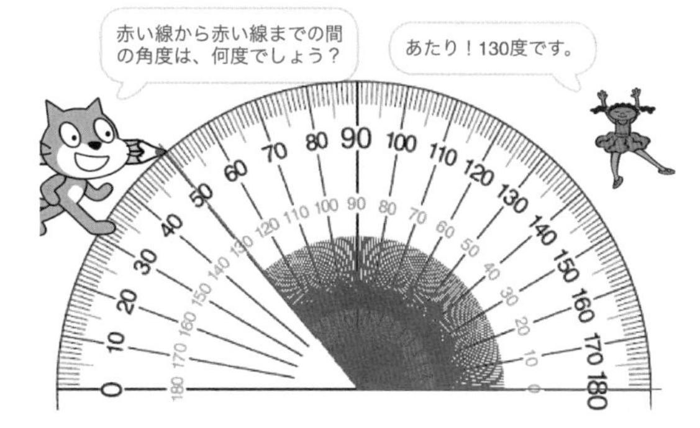

図76の通り、実際に学校で活用されるタイプの分度器を配置しました。

赤鉛筆のスプライトを中央に配置し、ペンを下ろして右方向へ歩かせて線を引かせます。次に、乱数で角度を設定し、左回りに歩かせて線を引かせます。赤い線の間の角度を定義ブロックに入力して答え合わせをします。

児童の学び

乱数利用をすることでで、5度単位のさまざまな角度の問題が提示できます。児童は、それを分度器で読み取って解答します。分度器の使い方や読み取り方の習熟が測れます。

教師の目線

分度器を配置して、角度を読み取る方法や正しい読み取りの訓練です。

4-5 2けたの数のわり算

この単元の目標は、除数が2桁の数で被除数が2桁の数や3桁の数の場合の除法について理解し、計算ができるとともに、図や式などを用いて計算のしかたを考える力を身につけることです。

除数が1桁の数のときのプログラムを活用し、作成することができます。手順としては同様ですが、2桁の数と十の位を立てた商のかけ算を瞬時に計算できないため、商の数字をおよそで想像して計算しなければなりません。それが割られる数をオーバーしてしまった場合、1下げる必要もあります。概数の考え方や暗算の能力が影響してくる単元です。

プログラミング的思考

まず、62の中に17が何回入っているかを予想し、60÷20の概数による計算から3と想定します。

17×3で51となり、62−51で11。この時点で、11は17より小さいことを確認します。続けて9を下ろし、119として17で割る。7を立てて、17×7で119、余りなしで終了です。

「立てて、かけて、ひいて、おろす」という手順のくり返しです。

●図77 「2桁のわり算筆算」の評価画面

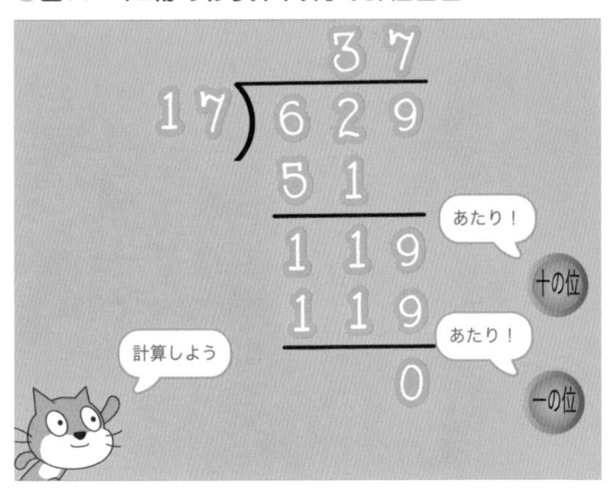

プロセス

前回のわり算の筆算（p.149）同様に、十の位に商が立たない場合は、計算処理の表示に隙間が空くため、わり算式と商の表示を下へずらす命令を加えました。

児童の学び

乱数利用をすることで、さまざまな問題を体験することができます。商を立てたあとに暗算をしなければならず、そこが難しいところです。

教師の目線

3桁÷2桁のわり算筆算のしかたを身につける問題です。十の位から順に計算していきます。

4-6 およその数

この単元の目標は、概数や四捨五入について理解し、目的に応じて概数で表したり、四則計算の結果の見積もりをしたりすることができること、目的に合った数の処理のしかたを考える力を身につけることです。

概数は、児童にとって苦手分野の1つです。四捨五入を判定する位がどの位なのかを問題文の「上から○桁までの……」「○の位までの……」などの言葉から読み取ります。このことを理解すれば、同じことのくり返しなので難しくはありません。くり返しの練習が必要ですが、その前に四捨五入の仕組みを十分理解することが重要です。プログラミング教育では、処理の流れや組み立てを実際に児童に作成させることで深い理解が得られます。

プログラミング的思考

まずは、スタートの緑の旗ブロックが来ます。定義ブロック「じゅんび」は、あらかじめつけておきます。次に、メッセージを5秒間表示し、最後は、条件ブロックです。

判定する位の数字が4よりも大きければ、1つ上の位に1切り上げてから、後ろの位を0にします。4以上ならそのまま後ろの位を0にします。

●図78 「およその数」のプログラムセット

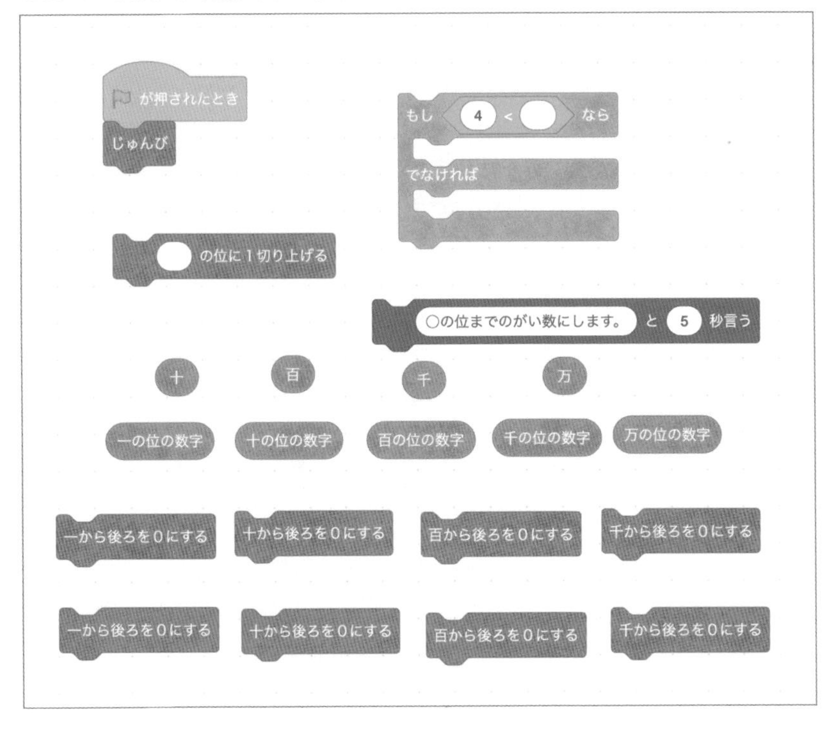

プロセス

定義ブロックを多用して、児童に組み立てさせる部分をできるだけ簡素化させました。四捨五入の言葉に合わせたいところではありますが、不等号の都合上で上記のように組みました。

プログラムを組む上で気をつけたいのは、「4<」のところにはめる変数は数値であり、「の位に1切り上げる」のところにはめる変数は、位の名前（「十」など）になるということです。ここの数値と文字列がごちゃごちゃになってしまうと、処理結果が不正確になってしまいます。

児童の学び

乱数利用をすることで、いろいろな数値の処理を体験できます。今回は、問題の解答を求めるのではなく、プログラムが処理される仕組みを理解し、作成させる本格的なプログラミング教育です。4年生であっても、教科書のまとめを理解していれば作成できるレベルに作っています。4年生以上は、可能な単元ではプログラム自体の作成をさせる体験が必要です。

教師の目線

概数を求めるプログラムをブロックの組み合わせで作り上げます。どのくらいまでの概数にするのか、どの位を四捨五入して、どこに1を足したり0にしたりするのかなど、教科書で学んだことをブロックで組み立てます。しっかり組み立てることができたら、プログラミング的思考が構築できていると判断できます。一度組み立てることができれば、何度でも同じ処理をおこなうことができます。

4-7 垂直と平行

この単元の目標は、直線の垂直・平行の関係および、台形、平行四辺形、ひし形について理解し、図形の性質を見出したり構成のしかたを考えたりする力を身につけることです。

プログラミング的思考

●図79　平行四辺形の辺と角に関する問題画面

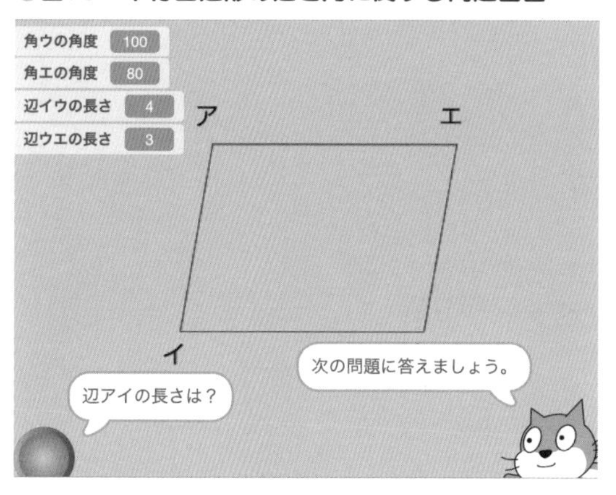

図79のように、ランダムな辺の長さと角度でさまざまな平行四辺形が描かれます。そして、表示された4つのデータから平行四辺形の性質を利用して、定義ブロックの4つの設問に答えるという流れになります。全問完全解答で正解となり、どこか間違いがあった場合は、メッセージが表示され正解するまで次の問題に進めなくなります。改めて解答を入れ直してクリックすると、正解のメッセージが表示されます。

プロセス

まず、乱数利用の平行四辺形を作図する必要がありました。そのためには、2つの隣り合う角の合計を180度に設定する条件ブロックが必要です。また、向かい合う辺の長さも同じにするために、「180度−角ウ／エの角度」分回転しながら、ペンを下ろして線を描くことをくり返して作成しました。

しかし、始点と終点が一致せず四角形が閉じられていないパターンになることがありました。この場合は、「終点と始点が同じ（X座標とY座標の一致）であれば○○」という条件文を活用し、正しい作図のみを表示することとしました。

設問は、全て定義ブロックで作成し、完全解答で正解としました。

児童の学び

さまざまな平行四辺形において、向かい合う角の角度と辺の長さが一致するという性質を目で見て確認、解答と答え合わせをすることで、より理解の手助けになります。

教師の目線

ランダムな平行四辺形を表示し、図形の性質に照らして辺の長さや角の大きさを求める問題です。性質が理解できていれば、どんな問題でも正解できます。

4-8 式と計算

この単元の目標は、数量の関係を表す式、および計算に関して成り立つ性質について理解し、正しく計算することができること、数量の関係を式に表したり式の意味を読み取ったりする力を身につけることです。

プログラミング的思考

図80の場合、まず、同じ乗数である8に注目し、結合法則でかっこを使った式に表しました。

「?」マークで表しているところをクリックして、結合された式を確認します。

その後、定義ブロックに解答を入れて答え合わせします。

●図80　「結合法則」を使った計算

プロセス

特別な工夫は必要ありません。ただし、かっこの中の計算が10の倍数になるように条件づけをしました。これは、結合法則による利便性を理解するために必要な設定です。図80の場合、一つひとつの数字に

8をかける面倒な計算をするよりも、65+45をして110とした方が8と暗算でかけ算ができるからです。

児童の学び

結合法則の便利さを、さまざまな数値を用いた計算体験により理解することができます。多くの計算に実際に取り組むことで理解は数段進みます。

教師の目線

結合法則を理解するための問題です。

4-9 面積

この単元の目標は、平面図形の面積、および公式についての考え方を理解し、長方形や正方形の面積の求め方を考える力を身につけることです。1cm四方の正方形の面積を1cm^2単位面積）として、そのいくつ分の広さかを求めて面積とします。

プログラミング的思考

まずは、1cm^2の正方形を「自分自身のクローンを作る」命令とくり返しで描きます。

その後、縦横のマス目を数えて、それぞれの長さを求め、それらの長さをかけ合わせて面積を求めます。

グラフの単元で使ったプログラムを応用し、長方形の面積の問題として改良しました。

●図81 「面積」の評価画面

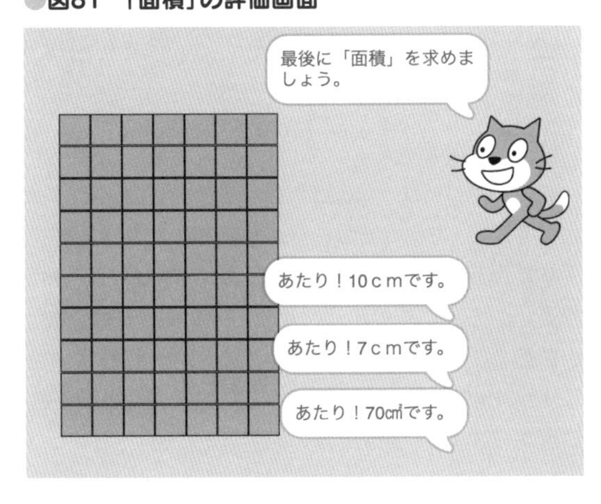

プロセス

特別な工夫は必要としません。できれば児童にプログラム自体を作成させたいところですが、ここでは面積を出す練習用プログラムとして活用する方が適切であると考えました。

児童の学び

マス目の描かせ方の理解も大切ではありますが、乱数利用で表示されるさまざまな大きさの長方形の広さをどんどん求めていくことで、面積を出す計算方法の定着を図ることに重点を置きました。

教師の目線

ランダムに表示される長方形の面積を求める問題です。縦横の長さを求め、かけ算の考え方で、1cm四方の面積1cm^2がいくつ敷き詰められているかを求めます。

4-10 小数のたしひき算

この単元の目標は、小数の仕組みや数の相対的な大きさについて理解を深め、小数の加法および減法の計算のしかたについて、図や式などを用いて考える力を身につけることです。

プログラミング的思考

3年生で学んだ引き算の筆算に小数点がついていると考えます。位をそろえて表記し、順に計算していきます。引ききれない場合は、1つ上の位から10を下ろして引きます。引き算を全てしたら、最後に小数点をまっすぐに下ろして答えとします。

引き算筆算のプログラムに小数点をつけただけで、この単元の問題として改良できます。小数も整数も10のまとまりで繰り下げることを教えます。また、筆算をするときは小数点をそろえて表記します。図82の場合は、少数第三位から順に繰り下げて引き算していきます。

小数の引き算は、そのまま引くか繰り下げるかを判断し次々と順序よく計算していきます。整数の引き算との違いは、一の位が0になることがある点と、最後の桁が0の場合には表記しない点などです。

●図82 「小数のひき算」評価画面

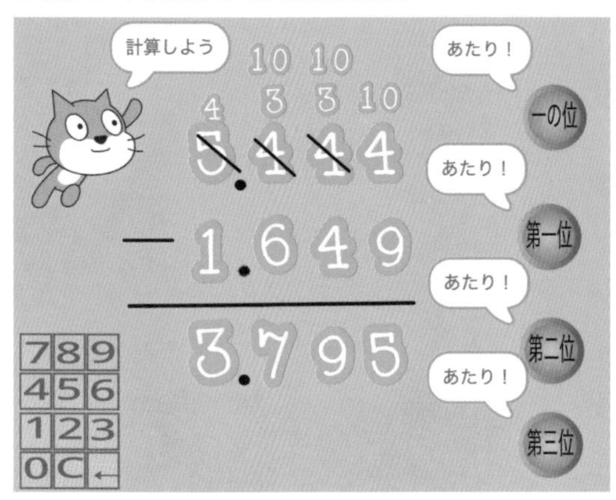

プロセス

整数の引き算筆算プログラムを小数に変化させたので、引く数の一の位を設け、なおかつ「0」もありとしました。また、小数第三位、すなわち最後の桁に「0」が出現しないように乱数の指定範囲を狭めました。

児童の学び

乱数利用することによってさまざまな問題を解くことができます。小数点を下ろす部分をアニメ表現したので印象に残りやすいです。

教師の目線

4桁同士の小数の引き算筆算を問題にします。順序良く計算し、小数点をそのまま下ろします。

4-11 小数と整数のかけわり算

この単元の目標は、小数×整数の乗法、小数÷整数の除法の意味、および小数を用いた倍について理解し、計算することができること、図や式などを用いて計算のしかたを考える力を身につけることです。

プログラミング的思考

3年生で学んだかけ算筆算や4年生で学んだわり算筆算の学習をベースに、小数と整数のかけわり算に改良したプログラミング学習です。小数点を元の小数点と同様の位置につけるということだけの違いですが、それは整数との計算に限った場合だけです。今後、小数同士のかけわり算となった場合には、小数点の位置が元の位置とは一致しない状況が出てきます。したがって、本来なら今回も「同じ位置につける」という単純な結論ではなく、「小数以下の桁の数だけ積や商の小数点もずらす」とした方が正しいのです。ともあれ、プログラミング上は、同じ位置に小数点がつくように組みました。つまり、普通に計算し、最後に小数点をつけるという手順です。

わり算の場合、プログラムの処理は整数同士のわり算筆算の方法と同様の処理です。違いは、小数点がついているところと「0」の扱いです。一の位に0が来ることがあるため、小数点以下の無駄な「0」を斜線で消す必要があります。これらの処理を除けば、以前のプログラムがそのまま活用できます。

●図83 「小数と整数のわり算」評価画面

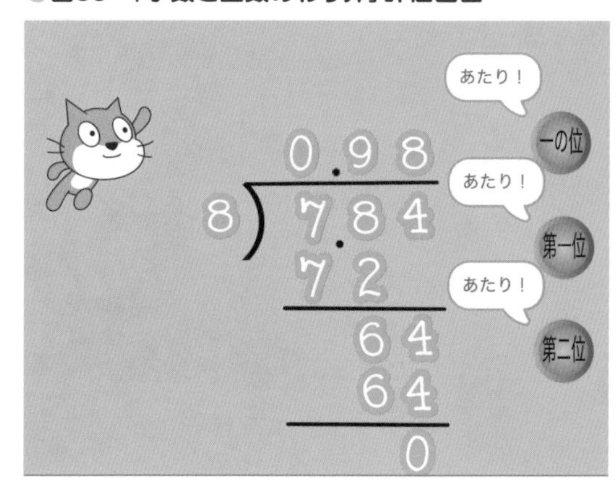

プロセス

一の位が0となったときには小数第一位からの計算となるので、割られる数の一の位を整数計算と同様に下へずらす必要があるとともに、商には「0」と小数点の表記が必要になります。また、商の最後の桁つまり小数第二位が0となったとき、また、第一位も合わせて0となったときには、この0に斜線を引く必要も生じます。ここが、小数計算の特殊なところです。

児童の学び

小数の筆算を練習することができます。小数計算における「0」の扱いについても学ぶことができます。

教師の目線

3桁の小数に1桁の整数をかけたり、1桁の整数で割ったりする筆算のしかたを理解する問題です。順序良く計算して、小数点をそのまま下ろしたり、つけたりします。

4-12 立体

この単元の目標は、直方体や立方体の特徴について理解すること、見取図や展開図による表現や構成のしかたを考えて図形の性質を見出したり、日常の事象を図形の性質から捉え直したりする力を身につけること、ものの位置の表し方について理解し、数を用いて位置を表現する方法を考える力を身につけることです。

プログラミング的思考

図形問題をプログラミング学習化することは、なかなか困難です。

今回は、面の名前がランダムに表示される立方体の展開図から、「面か」と平行な面を答えるという形式にしました。図84でいうと「面え」が正解です。

図84 立方体の展開図

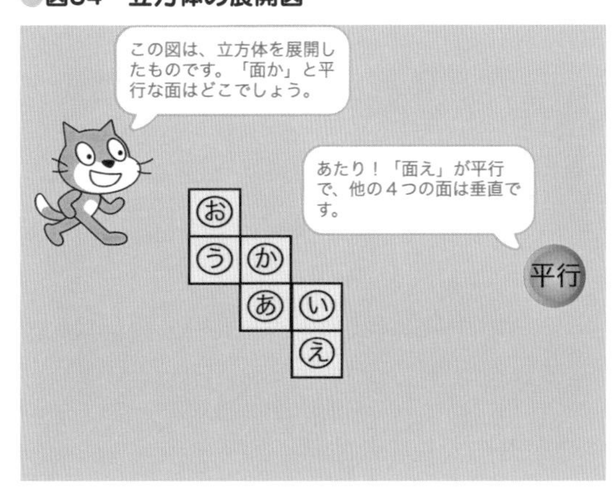

プロセス

自分で出題プログラムを作成する形式にならないかと考えましたが、4年生では難しいと判断しました。

座標データをリスト化して、異なった記号（面の名称）のついたスプライトをランダム配置することができました。さらに、ランダムに位置した「面か」に対応した平行面も随時ランダムに設定されることになり、正解の位置が固定化していないので、練習問題としては効果的です。配置される位置がだぶらないよう座標リストから順次削除しつつ乱数選択をするという手法を実践することもできました。また、データが完全になくなったリストを元の通り復活させるため、あらかじめリストの元版を作成しておくこともおこないました。

児童の学び

頭の中で展開図を組み立てて、平行や垂直になる面を考えることができます。

教師の目線

立方体の展開図の各面はランダムに配置されます。その中で、平行な面を求める問題です。頭の中で、立体を組み立てる想像ができるかどうかが鍵です。そのためには、現実に箱を組み立てる操作を数多く体験する必要があります。

4-13 分数のたしひき算

この単元の目標は、簡単な分数について、大きさの等しい分数があることを知り、探したり、同分母の分数の加法および減法の計算のしかたを図や式などを用いて考えたりする力を身につけたりすることです。

プログラミング的思考

乱数利用により、分数計算式が提示されます。次に、整数は整数同士、分子は分子同士の足し算をおこないます。

最後に、もしも分子が分母よりも大きかった場合（仮分数）は、分母分の数字を引いて、整数を1プラスして、分子を小さく（真分数）します。

●図85 「分数のたしひき算」の評価画面

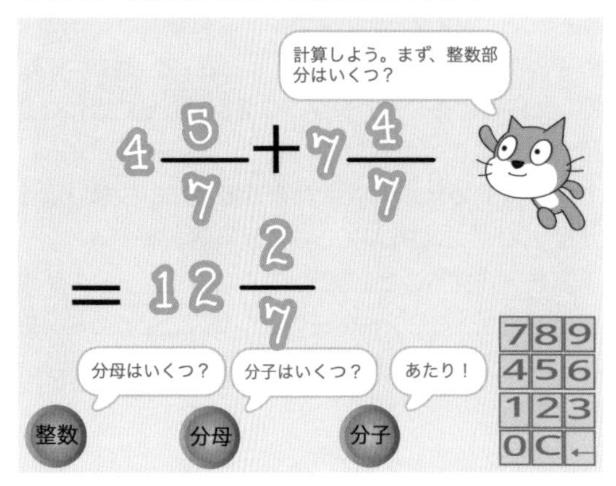

プロセス

分子が大きく仮分数だった場合の処理をします。また、分母と分子が同じ数だった場合、分数自体を消して整数のみの表示とする処理をおこないます。引き算では、分子同士の引き算ができないときに、整数を分子に分母ぶん下ろして計算する処理をおこないます。

児童の学び

図85の例では、11と7分の9にしておく処理のあと、12と7分の2に変える過程を踏むことがより深い理解につながりますが、ここでは練習を重点化しました。

教師の目線

帯分数同士の足し算と引き算をする問題です。整数は整数、分数は分数同士計算して合わせるのが基本です。ただし、分子が分母以上に大きくなったり、分子の引き算ができない場合は、整数を増やしたり整数をくずす必要があります。そのときには、分数の意味合いとあわせて、1になる分数（分子＝分母）についての理解が必要です。

第5学年

5-1 整数と小数

この単元の目標は、整数および小数の表し方を理解し、その仕組みについてまとめたり、数と式の表現や計算などに有効に生かしたりする力を身につけることです。

プログラミング的思考

まず小数が乱数指定で表示されます。図86の場合は、2.72です。

次に、10分の1のボタンをクリックすると、小数点が左に1つ移動し、さらに一の位に0が表示されます。

同様に、10倍100倍などの結果をボタンクリックにより表示します。

●図86 「整数と小数」の説明画面

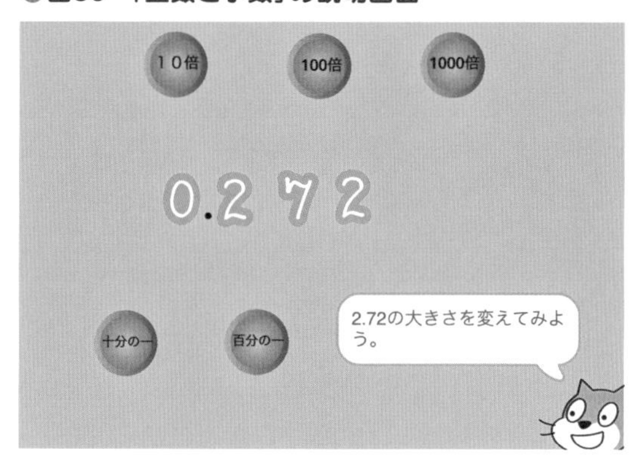

プロセス

「何秒で座標に変える」命令を使い、小数点の位置の移動を表現しました。ただし、一の位より小さい位に数字が及んだ場合、「0」を表示しなければならない場面もあるので、条件づけしました。ここでは、問題を解くという形はなじまないので、小数点位置の操作理解という点に主眼を置きました。

児童の学び

乱数指定で、〇.〇〇の小数を表示し、ボタンクリックにより小数点を移動させて新たな数字を表示します。この操作をくり返し確認することで、倍と小数点操作の関連性を深く理解することができます。

教師の目線

小数は、倍やわり算によって、小数点の位置が変わることを理解します。

5-2 体積

この単元の目標は、立体図形の体積について理解し、直方体や立方体の体積の求め方を考える力を身につけることです。

プログラミング的思考

乱数利用で直方体の見取り図と問題文が表示されます。答えを入力し答え合わせをします。

●図87 「体積」の評価画面

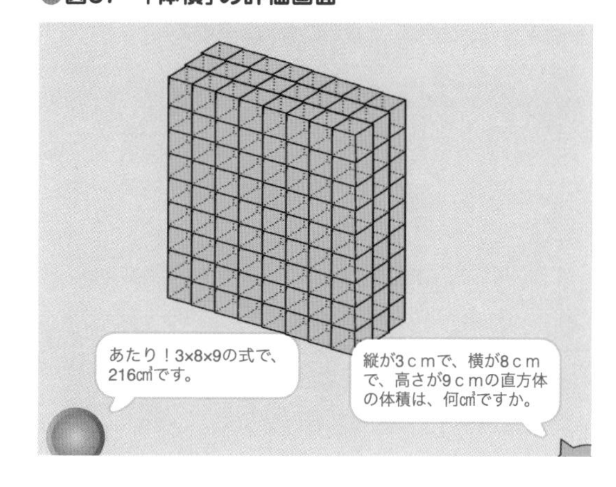

プロセス

1cm^{3}の見取り図コスチュームを使い、クローン命令で立体を表現し、問題文とともに表示しました。答えのみを問う形としています。ただし、見取り図のプログラムでは、「〇秒待つ」のブロックを活用し、積み木を積み上げるようにして立体を表示し、体積を求める式の意味合いを表現しています。

児童の学び

体積という概念を理解する手立てとして活用できます。

教師の目線

1cm^{3}の見取り図を、縦・横・高さにクローンで配置させて、その体積を求める問題です。図から3つの長さを読み取り、その積を求めることで体積を出します。クローンを増殖させて作成した立体は、積み木を積み上げて作った状態なので、ドラッグ&ドロップで動かしたり解体したりできます。立体の内部の様子を確かめるのには最適な表現です。

5-3 2つの量の変わり方

この単元の目標は、簡単な比例の関係について理解し、伴って変わる2つの数量の関係について表や式を用いて考察する力を身につけることです。

プログラミング的思考

●図88 「2つの量の変わり方」評価画面

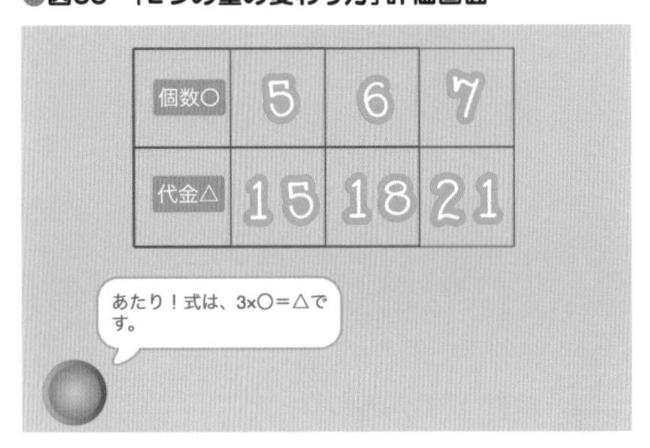

比例係数は、1から25までの乱数から設定されます。

個数○個と代金△円の関係が設定に基づいて表として提示されます。この表の○と△の関係から計算して、比例係数、すなわち単価を割り出し、定義ブロックに○と△を使った関係式を入力し答え合わせをします。

個数の欄を1からではなく5からの設定として難易度を上げました。4年生にもこの単元があり、差別化を図る意味でも工夫する必要があると考えたからです。

プロセス

グラフの単元で活用した方眼を描かせる命令を使って表を作成し、コピーして背景として読み込ませました。「個数○」や「代金△」は、変数ブロックで表示しました。関係式に基づいて、数値を設定し表示させています。ただし、数値が1桁となる場合には、十の位を表すスプライトには、消えるコスチューム（何も描かれていない）にする必要がありました。4年生の内容と差をつけるため、教科書での表は個数1から順に表記していますが、設定によって、はじまりの個数に変化をつけることができるようにしました。その場合、一番小さな数の欄で、代金を個数で割り、単価、つまり比例係数を出す一手間が必要です。

児童の学び

反比例や和が一定のパターンなど、さまざまな関係式を扱うことができればよりいいですが、ここでは比例関係に限ったプログラムとしました。

個数欄を適当な数字から開始することで、単価を出して立式する問題に変えることができます。

教師の目線

2つの量の変わり方を表として表し、そこから関係式を求める問題です。6年生の比例などにもつながる学習です。

固定した係数（比例定数）を求めることがまず第一歩です。Xのはじまりを1としてしまうと定数が丸見えなので、5からとしました。係数はY÷Xで出すことができます。関係式だけではなく、XやYが特定の値だった場合におこなう、片方を関係式に代入することによって求める方法も理解させる必要があります。

5-4 小数のかけ算

この単元の目標は、乗数が小数である場合の乗法の意味について理解し、計算することができるとともに、図や式などを用いて計算のしかたを考える力を身につけることです。

プログラミング的活動

3年生で学習した「2桁のかけ算」から、筆算のプログラムをそのまま活用しました。

違いは、最後の小数点ずらしの部分だけです。答えを入力し正誤判定を受け、正解であれば答えが表示されて、最後に小数点が3桁分移動します。

本来であれば、さまざまな桁数移動するパターンを用意すべきですが、複雑化をさけて3桁としました。

●図89 「小数のかけ算」の評価画面

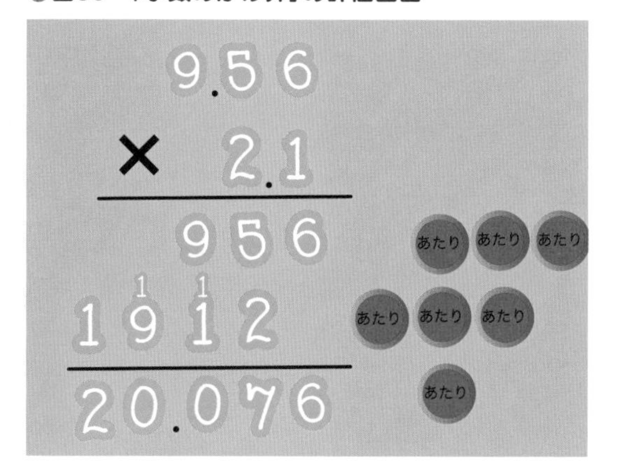

プロセス

あらかじめ正解を出しておき、解答入力後答え合わせをしました。処理としては、緑のボタンブロックが赤くなり「あたり」の表示に切り替わります。その後、正解の数字が表示され、最後に、答えの数字の一の位の横にあった小数点が3桁分左に、3秒で移動する形としました。

児童の学び

さまざまな3桁と2桁の小数同士の筆算を練習できます。また、3年生の学習時と違って、解答の正誤の確認も加えました。最後に「小数点を打つ」という処理が深く理解できるよう「3秒で○座標に変える」命令を使いアニメ化して印象づけました。

教師の目線

3桁×2桁の小数の筆算のしかたを身につける問題です。順序良く一の位からかけ算をしていきます。十の位とのかけ算は、十の位の位置から積を書いていき、最後に足し算をして、小数点以下の数字の個数分小数点を左にずらして解答とします。繰り上がりの小さな数字も加えながら、一つひとつ丁寧に積を出していくことが重要です。3桁×2桁の整数であれば積はそのままですが、それぞれ1/100や1/10の数字なので、かけ合わせると1/1000の数字になり、小数点を3つ左へずらすことになります。

5-5 三角形と四角形

この単元の目標は、図形の合同について理解し、図形間の関係を合同の観点で考察したり、合同な図形の構成のしかたを考えたりする力を身につけること、三角形や四角形などの内角の和の性質を見出し、その性質を筋道を立てて考え説明する力を身につけることです。

プログラミング的思考

ここでは、合同ではなく図形の内角の和についての学習を取り上げます。二角が分かっている三角形や三角が分かっている四角形を表示し、内角の和の性質を活用して不明の角の大きさを求めるものです。

●図90 三角形の作図と内角の評価場面

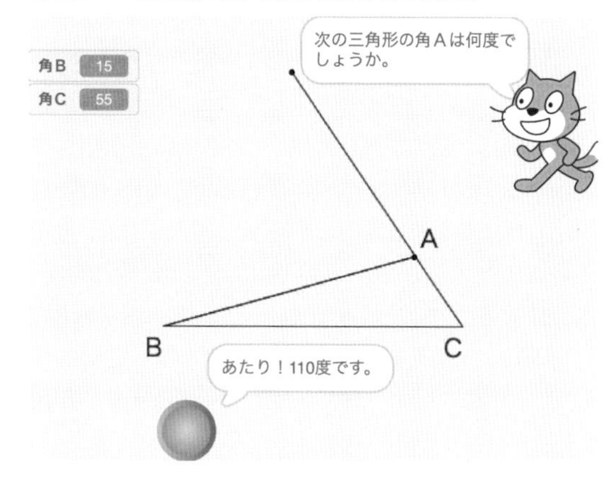

図90の場合、角Bと角Cが分かっていて、辺BCが250歩の三角形を作図します。「1辺とその両端の角」の条件から三角形が確定します。

まず、Bから250歩進んで線を引かせ、55度となるように180−55度左回りさせて、Aに向かってある程度の長さで線を引かせます。次にBから15度の角度でAに向かって1歩ずつ線を引かせていきます。Y座標が三角形の高さより高くなった時点で引くのをやめて、ABCの記号を打つ命令へと進ませます。そして、角BとCから角Aの大きさを求め、定義ブロックに入力して答え合わせをします。

プロセス

難しかったのは、この三角形の高さを求めることでした。三角関数を使い、Aから底辺へ垂直に下ろした点をDとすると、

AD＝250×Bのtan×Cのtan÷(Bのtan+Cのtan)

です。この切り下げ数値を使い高さとしました。また、四角形については、三角形ABCと同様の要領で辺BCに対してAと線対称な位置にDを設定して作図しました。このとき、辺ACについては、ペンを下ろさずに処理することで、対角線が表示されないようにしました。

児童の学び

さまざまな三角形や四角形の正確な作図が表示されます。それを見て、多角形の内角の和のきまりを活用しながら、求められる角度を解答していきます。練習を積み重ねることができるプログラムとなっています。

教師の目線

三角形は、紙に作図した場合に、3つの頂点部分を切り取ってくっつけると一直線（180度）になります。また、上の頂点から底辺に平行な直線を引くと、上の頂点の外角にほかの2つの頂点の角（同位角と錯角）があつまるので、180度です。四角形は、三角形の2つ分なので、180度の2倍で360度です。この内角の和を利用して、引き算により角度を求めます。三角定規の角度（45･45･90と30･60･90）とともに、しっかり覚えておきたいです。

5-6 小数のわり算

この単元の目標は、除数が小数である場合の除法の意味について理解し、計算することができるとともに、図や式などを用いて計算のしかたを考える力を身につけることです。

プログラミング的思考

4年生で学んだわり算の筆算を、小数同士にしたものです。まずは、小数点の移動操作をボタンによってアニメーションで表現しました。この部分を印象づけることがこの単元では重要だからです。割られる数と割る数の割合を出すのがわり算の意味合いです。だから、どちらとも同じだけ倍にしても、この割合関係はずれないのです。そこで、割る数が整数になるまで倍するというきまりになっています。

小数点をずらし、商のところにも小数点を打ったあとは、通常のわり算をおこなっていきます。

●図91　「小数のわり算」評価画面

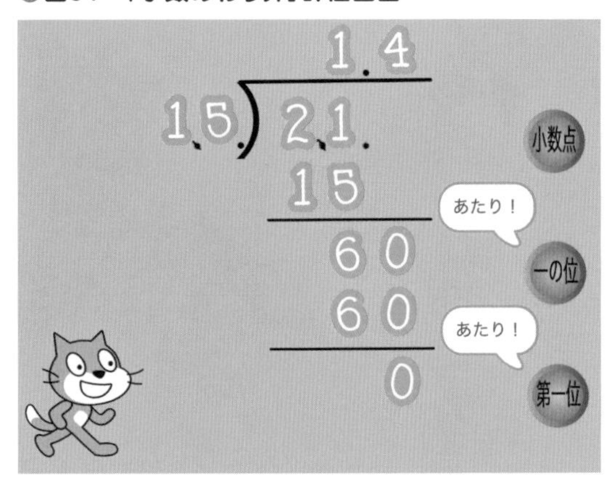

「0」が絡んだときの取り扱いを条件づけしておくことが必要です。

特に、図91のように21－15をして6となり、小数第1位で計算するために、0をつけて6を0.1が60個として計算を続けていく場面では配慮が必要です。

プロセス

商の一の位が0だった場合、後ろの計算を上方の位置にずらす操作をプログラムしました。小数点をずらすところは、点に斜線を加えたコスチュームをスタンプしてから移動させました。小数の末尾の0を省略したり、最上位の位が0とならないよう条件づけしたりすることが必要です。小数点をずらす前提のプログラムなので、ずらさずに最初の位の商が出せる計算は出題されないようにしてあります。

児童の学び

さまざまな小数の計算のしかたを習熟できます。アニメーションの活用により、小数点をずらす操作を印象的に理解することができます。

教師の目線

2桁同士または3桁÷2桁の小数の筆算のしかたを理解する問題です。まずは、割る数が整数になるまで10倍や100倍して小数点を移動します。割られる数と割る数の両方に同じ数をかけても割っても商は変化しない（割合のため）というわり算の性質を利用しています。ただし、余りを出すときは勝手に10倍・100倍できないので、元々の小数点の位置で考えます。

5-7 整数の性質（1）（2）

この単元の目標は、偶数と奇数、倍数、約数など整数の性質について理解し、整数を類別するしかたを考えたり、数の構成について考察したりする力を身につけることです。

プログラミング的思考

偶数や奇数の振り分けプログラムを作成する場合は、入力した数値を2で割った余りに注目して、0であれば偶数、1であれば奇数となる条件分岐をすることになります。

また、公倍数や公約数であれば、まず数値を複数入力し、それぞれの数字の倍数・約数をリスト化します。

次に、それらのリストを比較し、共通の数値、すなわち公倍数および公約数をリスト化します。そのリストのうち、最小値が最小公倍数であり、最大値が最大公約数です。リスト化やリスト比較のプログラムを組むことは小学生の学習の範疇とは言い難いので、ここでは手順を細分化した定義ブロックを用意して、そのブロックをどのように結合するかを児童の手でおこなう形としました。

「じゅんび」は最初からスタート旗につけておきます。次に、数字Aを入力し、Aの倍数リストを作ります。さらに、数字Bのリストも作成し、その2つのリストを比較することで公倍数リストを作り、最後に最小値を求める流れです。

児童は、ブロックを結合させることで論理的な流れを体験します。その後、数値を入力し、正解も入力します。

公約数についても同様の仕様としました。

●図92 「整数の性質」組み立て問題画面

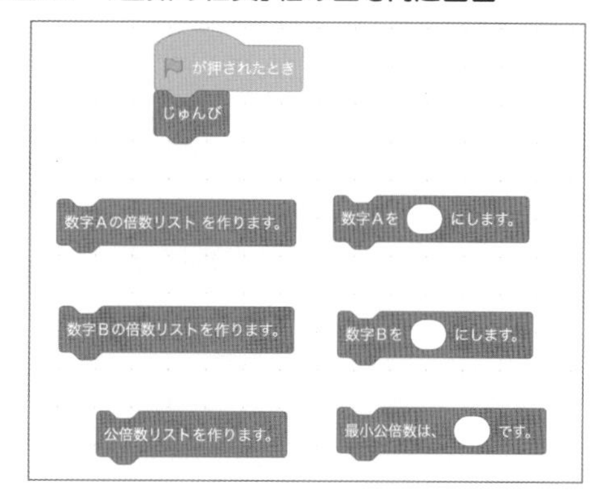

プロセス1

倍数は、数値×1、数値×2……として計算していき、画面に収まる程度の13倍までをリスト化しました。約数は、数値÷（数値−1）、数値÷（数値−2）……と数値を1ずつ減らしながら数値自身を割っていったときに、余りが0となる割り切れる数値を約数としてリスト化しました。

●図93 約数リストの作成プログラム

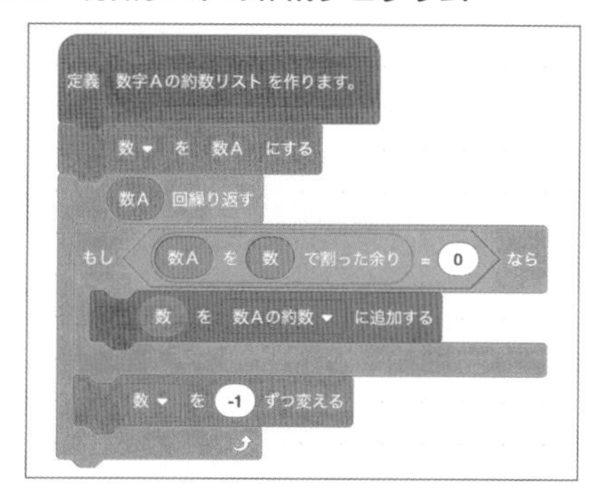

プロセス2

倍数または約数のリストの比較をして共通項をリスト化する場合は、くり返し命令を2重にして、数値Aリスト1番と数値Bリスト全部、数値Aリスト2番と数値Bリスト全部……というように互いのリストの数値を比較します。その中に「もし」命令をはめ込んで数値が一致していれば、共通項リスト＝公倍数・公約数リストに加える処理が必要です。

これらのリストづくりに欠かせないのが変数の存在です。最初の段階で、「数」または「数2」と名前をつけた変数ブロックの数値を、0や数値Aなどと設定しておき、「1ずつ変える」や「－1ずつ変える」の命令をくり返すことで変化させました。リスト作りやリストの中の何番目かを指定する手段として活用できます。

児童の学び

この単元では、最小公倍数や最大公約数の意味を大切にし、その数値がいかなる手順で発見できるのかを理解させるために、手順の組み立てを児童にさせる形式としました。

単に、穴埋め形式で答え合わせをするものではないため、深い理解につながります。

●図94　共通項を見つけリスト化する処理

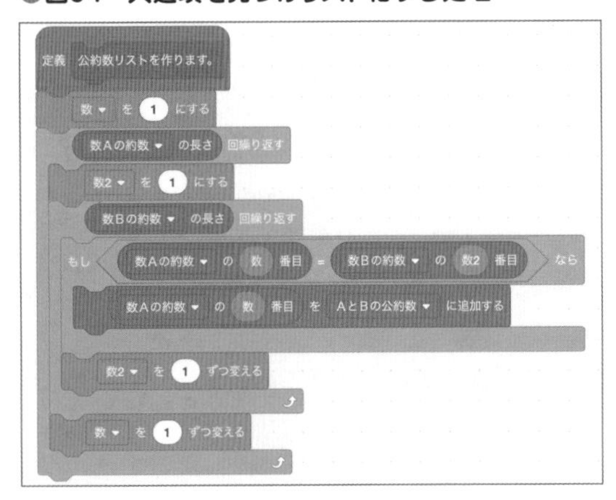

教師の目線

奇数偶数の判別をする方法を知る問題です。プログラムを組み立てて、2で割った余りが0なら偶数、1なら奇数という条件分岐処理をします。既習事項を生かしブロックを組み立てる力を育てます。ここで、文字は全角、数値は半角でなければエラーが起こるというパソコンのルールも学ばせたいところです。

さらに、最大公約数や最小公倍数を求めるプログラムを組み立てる力もつけさせます。それぞれの数の約数や倍数をリストアップし、そのうち共通する数字で一番大きい数や一番小さい数を求めていく手順です。地道に抜かさずしっかり調べていくと必ず正解できます。

5-8 分数のたしひき算

この単元の目標は、分数の意味と表し方について理解を深め、分数の相等や大小関係について考える力を身につけること、異分母の分数の加法および減法の計算のしかたについて、図や式などを用いて考える力を身につけることです。

プログラミング的思考

まず通分をします。このときには、既習内容である「最小公倍数をリストから求める」作業が必要です。

通分が正解したら、次は分子同士の足し算をし、答え合わせをします。

その後、最大公約数をリストにより求めて、約分ができないかを調べます。できなければ、そこまでで正解となり、できるならば約分した解答を入力して答え合わせをします。

●図95　「小数のたし算」の評価画面

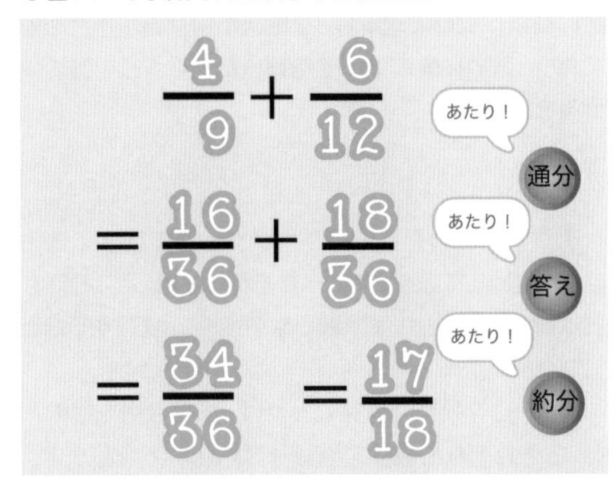

プロセス

既習内容の最小公倍数や最大公約数を、リスト作成により調べる必要があるため、プログラムは複雑です。しかし、順を追って組み立てていくときちんと処理されます。足し算プログラムから引き算用に変更することは、容易です。ただ、答えが0となる場合もあるので、その場合の処理を条件ブロックやメッセージブロックでおこなう必要があります。

児童の学び

さまざまな分数の加減法を練習することができます。しかも、通分段階、加減段階、そして約分段階と、3段階の処理となっているので、どこまで理解できているか、どこから理解できていないのかが分かります。

教師の目線

通分して計算し、約分して正解を出すという手順です。通分するためには、分母分子を何倍かして最小公倍数にする必要があり、約分するには、分母分子を最大公約数で割る必要があります。通分・約分は、既習事項を生かした考え方です。単に加減法だけでは解決できない異分母の分数計算は、3つの要素が盛り込まれているので留意したいです。

5-9 平均

この単元の目標は、平均の意味について理解し、測定した結果を平均する方法を考える力を身につけることです。

プログラミング的思考

仮平均を使った平均の求め方をプログラム化します。

図96の場合、まず、最小値となる「まき」の1個を仮平均とします。1個が合っていると、赤横線が引かれます。

赤横線の上部にあるブロックの数を合計し16となり、16（個）÷4（人）＝4が上部分の平均です。

仮平均＋上部の平均＝5が本当の平均です。

●図96　仮平均で平均を求める評価画面

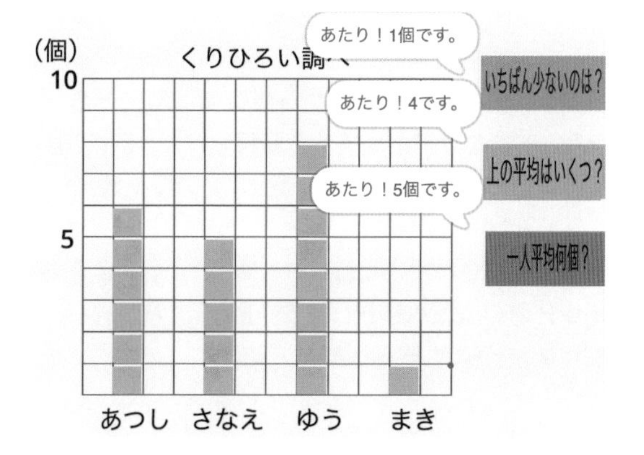

プロセス

3年生で学んだ「ぼうグラフ」のプログラム（p.142）を利用し、仮平均を活用した平均の問題を組み立てました。仮平均の高さで赤横線を引くことで、考え方を視覚的に分かりやすくしています。また、設問スプライトを順に解いていくことで平均を求める筋道を明らかにしました。

なお、仮平均を大きくすると、差の合計を出すときにマイナスの項目が出てしまい、考え方についていけない児童が出る可能性を考え、教科書通り全ての棒グラフの先を切るようにしました。

児童の学び

データの数値を変更し、別の問題を提示することができます。最近の全国学力調査などでは、単純な平均問題ではなく、仮平均を使った出題も見られます。児童にこの考え方をしっかり理解させる手段として、このプログラムは有効です。

教師の目線

「全ての合計÷全ての個数」で1個当たりの平均が出せます。合計と個数と平均の間には割合問題関係があるので、速さなどの問題と同類です。平均は、つまりは「1あたり」（単位量・もとにする量）です。

グラフなどを活用したときには、仮平均の考え方も身につけておかねばなりません。仮にある数値を平均とした場合、その数値と個々の数値との差を合計し、個数で割ると、仮平均以外の部分の平均が出せます。最後に、仮平均とそれ以外の平均を足すと本当の平均が出せます。この仮平均のメリットは、小さい数値で計算できることです。みんな同じ仮平均部分を横によけておいて、ほかの部分を小さな数値で考える方法です。

5-10 速さ

この単元の目標は、異種の2つの量の割合として捉えられる数量について、単位量当たりの大きさの意味や表し方を理解すること、図や式を用いて大きさを比べたり表現したりする力を身につけることです。

プログラミング的思考

問題文から2本の線分図を描き、提示します。数値の関係性から24mは3秒で進む距離だと分かります。秒速は1秒間に進む距離を表しているので、24mを3秒で割り、答えは8です。1秒間に8m進むので秒速8mが答えです。

そのほか、距離を求める問題や時間を求める問題も作りました。

●図97 「速さ」の評価画面

プロセス

3年生で学習した単元「□を使った式」のプログラム（p.148）を活用しました。本来であれば、数値を大きくして、自動車や飛行機などの乗り物が登場する問題が適切ですが、ここでは線分図の描き方、読み取り方、式の立て方などを学ぶことが最優先です。そこで、九九の簡単な数値を活用し、動く物も「犬」にしました。数字を簡単なものとすることで、意味を理解しやすくしています。

児童の学び

単位量当たりの大きさという学習の中で、「速さ」を取り上げています。簡単な数字による簡単な計算ではありますが、割合の関係式をじっくりと学ぶには適切です。

教師の目線

距離と時間と速さは、割合問題関係です。速さは、一定時間当たりにかかる距離を表しています。2本の線分図を描いて数値の関係性を理解し、立式させます。ここでもかけ算の考え方が生かされています。

5-11 分数とわり算

この単元の目標は、整数の除法の結果を分数で表すことを理解し、整数や小数を分数の形に直したり、分数を小数で表したりすることができるようにすること、分数と整数、小数の関係を考えたり、分数の表現に着目して分数の意味をまとめたりする力を身につけることです。

プログラミング的思考

3年生で学習した分数のプログラム（p.145）を活用して、クローンと幽霊色を使ったテープ図を表示します。

まず、色付きの部分を分数に表し一度答え合わせをしたあと、わり算式にして答え合わせします。正しいわり算式が答えられたら、分母分子の数字が3秒で所定の位置まで移動し、わり算式の形になります。

小数を分数にするプログラムもこの手法でアニメ化すると理解が深まります。

●図98 「分数とわり算式の関係」の評価画面

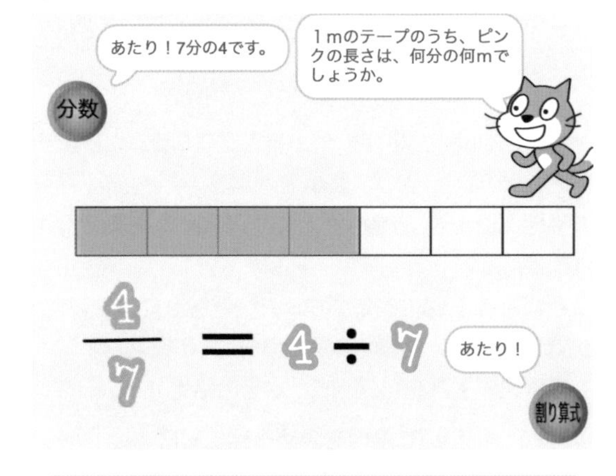

プロセス

3年生用のプログラムから簡単に改造できます。また、小数を分数に変換する過程もアニメ的に、「○秒で座標に変える」を活用するとよいでしょう。

図99の場合は、まず「3」と「1」と「2」が、それぞれスタンプされたあと、下方へずれて、「100」に変身し分母の位置へ移動します。同時にクローンを発生させ、分子にも移動します。

●図99 「小数を分数に変換」の評価画面

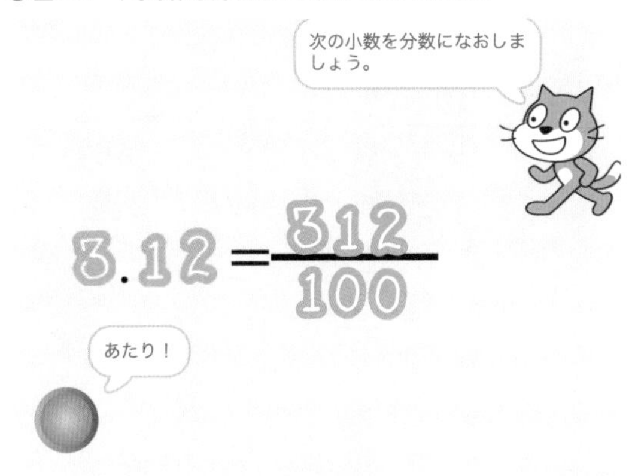

児童の学び

整数と分数、小数との関係性は、とても大事です。しかし、単位の換算と同様に、操作的な算数分野であるがために、無味乾燥とも言えるかもしれません。面白味がない分、アニメ化することで興味を引くように工夫しました。

教師の目線

分数が意味する商は、どんなわり算の答えなのかを求める問題です。分数は、わり算の意味を含んでいるし、割合の意味も含んでいます。また、小数を分数の形にする問題では、小数の数字は額面通りではなく、10や100などの分母で割った小さな数であることを理解できます。決してメインの単元ではありませんが、大切な要素を含んでいます。

5-12 割合

この単元の目標は、ある2つの数量の関係と、別の2つの数量の関係とを比べる際に、割合を用いる場合があることを知り、百分率を用いた表し方を理解すること、その意味や求め方を図や式などを用いて考える力を身につけることです。

プログラミング的思考

「□を使った式」で取り組んだ2本の線分図を活用し、基準量・比較量・割合のそれぞれを求める3つのパターンでプログラムを組みました。

扱う数字は、小さいものとしました。理由は、コスチュームを用意しなければならないことや簡単な数字で原理を理解しやすくするためです。

図100の場合は、割合を求めるパターンの問題です。線分図において分かっている数値は、基準量の50と比較量の10です。10÷50で0.2という割合を求めます（20%）。

●図100 「割合」の評価画面

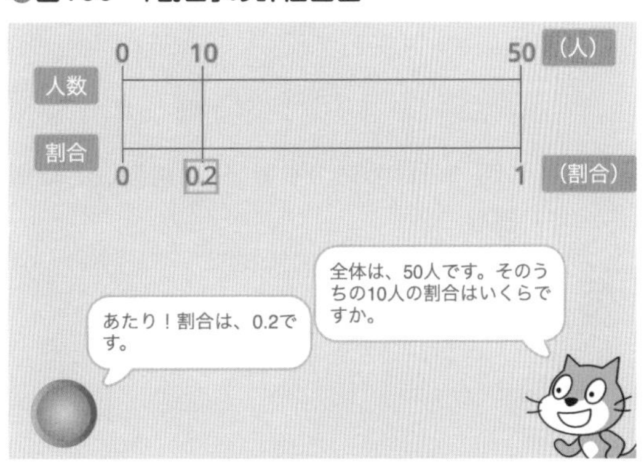

プロセス

小数を表すために、「0.」というコスチュームと数字のコスチュームを作り、それらを少しずらしてスタンプしました。割合は、数種類しか出現しませんが、パターンの理解は十分できます。

児童の学び

線分図の見方に慣れ、そこから□となっている部分の数値を出す方法について習熟できます。具体的に図で理解することが深い理解につながります。

教師の目線

1つ分は基準量、いくつ分は割合、ぜんぶは比較量という名称になっています。2年生ではじめて学習したかけ算は、いろいろな名称に変化して問題となってきます。しかし、本質はかけ算なので、1当たり量をつかむことが大切です。

また、割合は小数や分数、パーセントなどと、こちらも形をさまざまに変化させて出題されます。これも本質は何倍なのかということです。2本の線分図で表すことは、解決への糸口ですが、それを描くことにこだわりすぎず、かけ算の式に表してみることが解決へ最も近い方法です。

5-13 割合とグラフ

この単元の目標は、帯グラフと円グラフおよび統計的な問題解決の方法について理解することです。また、目的に応じてデータを収集し、データの特徴や傾向に着目してグラフに的確に表現すること、それらを用いて問題を解決したり、解決の過程や結果を多面的に捉え考察したりする力を身につけることです。

プログラミング的思考

●図101　「6つの県の桃の収穫量」の組み立て問題画面

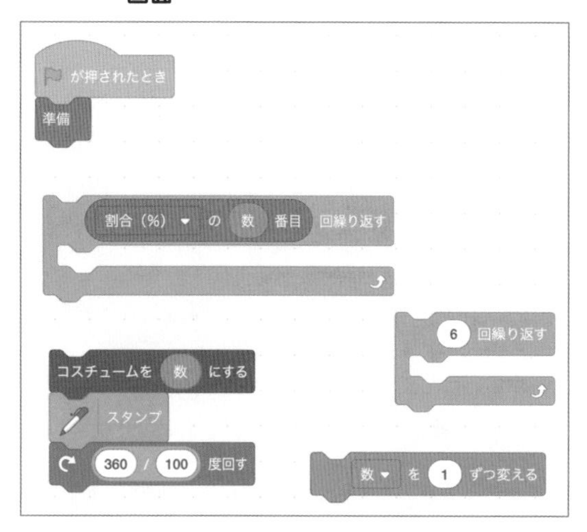

図101のブロックを組み立てて、円グラフを作成するプログラムを作ります。まず、コスチュームをスタンプしながら1目盛り分の角度（3.6度）ずつ変えて割合回分くり返します。この処理で、円グラフの1項目に色づけが完了します。次の項目へ進ませるために、変数「数」を1ずつ増やし、割合と色を変えていきます。それを6項目分くり返すことになります。

プロセス

この円グラフは、色つきの扇形コスチュームのスタンプを360度÷100%=3.6度回して作成しています。本プログラムでは、6項目の仕様になっていますが、データやくり返しの回数を増やすこと、項目別のコスチュームの種類（色）を増やすことで増加させることが可能です。

●図102　円グラフの表示画面

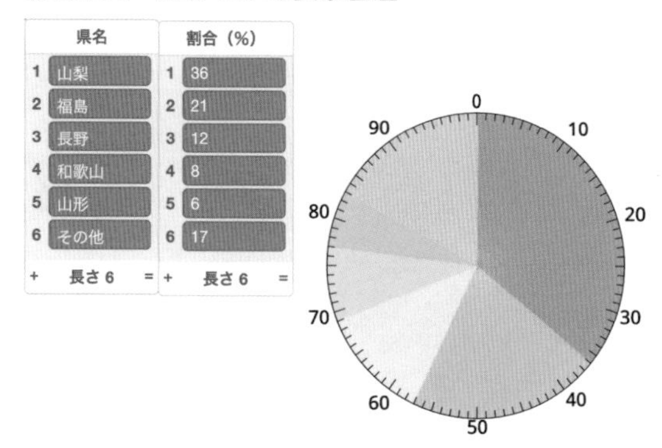

児童の学び

項目名と割合のデータを整えれば、さまざまな調査の円グラフを描くことができます。教科書にもグラフを実際に描かせる設問が多くあります。デジタル上で描くことができれば、何度も練習ができます。

教師の目線

ここでは、求めた割合をデータとして円グラフに表現しています。この円グラフがどのような手順で描かれているか、部品ブロックを組み合わせることで意味を理解させます。

円グラフは、細長い扇形のコスチュームを360/100度ずつ回転させながら割合分表示させスタンプし、それを項目分くり返すことで描いています。プログラムの意味が分かれば円グラフや割合の意味もより理解できます。

5-14 三角形と四角形の面積

この単元の目標は、四角形や三角形の面積の求め方を理解するとともに、その方法を図や式などを用いて考えたり、公式を導いたりする力を身につけることです。

プログラミング的思考

この単元の目標である図形の面積の求め方や公式の理解を進めるには、具体的に面積を算出するプログラムを作成することが一番効果的です。なぜそのような式になるかという原理的な部分については、時間をかけて教材を用意し、熟考させて、みんなで話し合うことが必要です。プログラミング教育では、理解した公式を活用し、どんな数値であっても計算できる処理を作れる力を育てることに主眼を置きたいです。

●図103　三角形の面積処理組み立て問題画面

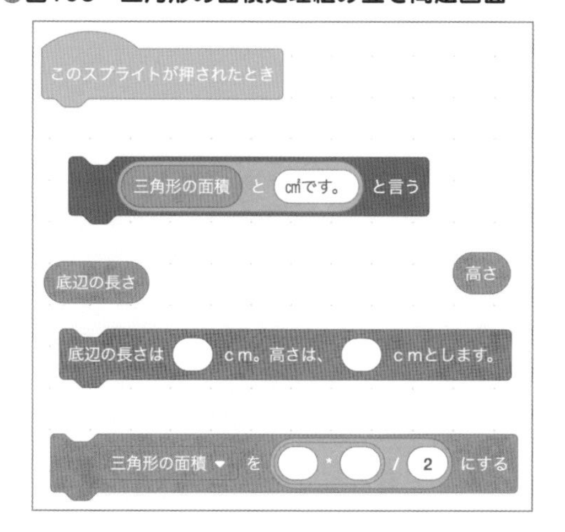

プロセス

三角形、平行四辺形、台形、ひし形とスプライトのコスチュームをそれぞれの図形の形にして、そこにプログラムの部品を配置しました。児童は、面積を算出する処理プログラムを作成することになります。

児童の学び

公式をよく理解した前提で、どんな数値になっても処理のパターンは同じであることを深く理解するために、プログラム作成体験をします。これは、面積を出す方法の熟知につながります。

教師の目線

代表的な図形の面積を求める公式の確認のために、プログラム化していく問題です。

このプログラムに数値を入れれば、どんな長さの図形についても同じ処理ができます。コンピュータの便利さや面白さ、論理的思考の大切さを学びます。中学校で学ぶ、「代入」という学習に続く素地です。

5-15 円と正多角形

この単元の目標は、正多角形について理解し、図形の性質を見出したり構成のしかたを考えたりする力を身につけるとともに、円周率について理解し、円周の長さや直径の長さの求め方を考える力を身につけることです。

プログラミング的思考

本プログラムでは、児童に正多角形の性質を理解させつつ、その描き方について身につけさせるためブロックを組み立てる手法を用いました。

まず正何角形を描くか決めて円を描きます。次に円の中心から半径の線を引き、(360度÷描きたい正多角形の角の数) 度右回りさせる操作を、描きたい正多角形の角の数分くり返します (たとえば正五角形を描きたい場合は、360度÷5=72度の線を5回、右回りに描くことになります)。最後に半径の線と円との交点を結ぶと正多角形が完成します。

●図104　正多角形を描くプログラム

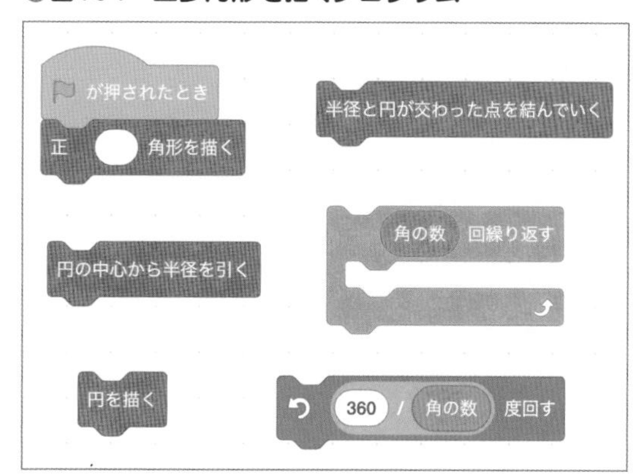

プロセス1

世間一般で紹介されている「○歩進んで○度曲げる」のくり返しで正多角形を描く手法はとりませんでした。理由は、単元名にあります「円」を活用した作図を、教科書では学んでいるからです。教科の理解を深めるという目標がプログラミング教育にあるのであれば、当然の考え方と思われます。しかしながら、この方法では小学生にとって難しいプログラムなので、定義ブロックを多用し、小学生に学んでほしい部分に限ったブロックの組み合わせ体験ができるようにしました。

プロセス2

工夫した点の1つ目は、交点のX・Y座標の数値をデータとして保存させたことです。合同な三角形を複数個描かせる実践プログラムがありますが、それも教科書の内容とは合致しません。そこで、交点の座標を保存しておき、あとからつないでいくこととしました。

また、360度を割り切れない数字や3未満の数字に対しては、正多角形を描くことが不可能であると考え、猫のキャラに「うーん。描けないよ。」と言わせることにしました。パソコンであれば、本当は小数の角度であっても描くことは可能ではありますが、実際に児童がコンパスや分度器を使って描くことを想定して、不可能とする設定にしました。逆に言えば、割り切れる数字であれば、円に近づくほど大きな数値の多角形を表現できます。

児童の学び

児童が自分で習ったことを活用し、手で作図をしていく感覚でプログラムを組むことができます。さまざまな数値で、自分では表現できない正多角形を試してみることができます。

●図105 (1)　正十角形を描くプログラム

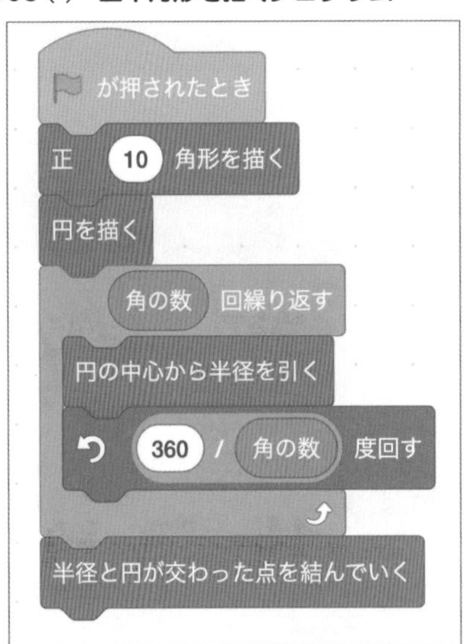

●図105 (2)　プログラムに10を入力して描かれた正十角形

教師の目線

あくまで教科書で扱う正多角形の描き方である、円の性質や半径を利用した描き方を学ぶプログラミング教育を考えました。既習事項を思い起こしながらブロックを組み合わせていく操作をします。まず、円を描き、半径で等分にして、円との交点を結んでいきます。この手順をプログラムで実現することで、どんな数値を入れると正多角形が描けるかを知ることもできます。手作業では表現できないものも作れるので、それが円に近づいていくことも分かります。

アルキメデスが円に内接または外接する正多角形の辺の合計を求め、円周率を割り出していったようなことにも考えが及ぶようであれば、算数にますます興味を持てるようになります。

第6学年

6-1 分数と整数のかけわり算

この単元の目標は、分数×整数の乗法、分数÷整数の除法の意味について理解し、計算することができるとともに、図や式などを用いて計算のしかたを考える力を身につけることです。

プログラミング的思考

乱数利用で、分数×整数の式が提示されます。かける数は分子にかけることを教科書で学習するので、かける数×分子の形に式を変形します。

図106を例に見ると、約分ボタンのところで10と5の最大公約数を入力し、正解していれば約分がなされます。最後に、答えのボタンのところで1分の18と入力すると答えは18と表示されます。わり算についても同様の流れです。

●図106 「分数と整数のかけ算」評価画面

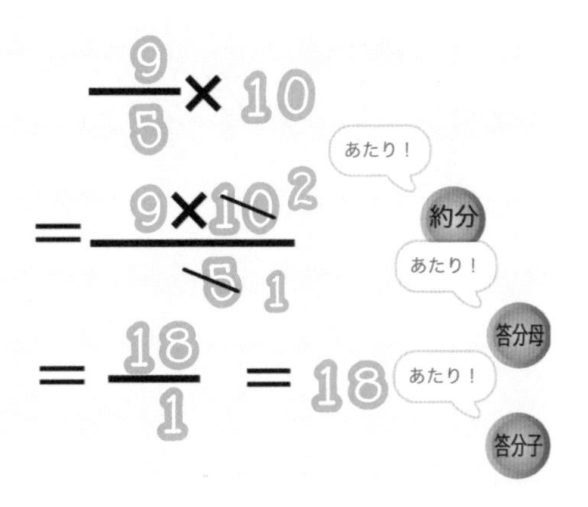

プロセス

出題の段階で、約分できる分数の問題が出現しないように設定します。理由は、分母とかける数の間のみで約分をおこなうためです。したがって、最大公約数を求めるプログラムを2度使うこととなり、少し複雑となる点に注意しましょう。また、分母が1となった場合は、分子の数字が正解となるように、最後の表示のしかたに配慮しました。

児童の学び

さまざまな問題を練習することができます。途中の約分では、2や3で順次割っていく方法はとれず、最大公約数を使い1回で約分する形としています。約分残しがないように最終的な正解を正しく求めるプログラムとしました。

教師の目線

かける数字は分子にかけて、「÷数字」は分母にかけることになります。その後、分母分子で約分ができないかを調べてから、計算をし、答えに至る。特別に難しいものではありませんが、手順にしたがってしっかりとミスなく処理することが大切です。

6-2 対称な図形

この単元の目標は、対称な図形について理解し、対称性といった観点から図形の性質を考察したり、線対称な図形や点対称な図形の構成のしかたを考えたりする力を身につけることです。ここでは、対称図形を自動的に描かせるプログラムを考え、プログラミング教育の1つとしました。

プログラミング的思考

まず、方眼のマス目を用意し、対称の軸を描きます。

次に、赤点のスプライトをマウスでクリックしながら移動させ、図を描きます。

処理を一度停止させて、今度は青スプライトをデータによって動かし、線対称図形を描かせます。点対称も同じ仕様です。

●図107　線対称な図形

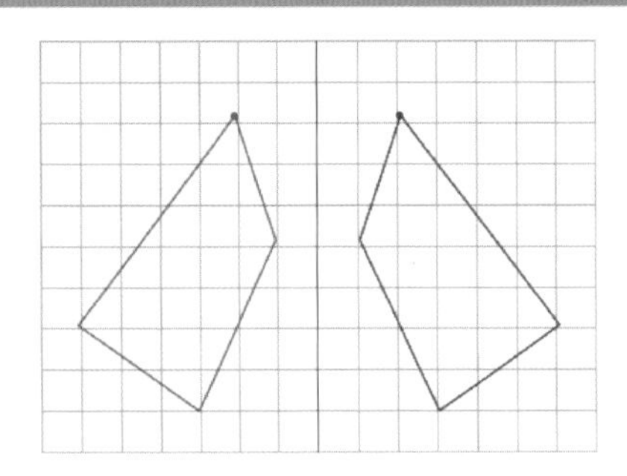

プロセス

マウスが押されたときのマウスの座標を座標リストに保存していきます。その後、ペンを下ろして、保存された座標を順次「1秒で」通らせて、対称図形を描きます。線対称であれば、対応するX座標は軸からの距離が等しく、Y座標は変化がありません。また、点対称であれば、X座標は線対称と同様で、Y座標はプラスマイナスが反対です。

児童の学び

自分なりに自由な図を描き、それが対称図形になる様子を見ることになります。計算式やプログラムの理解は少々難しいですが、現実に図形を見ることでどんな図になるかの想定力が高まります。

教師の目線

対称な図形としては、線対称と点対称があります。線は、対称の軸であり、そこから垂直な距離が左右でイコールな点を結ぶと線対称な図形です。また、点は対称の中心であり、その点を中心にして180度回転させたところに対応する点を結んだ図形が点対称な図形です。

6-3 分数のかけ算

この単元の目標は、乗数が分数である場合の乗法の意味について理解し、計算することができるとともに、図や式などを用いて計算のしかたを考える力を身につけることです。

プログラミング的思考

分子は分子同士、分母は分母同士かけ算をすることです。しかし、その前の処理として、斜めの位置にある分子と分母の約分をしなくてはなりません。

その過程を大切に評価し、分数計算の理解につなげました。

プロセス

最大公約数である割る数を2種類設定しなければなりません。この部分が多少複雑です。

児童の学び

さまざまな分数かけ算を練習することができます。約分の意識についても高まります。

教師の目線

分子同士、分母同士のかけ算をする前に約分をするところがポイント。なるべく小さな数でかけ算をします。また、最後に分母が1となった場合には整数に直す必要もあります。

6-4 分数のわり算

この単元の目標は、除数が分数である場合の除法の意味について理解し、計算することができるとともに、図や式などを用いて計算のしかたを考える力を身につけることです。

プログラミング的思考

分数のわり算は、割る分数の分母と分子を逆にしてかけ算することになります。

その後は、最大公約数でわり算をしてからかけ算をします。最後に、分母が1であれば、分子だけの整数とします。

約分の段階で、割り残しをすることが不正解につながってしまうので、このプログラムでは、約分も1つの問題として取り組ませ、正誤の評価をすることを大切にしました。

プロセス

かけ算のプログラムから改良して作成しました。図108でいうと、2と7のスプライトを逆に配置することは、ドラッグ&ドロップで簡単にできます。しかし、その後の約分は、割られる分数の分子と割る分数の分子、割られる分数の分母と割る分数の分母との間でおこなわれます。それらの処理を間違わないように、プログラムで扱う変数を書き換える必要があります。

●図108 「分数のわり算」の評価画面

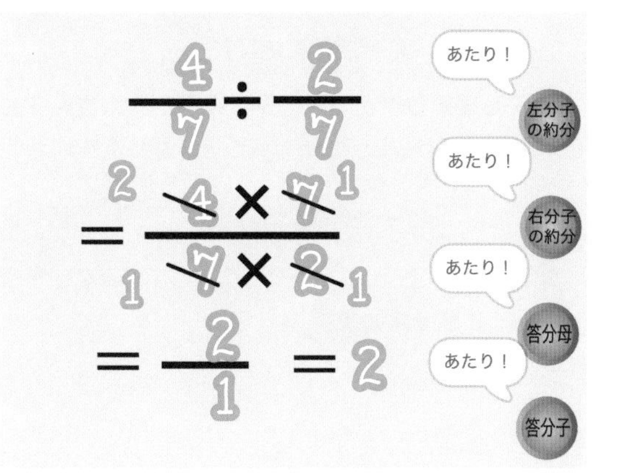

児童の学び

乱数設定とは言え、分母・分子が100を超えて3桁にならないように制限をかけています。また、割る分数については分子・分母ともに1桁としています。たくさんの問題の提供はできませんが、プログラムの複雑化を考えながら、最大限練習効果が見込める形となっています。

教師の目線

割る数である分数を逆数にしてかけ算します。その理由として、3通りほどの説明が教科書にも出ていますが、4年生で学習するわり算の決まりからくる性質(割られる数と割る数の両方に同じ数をかけたり、同じ数で割ったりしても商に変化はない)に由来する説明ばかりです。

6-5 円の面積

この単元の目標は、円の面積の計算による求め方を理解するとともに、その方法を図や式などを用いて考えたり、公式を導いたりする力を身につけることです。

プログラミング的思考

5年生で学習した「三角形と四角形の面積」で実践したように、各図形の面積を出す公式を作成していくプログラミング教育としました。取り上げたのは、円の面積と扇形の面積の2つです。

プロセス

5年のプログラムをそのまま活用し作成しました。

児童の学び

公式の深い理解につなげることができます。

教師の目線

円や扇形の面積を求める方法を理解し、計算できるように練習をします。

6-6 比例と反比例

この単元の目標は、比例の関係について理解し、比例の関係を用いた問題解決の方法や、反比例の関係について知ること、伴って変わる2つの数量の関係について表や式、グラフを用いて考察する力を身につけることです。

プログラミング的思考

まずは、Yのデータを入力します。その上で、緑の旗をクリックしてスタートすると、XとYの関係がグラフで描かれます。

そのグラフや数値の変化を見て、関係式を求め、定義ブロックへ入力して答え合わせをします。また、Xが5となるときのYを求め、入力し、答え合わせをします。

比例についても同様の形式となっています。

●図109　反比例のグラフと設問評価の画面

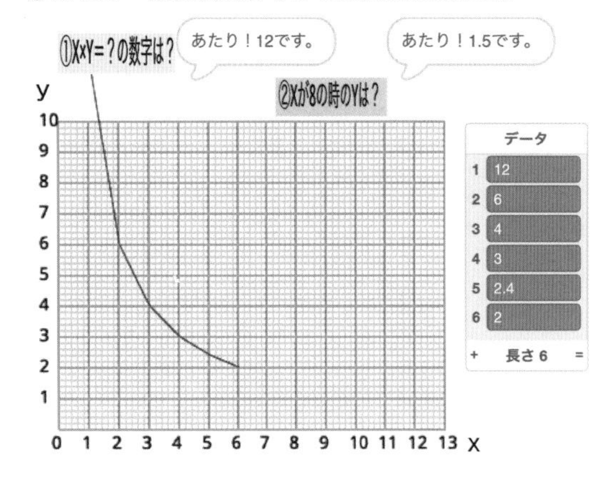

プロセス

4年生の「折れ線グラフ」の単元（p.150）で活用したプログラムを用いて、比例や反比例のグラフを表示しました。また、設問は関係式とXがある値のときのYの値を求めるものとしました。

グラフは横長になるので特に比例の場合には表しづらい状況があります（決まった数が小数であれば十分表示できます）。画面の仕様の関係でしかたがないところです。

児童の学び

数値関係をグラフや関係式、計算で明らかにしていく思考を身につけることができます。

教師の目線

伴って変化する2つの数量を表に整理して、グラフに表しました。一方が2倍3倍……となったとき、他方も2倍、3倍……となれば比例の関係です。また、1/2倍、1/3倍となれば反比例の関係です。関係式を求めたり、その関係式に数値を代入して、特定の数値のときの対応する数値を求めたりすることができます。

6-7 角柱と円柱の体積

この単元の目標は、角柱および円柱の体積の求め方を理解するとともに、その方法を図や式などを用いて考えたり、公式を導いたりする力を身につけることです。

プログラミング的思考

5年生の「三角形と四角形の面積」と同様に、公式を作り数値を出すプログラムを児童自身が組み立てる形としました。

プロセス

定義ブロックで、数値を入力し、公式を組み立てて解答を言わせる形式です。

児童の学び

公式を理解した上で、どんな数値が入力されても正解が出てくるプログラムづくりを体験します。

教師の目線

体積の公式をプログラム化して、さまざまな数値を代入して体積を求めます。

6-8 比

この単元の目標は、比について理解し、数量の関係を比で表したり、等しい比を作ったりすることができること、図や式などを用いて数量の関係の比べ方を考察する力を身につけることです。

プログラミング的思考

●図110　「比」の評価画面

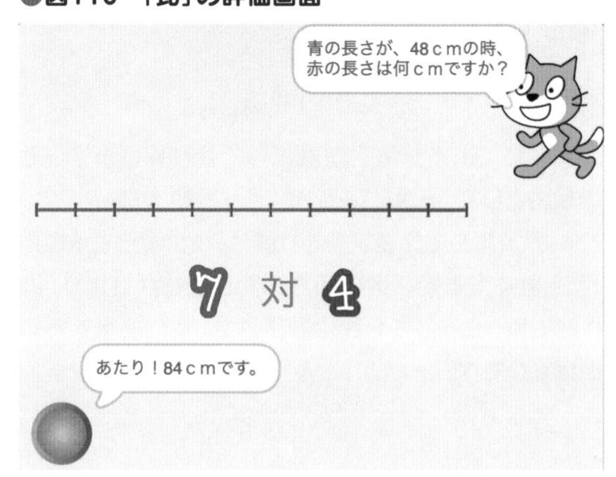

まず、乱数設定により、赤の長さ対青の長さの比が決定されます。図110の場合は、7対4です。

次に、もし青の長さが48cmの場合、赤の長さがいくらになるかを質問されます。

7:4=X:48なので、

7×48÷4で84cmです。

赤と青で色分けをして、分かりやすく表現をしました。

プロセス

特別な工夫はいりません。線分図の1目盛り分のコスチュームを比の数分、色を変えてスタンプさせました。

児童の学び

比を使った計算を乱数で練習することで、問題形式に慣れることができます。

教師の目線

比を線分図に表し、比の関係を使って数値を求める。2つの数値の割合を簡単に表したものが比です。

6-9 拡大図と縮図

この単元の目標は、拡大図や縮図について理解し、2つの図形間の関係を拡大、縮小の関係という観点で考察したり、構成のしかたを考えたりする力を身につけることです。

プログラミング的思考

まず長さを100（歩）に設定した赤い正三角形を、描きます。

この図を元の図として、拡大図や縮図を青色で描くプログラムを作成させます。

●図111　正三角形の縮図

たとえば、図111では、長さを50にして作成しているので、「50歩動かす」「120度回す」を3回くり返すことになります。

組み合わせと数値の入力に取り組むことになります。正方形バージョンも用意しました。

プロセス

特別難しい工夫はいりません。児童が試行錯誤して、正しい図が描けるようにプログラムを組む体験をします。

児童の学び

複雑なブロックではなく、意味も分かりやすいので、どう組み合わせて数値を入力すればいいかを学べます。

教師の目線

形と角度、辺の長さの比は同じですが、長さが異なっている図形を拡大図または縮図といい、中学で学ぶ「相似」の関係になります。この関係を活用し、実際に測定することが困難な長さについて比を用いて計算上で算出することができます。

6-10 場合の数

この単元の目標は、起こり得る「場合」を順序よく整理するための図や表などの用い方を知り、抜けや重複なく調べる方法を考察する力を身につけることです。

プログラミング的思考

図112では、まず、7チームから2チームを選んで並べると、7通り×6通りで42通り考えられます。そのうち、Aチーム対Bチームという組み合わせは、Bチーム対Aチームという組み合わせと同一でありダブるので、42÷2で21通りが正しい試合数です。

●図112　試合数を出す問題の評価画面

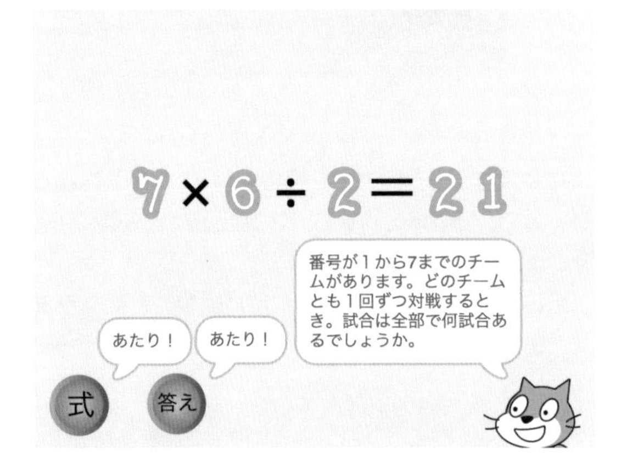

プロセス

特に難しい工夫はいりません。問題文にしたがって、定義ブロックに数値を入力し答え合わせします。

児童の学び

さまざまな数字で、順列や組み合わせを考えることができます。

教師の目線

確率計算の分母に当たる、考えられる可能性全部の場合の数を求める方法を学びます。順に並べて数えるときは、「順列」といい数値を1ずつ減らしてかけ算していきます。また、試合数などの場合は、ダブりを考えて順列の結果を2で割りますが、これを「組み合わせ」といいます。

解説

◆ プログラミング教育の現状

2020年の新学習指導要領におけるプログラミング教育の必修化を受け、小学校でも取り組みが進んできました。各地の教育委員会では教員研修会が開かれ、学校現場では専門の担当者を配置したり、大学や企業との連携をした研究会や研修会の実践が加速しています。

一方で、全国には環境の整っていない学校や地域も多々あるのが現状です。2020年3月に、全国の小学校教員を対象におこなわれた「プログラミング教育必修化に関する調査報告書」* では、特に若い教員の88%が不安を感じており、予算・授業の進め方・学習到達目標などに対しても、教員の6割以上が不安を抱いていることが報告されています。

文部科学省より多くの資料が出され、それを基に校内研修などを開くような示唆もされていますが、パソコンへの付属部品が必要であるなど、多くはきちんとした予算がなくては実現しない事例です。

また、具体的な授業の進め方についても、指導案例やプログラムの具体例を提示している事例は少なく、すぐ教室で実現できるとは言い難いです。さらに、目標と言える題目は記載されているものの、どの時間にどの教科のどの単元で、どんな関わりでプログラミング教育を取り入れるか、具体的な授業の進め方や指導法やがまだまだ明らかではない現状があります。

プログラミング教育はすでにスタートしています。現場で子どもたちの学習に長年携わってきたベテランの教師やこの分野に長けた教師が立ち上がり、実践や指導に取り組んでいく必要があるでしょう。

一方、学校現場は、学校や学級に限定した独自の実践を進めるのではなく、互いに連携し情報を共有化して進めていく必要があるように思います。

折しもGIGAスクール構想の実現の下、子ども1人に1台の端末の整備が進んでいます。今こそプログラミング教育は、次の4つの観点からその特殊性を大いに発揮するときです。

①プログラミング的思考という論理的思考を鍛えることは、全教科の学びの基盤となる
②復習部分であれば、個人で取り組むくり返し学習として最適である
③自宅学習にも適する
④子どもたちの未来につながるスキルを育成できる

プログラミング教育で子どもの可能性を大いに広げていきましょう。

*「プログラミング教育必修化に関する調査報告書」一般財団法人LINEみらい財団
https://d.line-scdn.net/stf/linecorp/ja/csr/LINEMiraiFoundation_Report_20200730.pdf

◆ プログラミング教育の目標

文部科学省から出ている文書等の内容から、プログラミング教育の3つの目標をまとめました。

3つの目標

①パソコンの基本操作を身につけ、学習や将来の仕事に活かせるようにすること
②教科の理解を深めるために実施すること
③プログラミング的思考を身につけ、学習や生活の全ての場面において活用できること

①パソコンの起動と終了操作、マウスおよびキーボード操作、ファイルの読み取りと保存、検索操作、ワープロソフト操作、プレゼンテーションソフト操作の能力を育てることです。これからの時代を生き抜く子どもたちにとってこの能力は、学習のためばかりではなく趣味や将来の仕事にも欠かせません。
②公教育で取り組むため、学校や地域、予算などに左右されることなく、全ての子どもたちが学ぶ教科の中で実践される必要があります。プログラミング教育そのものが重要視されたり評価されたりするのではなく、あくまで教科内容の習得を強化するためのツールとして捉える必要があります。
③全ての取り組みを、論理的思考を用いて順序立てて理解し、何度でもできるように一般化することが重要です。この能力は、学習においてだけでなく、生活全般の中においてもとても大切な要素です。

以上のようなプログラミング教育を取り巻く現状と目標を押さえつつ、本書では次の5点を重視しました。

①子どもたちの学年の実態に適した実践内容であること
②論理的思考に適した算数科での実践を試みること
③プログラムの手順や工夫を理解しながら活用すること
④どの地域でも予算0円で実現できる内容であること
⑤感染症対策下であっても自宅で実践できること

プログラミングの良さは、原因と結果をくり返し思考し論理的思考を育むこと、工夫する喜びを感じながら結果に向けて過程を作り上げていく忍耐強さを育むことにあります。多くの教え子たちも、プログラミングを通して、算数という教科に興味を持ち、自信が着実についていったと考えています。

おわりに

私は、退職後も現場で教育を実践している身です。私塾時代を入れると40年間教育に携わっていますが、「教えたい」「ともに学び楽しみたい」と思った教科は、算数科であり、プログラミング学習でした。

この算数科やプログラミング学習についての著書を、これまで4冊出版することができたのは、ひとえに出版社の方々のご協力のおかげです。本書は、それらの集大成とも言えるものです。長年携わってきた算数というものの考え方を明らかにし、そこに全国標準のプログラミング言語「スクラッチ」を用いたプログラミング教育を加えることができました。私自身の研究のまとめにもなりましたが、これからのプログラミング教育に一石を投じ、活用されることを願っております。

本書でご紹介したプログラムは、現場を預かってきた教師が、教科書内容を研究し、子どもの反応を分析しながら長年にわたり授業実践してきた方法で作成しています。3年生までは数値や言葉を当てはめて評価し、4年生からは「プログラムそのものを作成する」単元も数種類用意しました。全国の実践例ではどちらのパターンも混在していますが、高学年にとっては「手順を組み立てる」というプログラミング的思考を育むことが大切だと考えたからです。

「プログラミング的思考の育成」が、プログラミング教育の大きな目標ですが、これはパソコンを利用した実践だけで育めるものではありません。新学習指導要領では、教科書の随所にプログラミング的思考を意識した記述が記載されています。また記載がなくとも、たとえばわり算の筆算の「たてる、かける、ひく、おろす」と言った手順は論理的に学習しています。公立校の指導計画では、このようなアンプラグド学習（パソコンやタブレットを使わずにプログラミングの考え方を学ぶ）が多くの部分を占めているのも現実です。むしろプログラミングによるフィジカルな学習（パソコン以外の付属部品を活用した学習）は、予算や地域の教育環境の影響もあり全国一律の実践とはなっていません。

「GIGAスクール構想」の中、1人1台の端末の配布、校内および各家庭にネット環境を整えることが急務となっています。新型コロナウイルスの影響で、教育活動がままならなくなったことも、環境整備を急いでいる理由の1つです。従来の「パソコン室」だけでは、適切な学習が実施できないということでしょう。しかし、ハードが導入されてもソフトが追いついていない現状もあります。

問題はそこで何に取り組み、何を学ばせるかです。子どもの力を伸ばすためには、やはり現場の教師が「学習指導要領に沿った学習内容」かつ「教科書に基づいた思考法」が学べる、「子どもの実態や地域の環境などに考慮した」プログラムを作成しなくてはなりません。

教師にとって荷が重ければ、地域の大学や企業と連携することも考えられます。そのことを進んで実践している市町村もあります。ただし、それができない学校が全国に山ほどあるのも確かです。タブレットとネット環境だけで、全国どこでも同レベルの教育を提供しなければならないという公教育としての責務を果たさねばなりません。本書が、この命題を解決する一助となればと願ってやみません。

プログラミング教育に必須の言語「スクラッチ」を活用し、子どもが算数を「大好き」と言って進んで取り組んでいる姿を思い描き、筆をおきたいと思います。

2022年10月　T・大塚

「小学校算数全学年用教材プログラム」ダウンロード案内

本書で取り扱っている、T・大塚開発「小学校算数全学年用教材プログラム」は、QRコード、URLよりダウンロードできます。全学年合わせて111のプログラムを、授業、家庭での学習にご活用ください。ダウンロードしたスクラッチファイル（sb3方式）の開き方は、p.11をご覧ください。

▶▶▶ダウンロード方法

1

パソコン・タブレットから、ダウンロードページにアクセスします。

https://bit.ly/3UE7PvS

2

パスワードの入力を求められますので、パスワード【scratchsansu】を入力し、右下の「続行」をクリックします。

3

学年ごとにまとめられた「小学校算数全学年用教材プログラム」が出てきます。一括でダウンロードする場合は左上の「ダウンロード」をクリックしてください。圧縮ファイル（zip形式）がダウンロードされます。

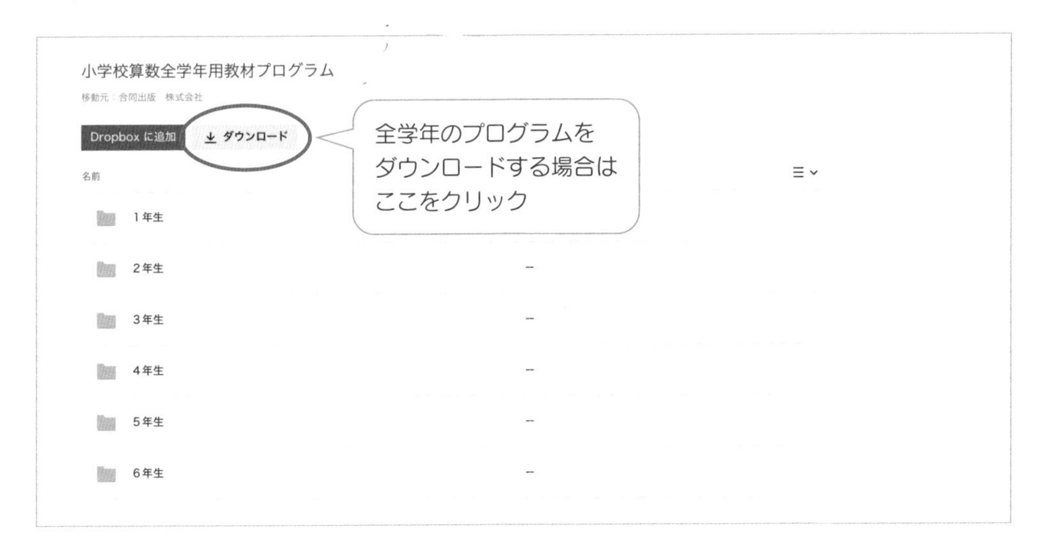

4

学年のフォルダをクリックすると、各単元のスクラッチファイル（sb3方式）が表示されます。その学年のすべてのファイルをダウンロードする場合は、左上の「ダウンロード」をクリックしてください。圧縮ファイル（zip形式）がダウンロードされます。また、ファイル単体をダウンロードする場合は、ファイル名をクリックしてください。

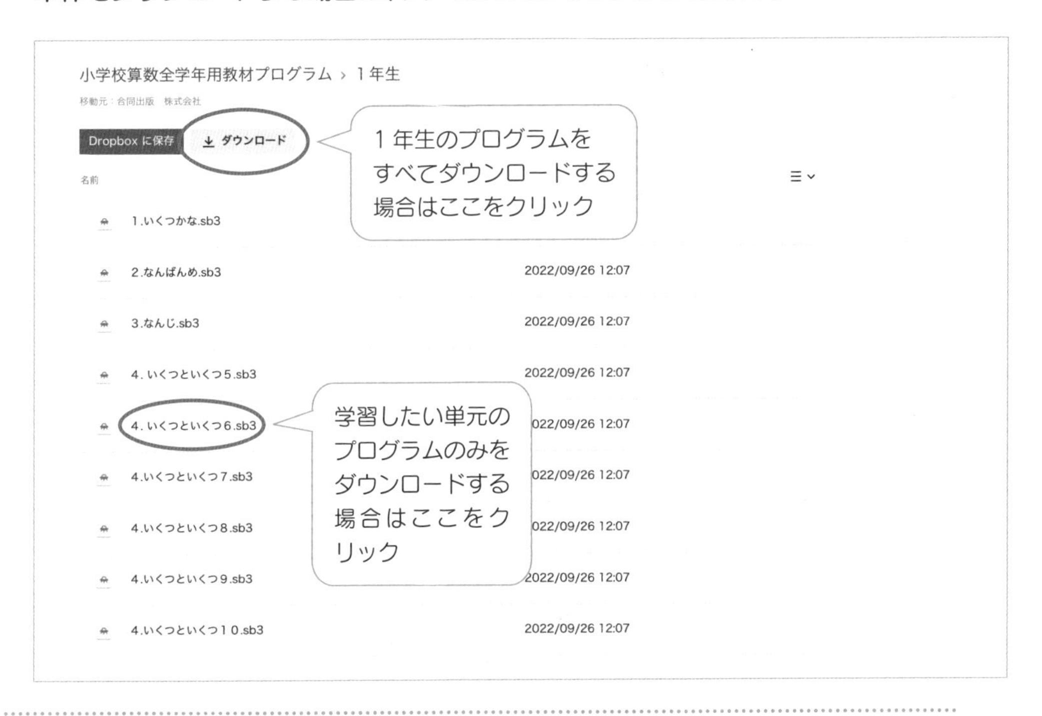

※不具合やバグがございましたら編集部（info@godo-shuppan.co.jp）までお知らせください。
※タブレットでも対応できるよう、可能な限り「数字入力ボタン」を組み込んだ形にプログラムを改良しております。また、子どもたちの学習意欲を高めるため評価時に音が鳴るようにしました。そのため一部内容において本書の図表とは一致しない表現がございます。ご了承ください。

●著者紹介

T・大塚（ティー・オオツカ）
公立学校教諭。
塾講師、公立小学校教諭を経て、校長を務める。
いち早くパソコンを使った実践を行い、1998年社会教育主事時代に言語ソフト「sakupro」を作成する。その後さまざまな事業や授業で活用し、公益財団法人学習情報研究センター「ソフトウェアコンクール」で10年以上に渡り奨励賞を受賞、2018年日本教育会教育実践顕彰にて奨励賞を受賞、「NEW教育とコンピュータ」（学習研究社、1999年12月号・2006年1月号）に特集記事が掲載される。
日高管内プログラミング教育研究会会長として、新学習指導要領で必修化されたプログラミング教育の研修や実践に携わる。
BS日テレ「めざせ！プログラミングスター　～プロスタ★キッズ大集合～」の監修も務めた。
主な著書：『オリジナル言語ソフト「sakupro」の実践　すぐ試せるプログラミング教育』（アメージング出版、2018年）、『1つぶんの算数』（日本橋出版、2018年）、『これで安心！　小学校プログラミング教育必修化に向けた【学年別】実践集』（秀麗出版、2019年）

装　　丁　　アップライン株式会社
本文組版　　本庄由香里（GALLAP）

スクラッチで算数マスター！

小学校算数全学年用教材プログラム
〔Scratch3.0ファイルダウンロード付き〕

2022年11月10日　第1刷発行

著　　者　T・大塚
発 行 者　坂上美樹
発 行 所　合同出版株式会社
東京都小金井市関野町1-6-10
郵便番号　184-0001
電話　042（401）2930
振替　00180-9-65422
ホームページ https://www.godo-shuppan.co.jp/
印刷・製本　株式会社シナノ

■刊行図書リストを無料送呈いたします。
■落丁乱丁の際はお取り換えいたします。

ISBN978-4-7726-1510-5　NDC375　182×257